beck ^Ische
reihe

b^{sr}

Korea ist hierzulande weithin unbekant. Dabei hat es wie Deutschland eine Mittellage, eine Brückenfunktion – im Falle Koreas zwischen China und Japan. Seit dem Ende des zweiten Weltkriegs ist Korea eine geteilte Nation und hatte damit bis 1989 mit Deutschland ein gemeinsames Schicksal. Das Ende des kalten Krieges in Europa und die deutsche Wiedervereinigung haben auch in Korea Hoffnungen geweckt, die nationale Einheit wiederzuerlangen. Aber noch haben sich diese Hoffnungen nicht erfüllt. Im Gegenteil: Am 38. Breitengrad stehen sich die beiden Bruderstaaten im Norden und Süden nach wie vor hochgerüstet gegenüber. Das atomare Potential Nordkoreas und dessen unverhohlener Einsatz zur Durchsetzung ökonomischer und politischer Interessen lenkt immer wieder den Blick der Weltöffentlichkeit auf diesen ungelösten Konflikt.

Das vorliegende Buch möchte dem allgemein interessierten Leser und Koreabesucher die wichtigsten Hintergrundkenntnisse vermitteln, die eine bessere Bekanntschaft, vielleicht sogar eine Freundschaft entstehen lassen können. Die Geschichte des Landes, seine Kultur, seine Religion, seine Philosophie werden dabei ebenso kurz und verständlich vorgestellt wie der Alltag der Koreaner. Ein Schwerpunkt des Buches liegt in der Darstellung und Analyse der wirtschaftlichen und politischen Entwicklungen in Korea seit dem Ende des Zweiten Weltkrieges und insbesondere des Koreakrieges, der die Teilung zwischen dem kommunistisch regierten Norden und dem westlich ausgerichteten Süden besiegelte. Ausführlich werden die Hintergründe des Konfliktes auf der koreanischen Halbinsel analysiert.

Hanns W. Maull, Jahrgang 1947, studierte Politische Wissenschaft, Kommunikationswissenschaft und Neuere Geschichte in München und London. 1973 Promotion zum Dr. phil.; 1986 Habilitation zum Dr. habil. rer. pol. Nach einer Professur für Internationale Politik an der Katholischen Universität Eichstätt ist er seit 1991 als Professor für Internationale Politik und Internationale Beziehungen an der Universität Trier. Zahlreiche Buch- und Zeitschriftenpublikationen, u. a. zu Problemen Ostasiens und Koreas.

Ivo M. Maull, Jahrgang 1956, studierte Wirtschafts- und Sozialwissenschaften, Koreanistik und Japanologie an der Universität München. 1982 Diplomvolkswirt, 1985 Promotion zum Dr. rer. pol. Seit 2002 ist er mit der Leitung einer Tochtergesellschaft eines deutschen Konzerns in Seoul betraut.

Hanns W. Maull / Ivo M. Maull

Im Brennpunkt: Korea

Geschichte · Politik · Wirtschaft · Kultur

Verlag C. H. Beck

Mit 20 Abbildungen (Fotos: Ivo M. Maull),
Graphiken und Karten und 1 Stammtafel

Originalausgabe

© Verlag C. H. Beck oHG, München 2004
Satz: Fotosatz Reinhard Amann, Aichstetten
Druck und Bindung: Druckerei C. H. Beck, Nördlingen
Umschlagabbildung: Touristen besuchen im April 2003 in Paju
die entmilitarisierte Zone zwischen Nord- und Südkorea
© AP Photo/Vincent Thian
Umschlagentwurf: +malsy, Bremen
Printed in Germany
ISBN 3 406 50716 6

www.beck.de

Inhalt

Perspektiven

Anhang

Einleitung

Korea, «das Land der Morgenstille» (*chosŏn* wörtlich: «Land der Morgenfrische»), ist erwachsen geworden. Die gemeinsame Ausrichtung der Fußballweltmeisterschaft 2002 mit Japan, ein Schachzug des südkoreanischen FIFA-Vizepräsidenten Chŏn Mongjun, war für Korea ein psychologischer Durchbruch und eine Wiedergutmachung. Korea konnte einmal mehr seine Gastfreundschaft unter Beweis stellen und als WM-Vierter dem Nachbarn und ehemaligen Kolonialherren im Osten zumindest auf dem Fußballfeld die erträumte Reihenfolge aufzeigen: Korea vor Japan. Genau genommen sprechen wir von Südkorea, denn der Bruderstaat im Norden, jenseits des 38. Breitengrades, erlangt eine hervorgehobene Stellung auf einem ganz anderen Feld. Mit seinem überdimensionierten militärischen Komplex hat Nordkorea die Chuzpe, nach China und Russland jetzt auch den USA die Stirn zeigen zu wollen. Unverhohlene atomare Drohungen werden zur Durchsetzung politischer und wirtschaftlicher Interessen eingesetzt. Nicht erst seit der amerikanische Präsident Georg W. Bush Nordkorea in die «Achse des Bösen» eingereiht hat, ist man in den beiden koreanischen Staaten und der Region in höchster Alarmbereitschaft. Zu viele negative Erfahrungen hat Südkorea mit seinem Bruder im Norden gemacht. Tunnelbauten unter der Demarkationslinie, Anschläge auf Regierungsbeamte während eines Besuchs in Rangun (Myanmar), eine Bombe in einem Passagierflugzeug und zahlreiche Grenzzwischenfälle sind nicht vergessen. Dementsprechend schwierig gestalten sich die Beziehungen zwischen den beiden Staaten, wenngleich in den letzten Jahren erste zaghafte Annäherungsversuche nicht ausgeblieben sind. So können südkoreanische Touristen das Kŭmgangsan-Gebirge über eine Schiffsverbindung nach Nordkorea besuchen und auch ausgewählte Treffen zwischen getrennten Familienangehörigen in den beiden Staaten sind möglich geworden.

Herrschte fast 40 Jahre zwischen den beiden koreanischen Staaten Sprachlosigkeit, keine Telefonverbindung, kaum offizielle politische Kontakte, ist heute «Realpolitik» die Maxime. Kein anderes europäisches historisches Ereignis hat in Korea so große Aufmerksamkeit bekommen wie die deutsche Wiedervereinigung und ihre finanziellen Folgen. Die Regierung und große Teile der Bevölkerung in Südkorea sind sich darüber klar, dass eine plötzliche Wiedervereinigung nach deutschem Muster das Land überfordern würde. Nicht nur die Tatsache, dass den 48 Mio. Südkoreanern 22 Mio. Nordkoreaner gegenüberstehen (im Falle Deutschlands betrug das Verhältnis 62 Mio. Westdeutsche zu 16 Mio. Ostdeutschen), auch das wirtschaftliche Gefälle zwischen den beiden Staaten ist extrem: Während der Süden mit einem Pro-Kopf-Einkommen von rd. 10 000 US Dollar zu den führenden Industrienationen der Welt gehört, steht Nordkorea mit einem Pro-Kopf-Einkommen von rd. 700 US Dollar am unteren Ende der Einkommensskala.

Die politische Situation auf der geteilten Halbinsel lässt sich am besten in der Grenzstadt P'anmunjŏm erfühlen, die man mit einem Ausflugsbus von Seoul in einer guten Stunde erreicht. Der Bus benutzt die neue Staatsstraße Nummer 23, «die Straße der Freiheit». Vierspurig und mit einem breiten Mittelstreifen versehen – die Möglichkeit eines späteren Ausbaus auf acht Fahrspuren lässt sich bereits erkennen – führt sie am Ufer des Grenzflusses Imjin entlang. Die Grenze am Flussufer ist durch einen 2 m hohen Maschendrahtzaun mit aufgesetzter Stacheldrahtkrone gegen ungebetene Eindringlinge aus dem Norden gesichert. In der Nacht helfen Scheinwerfer den Soldaten in den zahlreichen Wachtürmen das Terrain zu sichern. Erinnerungen an die innerdeutsche Grenze vor 1989 werden wach.

Erreicht man das Grenzstädtchen P'anmunjŏm, das im Wesentlichen aus einem vorgelagerten amerikanischen Stützpunkt, 200 Bauernhäusern, einem Museum sowie einer Aussichtsplattform besteht, wird man positiv überrascht: Die autobahnähnlich ausgebaute Staatsstraße reicht nicht nur bis direkt an die Demarkationslinie heran, sondern hat sich durch das Niemandsland hindurch auf die nordkoreanische Seite vorgearbeitet und wird dort Kaesŏng, die ehemalige Hauptstadt Koreas während der *Koryŏ*-Dynastie (918–1392), anschließen. Hier soll eine Freihandelszone entstehen, die südkoreanischen Firmen den Weg nach Nordkorea schmackhaft machen soll. Logistisch muss die neue Freihandelszone von Südkorea aus erschlossen werden, da die nordkoreanische Infrastruktur einschließlich der seit Jahren problematischen Energieerzeugung denAnsprüchen moderner Produktionsbetriebe nicht entspricht. Für Firmen aus dem Süden dürfte es durchaus Sinn machen, arbeitsintensive Produktionsprozesse statt nach China in den Norden der Halbinsel zu verlagern, spricht man doch die gleiche Sprache und teilt die Wurzeln einer alten Kultur. Parallel zur neuen Straße nach P'anmunjŏm verläuft eine neu errichtete Eisenbahnlinie. Die Strecke endet heute auf südkoreanischer Seite in Dorasan, einem hypermodernen Bahnhof, sie soll aber nach Nordkorea weitergeführt und eines Tages den Anschluss der koreanischen Halbinsel an das Netz der transsibirischen Eisenbahn erlauben. Dabei wird eine Strecke über Beijing und die Mongolei und eine zweite über Wladiwostok nach Moskau führen. Trotz der links und rechts der Straße angebrachten Schilder, die mit ihrem Totenkopf eindringlich auf die dahinter liegenden Minenfelder hinweisen, kommt einem beim Betrachten der neuen Infrastruktur der Gedanke, dass hier etwas zusammenwachsen möchte, was eigentlich schon immer zusammen gehörte …

Wenn Sie eher wirtschaftlich interessiert sind, kennen Sie wahrscheinlich das Warenzeichen «Made in Korea»: Elektronik, Automobile, Schiffbau, Stahlerzeugung. Multinationale Konzerne wie Samsung, Lucky Goldstar (LG), SK oder Hyundai sind heute mit ihren Produkten auf dem Weltmarkt vertreten. Das «Wirtschaftswunder am Hangang», dem Strom, der die Hauptstadt Seoul in einen nördlichen und südlichen Stadtteil trennt, braucht den Vergleich mit dem Nachkriegsdeutschland nicht zu scheuen. Der Automobilhersteller Hyundai Motor Company beispielsweise begann mit der Herstellung des ersten Ponys auf Basis einer Lizenz von Mitsubishi Mitte der 1970er Jahre. Rund 25 Jahre später gehört die Firma mit einer Produktion von über 3 Mio. Fahrzeugen zu den Großen in der Branche und hat zwischenzeitlich nicht nur ihren einstigen Lizenzgeber hinter sich gelassen. Ähnlich atemberaubend ist der Aufstieg von Samsung Electronics zu einem der weltweit führenden Elektronikunternehmen, nicht nur bei Speicherchips, sondern auch im Bereich von Mobiltelefonen (Platz 3 im Weltmarkt hinter Nokia und Motorola, noch vor Siemens), Flachbildschirmen, Computern und Haushaltsgeräten. Der Börsenwert von Samsung Electronics liegt inzwischen höher als der von Sony.

Bei allem Erfolg ist das Verhältnis der Koreaner zu ihren Konzernen (*chaebol*) durchaus gespalten. Undurchsichtige gegenseitige Kapitalverflechtungen, mangelnde Transparenz, eine rückständige

«Corporate Governance», Beschränkung der Aktionärsrechte, kreative Buchführung bis hin zu Bilanzfälschungen lassen die Großkonzerne immer wieder auf die Anklagebank geraten. Hinzu kommt ihre dominante Stellung innerhalb der koreanischen Wirtschaft und ihre guten Beziehungen zur Politik, die immer wieder zum eigenen Vorteil eingesetzt werden. Das Angebot der Großkonzerne und ihrer zahlreichen Schwester- und Tochterunternehmen ist umfassend: So kann man in einem Samsung Appartement wohnen, das mit Samsung Elektronikgeräten ausgestattet ist, einen Renault-Samsung PKW fahren, der bei Samsung Auto versichert ist; und wird man krank, tut man gut daran, das in Korea führende Samsung Hospital aufzusuchen ...

Südkorea – das ist heute vor allem ein Land «on the move». Die Spuren des rapiden Industrialisierungsprozesses sind überall zu sehen; in den großen Bevölkerungszentren haben sie sich tief eingegraben. Seoul explodierte seit 1960 von 2,5 auf 10 Mio. Einwohner, entwickelte sich von der Hauptstadt zur Metropole mit einer Skyline von imposanten Wolkenkratzern, die immer höher in den Himmel wachsen. War vor 20 Jahren noch das 63 Stockwerk hohe Gebäude der Daehan Lebensversicherung auf der Insel Yoŭido der Maßstab, sind zwischenzeitlich die Planungen für das höchste Gebäude der Welt abgeschlossen, das 580 m hoch die Skyline von Seoul bereichern soll. Der wirtschaftliche Wandel hat starke gesellschaftliche und kulturelle Veränderungen in Korea induziert. Angefangen bei der Nahrung, über einen tief greifenden demografischen Wandel bis hin zu kulturellen Verwerfungen reichen die Auswirkungen. Die Essgewohnheiten der jungen Koreaner sind durch die zahlreichen amerikanischen Restaurantketten nachhaltig beeinflusst, die von Hamburger und Pommes frites über Pizza, Spaghetti und Steaks die gesamte Fastfoodpalette anbieten. Die traditionelle, auf Reis und Gemüse basierende koreanische Küche befindet sich auf dem Rückzug. Schon gibt es Kinder, die von sich behaupten: «Ich mag keinen *Kimch'i*» – den eingelegten und mit Paprika und Knoblauch gewürzten Chinakohl. Im Ergebnis werden die südkoreanischen Kinder heute nicht nur größer, sondern auch zunehmend übergewichtig.

Kulturell wird der traditionelle konfuzianische Wertekonsens, in dem die Familie einen besonders hohen Stellenwert einnimmt, durch westlich hedonistische Strömungen überlagert. Die eigene Bedürfnisbefriedigung hier und heute, die Spaß- und stärkere Freizeitorientierung gewinnen zunehmend an Bedeutung. Am besten ist dies an der Veränderung der Familienstrukturen abzulesen. Schlagworte wie DINK (double income no kid) oder TONK (two only no kid) sind heute in Korea genauso verbreitet wie in den westlichen Gesellschaften. Mit 1,47 Kindern pro Frau im gebärfähigen Alter liegt heute die Geburtenrate auf dem Niveau von Deutschland (1,37) oder Japan (1,35), obwohl sie 1960 noch 6,3 und 1975 3,2 Kinder betrug. Die Lebenserwartung hat sich zwischen 1960 und 2000 um rd. 20 Jahre erhöht. Damit vollzieht Korea innerhalb von wenigen Jahrzehnten einen demografischen Wandel, der in Westeuropa über 100 Jahre dauerte. Man darf die Prognose wagen, dass der konfuzianischen Familienkultur in den nächsten Jahren schlicht die Kinder ausgehen werden. Schon deswegen erscheint eine weitere Beschleunigung des Kulturwandels unausweichlich.

«Immer voran», das Motto der 24. Olympischen Sommerspiele 1988 in Seoul, gilt auch heute noch. Immer neue, immer höhere Ziele gibt sich das Land, um die ehrgeizig hoch angesetzte Latte dann scheinbar mühelos zu überspringen. In Wahrheit freilich reiht sich da Kraftakt an Kraftakt und 1998, während der Asienkrise, mußte die internationale Staatengemeinschaft dem Land aus einem Liquiditätsengpaß helfen. Aber Korea ist weit mehr als die Dynamik seiner Wirtschaft und die Spannungen seiner politischen Situation. Kultur und Landschaft verfügen über Schätze von großer Schönheit und tiefem Frieden, und inmitten all der Hektik des modernen Lebens können Sie immer neue Inseln der Ruhe und der Tradition aufspüren. Es lohnt sich, genauer hinzuhören und hinzusehen. Die folgenden Kapitel möchten Sie dazu einladen.

Das Land und seine Bewohner

Der Namdaemunmarkt in Seoul

Ein Brückenkopf im Gelben Meer

Geographische Lage

Die Halbinsel Korea liegt im Herzen Ostasiens, nach Norden von China und Russland durch die Flüsse Yalu und Tumen abgegrenzt, im Westen vom chinesischen Festland durch das Gelbe Meer und im Osten von Japan durch die japanische See getrennt. Die kürzeste Distanz zu China und Japan beträgt jeweils rd. 200 km. Im Süden reicht Korea bis zur Insel Cheju (Quelpart). Bei einer Nord-Süd-Ausdehnung von rd. 1100 km misst die Fläche des Landes 221 000 km² (davon Südkorea 99 000 km²), was ungefähr der Größe von Großbritannien entspricht.

Topographisch betrachtet sind rd. 70 % der Fläche Koreas Gebirge; als Fortsetzung des mandschurisch-tungusischen Gebirgsbogens erstreckt sich eine Gebirgskette in Nord-Süd-Richtung bis zur Südspitze der Halbinsel. Der höchste Berg, der 2744 m hohe Paektusan, liegt im Grenzgebiet zu China, der zweithöchste, der inaktive Vulkan Hallasan (1950 m), auf der Insel Cheju. Ein zweiter Gebirgszug, die so genannte Tungarionfurche, verläuft von Wŏnsan östlich in Richtung Seoul und teilt die Halbinsel in eine Nord- und Südhälfte. Während der Bogen der koreanischen Halbinsel nach Osten hin steil in die japanische See abfällt, läuft er nach Westen relativ flach aus. Dadurch wird eine natürliche Grenze zwischen der maximal 90 m tiefen Flachsee des Gelben Meeres und der bis zu 4000 m tiefen japanischen See gebildet. Aufgrund der geringen Tiefe des Gelben Meeres beträgt der Gezeitenhub an der Westküste bis zu 10 m.

Klima

Der jahreszeitliche Wechsel des Klimas in Korea wird durch das Spiel kontinentaler mit maritimer Luftmassen geprägt. Im Sommer, der etwa von Mitte Juni bis Mitte September dauert, strömen warme Luftmassen weit nördlich und bescheren so dem ganzen Land ein ausgeprägt tropisches Klima mit relativ geringen Temperaturunterschieden. Die Durchschnittstemperatur liegt in Seoul bei 25° Cel-

Im Sorak-Gebirge
(Nationalpark)

sius. In den Monaten Juni und Juli, der Regenzeit, bringen wandernde Tiefdruckwirbel starke Regenfälle mit sich, die bisweilen zu erheblichen Überschwemmungen führen.

Im September klingt die Schwüle dann allmählich ab, und mit dem Herbst, nach Ansicht der meisten Koreaner die schönste Jahreszeit auf der Halbinsel, stellen sich häufig stabile Schönwetterlagen ein, die nur ab und zu durch erste Kaltlufteinbrüche unterbrochen werden.

Je näher der Winter rückt, desto häufiger wechselt der Wintermonsun, der trockene, kontinentale Luftmassen mit sich bringt, mit dem tropischen Sommermonsun. Im Winter, der in Korea etwa im Dezember beginnt, kommt es zu einem starken Klimakontrast. Während sich der Norden fest in den Klauen des Wintermonsuns befindet, gibt es im Süden einen häufigen Wechsel von frostigem und mildem Wetter. Die Durchschnittstemperaturen reichen dann von +6° Celsius in Pusan bis −19° Celsius an der Grenze zu China.

Der Winter, der Schnee, klirrende Kälte und den nördlicheren Regionen auch Dauerfrost beschert, endet normalerweise gegen Ende März. Dann verheißt der Südwind wieder wärmere Tage, und im April beginnen die Kirschbäume zu blühen.

17

Die geographische Lage Koreas im Spannungsfeld zwischen kontinental gemäßigtem und subtropischem Klima findet auch in der Pflanzenwelt ihren Niederschlag. Wachsen im Norden hauptsächlich Kiefern, Tannen, Eichen, Buchen, Zedern und Pinien, so finden sich in der Mitte des Landes, die häufiger von warmen Luftmassen berührt wird, auch Bambus, Rhododendren, Farne, Kirschen, Haselnuss, Ginkgo und Persimmone. Tropische Pflanzen schließlich, wie Teestrauch, Kamelien, Azaleen und Zitrusfrüchte kommen ausschließlich im Süden vor. Von den Nutzpflanzen ist der in Nassfeldern angebaute Reis besonders erwähnenswert. Obwohl der Besucher des Landes den Eindruck hat, dass wirklich der letzte Winkel urbaren Bodens durch terrassenförmig aufsteigende Reisfelder erschlossen ist, reicht die landwirtschaftliche Nutzfläche Koreas (ca. 22 % der Gesamtfläche) gerade aus, die Reisversorgung der Bevölkerung sicherzustellen. Von den übrigen Getreidesorten sind Weizen, Mais und Gerste zu nennen, wobei letztere, geröstet und in Wasser gekocht, den besonders in den Sommermonaten als Durstlöscher geschätzten Gerstentee (*Pŏrich'a*) ergibt.

Koreas Küche lebt von seinen Gemüsen: zahlreiche Bohnensorten, darunter auch die eiweißreiche Sojabohne, bereichern den Speiseplan genauso wie Sesam, Ingwer, Süßkartoffeln und natürlich die Ginsengwurzel, der besondere Wirkungen als Heilpflanze nachgesagt werden. Die ursprünglich nur wild wachsende, alraunenhafte Ginsengwurzel ist als Tee-Extrakt, in Pillenform oder als Likör in der ganzen Welt so beliebt, dass sie heute systematisch in Plantagen gezüchtet wird. Wer in Korea über Land fährt, wird sicherlich die zum Schutz der Jungpflanzen vor direkter Sonnenbestrahlung aufgestellten Strohdächer bemerken.

Die Tierwelt unterscheidet sich nicht wesentlich von der Mitteleuropas. Während der Tiger seit den 1920er in Korea ausgestorben ist, erscheinen in Zeitungen noch ab und an Berichte über Begegnungen mit Bären. Hingegen konnte in der demilitarisierten Zone am 38. Breitengrad ein Paar des mandschurischen Kranichs entdeckt werden, der lange Zeit als ausgestorben galt. Bemerkenswert ist vielleicht, dass zahlreiche Tiere Eingang in Mythen und Fabeln gefunden haben.

Der Ursprung Koreas im Mythos

Im koreanischen Geschichtswerk «Samgukyusa» aus dem 13. Jh. n. Chr. findet sich folgende Überlieferung über die Gründung Koreas: «In alter Zeit dachte der Göttersohn Hwangŭng daran, die Menschen zu erlösen. Als sein Vater hiervon hörte, schickte er seinen Sohn mit drei himmlischen Abzeichen auf den Gipfel des T'aebaek-Berges. Zu dieser Zeit lebten in einer Höhle ein Tiger und eine Bärin, deren sehnlichster Wunsch es war, Menschengestalt anzunehmen. Deshalb beteten sie unaufhörlich zu Hwangŭng, der ihnen schließlich einen übergroßen Beifuß und ein Gebinde aus Knoblauch mit dem Versprechen gab, wenn sie dies äßen und für einhundert Tage das Sonnenlicht mieden, so würden sie Menschengestalt annehmen. Nur die Bärin konnte jedoch so lange dem Sonnenlicht fernbleiben und nahm, wie prophezeit, die Gestalt einer Frau an. Da ihr nun ein Lebenspartner fehlte, sie sich aber nichts sehnlicher als ein Kind wünschte, betete sie erneut zu Hwangŭng, der sich ihrem Flehen nicht verschließen konnte und sie zur Frau nahm. Bald darauf schenkte sie ihm einen Sohn, den sie Tangun nannten. Später gründete Tangun seine Hauptstadt in P'yŏngyang und nannte das Land, über das er herrschte, Chosŏn.»

Tangun war sicherlich keine historische Gestalt. Die Überlieferung datiert jedoch Tangun recht genau – und so gilt das Jahr 2333 v. Chr. als Gründungsdatum Koreas und als Beginn der koreanischen Zeitrechnung.

Herkunft und Sprache der Koreaner

Anthropologen vermuten, dass die koreanische Urbevölkerung in mehreren Einwanderungsschüben von Innerasien aus die Halbinsel bevölkert hat. So glaubt man, dass Gruppen aus dem Gebiet der Mandschurei bis nach Korea vorgestoßen sind. Daneben könnte auch die malayo-austronesische Ostwanderung, die bis nach Japan gelangte, den Süden Koreas erreicht haben. Im ersten Jahrhundert v. Chr. wurde dann die Halbinsel verstärkt durch chinesische Kolonisten besiedelt.

Die Einwanderungsströme geben auch wichtige Anhaltspunkte für den Ursprung der koreanischen Sprache. Beispielsweise geht eine Theorie davon aus, dass das Koreanische aus der Sprache der malaiisch-polynesischen Einwanderer entstanden ist; zwar habe es später auch Migrationen aus dem altaischen Sprachraum nach Korea gegeben, die aber ohne Einfluss auf die bereits vorhandene Sprache geblieben seien. Zur Unterstützung dieser Theorie wird darauf verwiesen, dass Korea neben dem Reisanbau zahlreiche Sitten, Gebräuche und Mythen mit den malaiischen und polynesischen Völkern teile.

Die Mehrheit der Linguisten hält jedoch die so genannte Altai-Theorie für wahrscheinlicher, wonach das Koreanische zur altaischen Sprachfamilie gehört, neben Türkisch, Mongolisch, Japanisch und den mandschu-tungusischen Sprachen. Diese Theorie basiert auf einer Reihe gemeinsamer Strukturmerkmale und Wortgemeinsamkeiten. Wenngleich sich die von Außenstehenden häufig vermutete Verwandtschaft zwischen dem modernen Japanisch und Koreanisch nur auf die erwähnten Strukturmerkmale erstreckt, es sich im Übrigen aber um zwei völlig eigenständige Sprachen handelt, gehen Vertreter der Altai-Theorie doch davon aus, dass beide auf eine gemeinsame Ursprache zurückzuführen sind, wobei die Trennung bereits in frühgeschichtlicher Zeit erfolgt sein dürfte. Ein Indiz dafür ist die Überschichtung des Wortschatzes beider Sprachen mit sino-koreanischen bzw. sino-japanischen Wörtern; so bestehen beispielsweise ca. 54% des koreanischen Wortschatzes aus chinesischen Lehnworten. Da aber das Koreanische und Chinesische zwei unterschiedlichen Sprachfamilien angehören, ist die koreanische Sprache durch eine Dualität von rein koreanischen und sino-koreanischen Wörtern geprägt. «Monat» kann beispielsweise sowohl mit dem koreanischen Begriff *tal* als auch mit dem sino-koreanischen *wŏl* bezeichnet werden. Die Überlagerung der koreanischen Sprache mit chinesischen Lehnworten ist vermutlich auf das erste vorchristliche Jahrhundert zurückzuführen, in dem zwischen dem koreanischen Reich Wiman und der chinesischen Han-Dynastie ein enger Kontakt bestand, der sich u. a. in der Übernahme und Adaption der chinesischen Schrift niederschlug.

Da die chinesische Schrift, in der für jedes Wort ein eigenes Schriftzeichen festgelegt ist, zur Niederschrift des Koreanischen, einer mehrsilbigen Sprache, nur unzureichend geeignet ist, entwickelten im 15. Jh. Gelehrte am Hofe von König Sejong eine eigene koreanische Schrift. Das 1446 veröffentlichte koreanische Alphabet mit 10 Vokalen und 14 Konsonanten stellt aufgrund seines logischen Aufbaus und seiner Einfachheit eine Kulturleistung dar, die im ganzen Fernen Osten einzigartig ist. Findet im heutigen Nordkorea ausschließlich dieses *Hangŭl*-Alphabet Verwendung, so ist in Südkorea eine Kombination aus der phonetischen koreanischen Schrift und den chinesischen Schriftzeichen gebräuchlich.

Das Koreanische gehört zu den so genannten agglutinierenden Sprachen, bei denen Bedeutungsveränderungen durch das Anhängen von Endungen an den Wortstamm erfolgen. Ähnlich wie das Japanische wird auch die koreanische Sprache durch eine Anzahl von Höflichkeitsformen geprägt, die sowohl durch die soziale Beziehung der Gesprächspartner zueinander als auch durch den Gesprächsinhalt bestimmt werden. Aus diesem Grunde definiert die Gesprächssituation (Teilnehmer, Inhalt) in sehr viel stärkerem Maße als bei europäischen Sprachen die Art und damit die grammatikalische Form des sprachlichen Ausdrucks.

100 Jahre koreanische Emigration

Die ersten 102 koreanischen Emigranten erreichten am 13. Januar 1903 Hawaii. Grundlage für ihre Auswanderung bildete ein Vertrag mit den USA, der den Zuckerrohrplantagen die Rekrutierung koreanischer Arbeiter gestattete. Im Jahr 1906 gründeten die Koreaner, deren Zahl auf rd. 8000 Personen angewachsen war, die erste christliche koreanische Kirchengemeinde. Da die Gemeinden ausschließlich aus männlichen Mitgliedern bestanden, organisierten um das Familienleben besorgte Pastoren die Heirat zwischen koreanischen Frauen und den Auswanderern in Hawaii. Aufgrund der großen geografischen Distanz musste die Braut anhand eines Fotos ausgewählt werden. So kamen zwischen 1912 und 1924 ca. 900 «Fotobräute» nach Hawaii.

Koreanische Emigranten (gesamt: 5,65 Mio.)

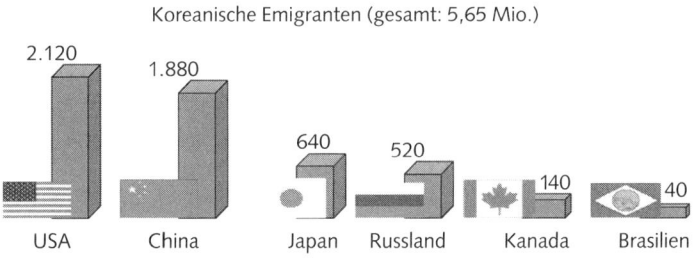

2.120 — USA
1.880 — China
640 — Japan
520 — Russland
140 — Kanada
40 — Brasilien

Einheit: tausend

Koreanische Emigranten

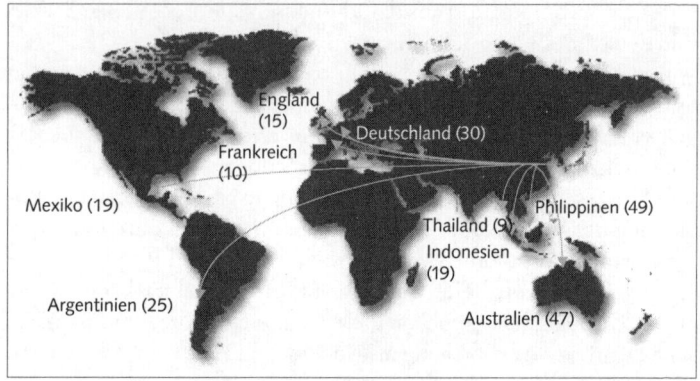

(Einheit: tausend)   Stand: Juli 2001   Quelle: Ministy of Foreign Affairs and Trade

Während der japanischen Kolonialherrschaft (1910–1945) wurden viele Koreaner zum Teil auch zwangsweise als Arbeitskräfte rekrutiert. Am Ende des Zweiten Weltkriegs waren 2,4 Mio. Koreaner in Japan ansässig, von denen rd. 1,7 Mio. nach Korea zurückkehrten. Die in Japan verbliebenen Koreaner bilden heute den Kern der koreanischen Minderheit.

Der Korea-Krieg bescherte dem Land eine zweite Auswanderungswelle, bei der nicht nur 50 000 Koreanerinnen als Ehefrauen von amerikanischen Soldaten das Land verließen, sondern auch viele Kriegswaisenkinder, die von amerikanischen Eltern adoptiert wurden.

Der wirtschaftliche Aufschwung verringerte die Emigration nicht wesentlich. Zwischen 1970 und 1990 verließen jährlich zwischen 30 000 und 35 000 Koreaner ihre Heimat, meist mit dem Ziel USA. Das Ziel dieser jüngsten Auswanderergeneration waren in erster Linie die Hochschulen und Universitäten, die den bildungshungrigen Koreaner nach der Rückkehr ein besseres Leben versprachen. Viele ließen sich aber auch dauerhaft in den USA nieder. Bedeutende Zahlen koreanischer Emigranten gibt es darüber hinaus in den Nachbarstaaten China (1,9 Mio.), Japan (640 000) und Russland (522 000).

Traditionelles Alltagsleben

Das Haus

Kommt in einer Unterhaltung mit einem Koreaner die Sprache auf das traditionelle koreanische Haus, so klingt häufig Wehmut in der Stimme: Denn viele, die ihre Jugend noch in einem der einstöckigen, meist in einem U- oder L-förmigen Grundriss gebauten Häuser mit geschwungenem Dach verbracht haben, müssen heute mit einer Wohnung in einer der zahlreichen Hochhaussiedlungen Vorlieb nehmen – ein Verlust, den viele Koreaner nur schwer verschmerzen.

Die bemerkenswerte Dachkonstruktion des typischen koreanischen Hauses trägt viel zu seiner Anmut bei. Gedeckt mit halbrunden Ziegeln – in den Zeiten, da noch die meisten Häuser mit Stroh gedeckt waren, galt die Zahl der Dachziegel als Zeichen des Wohlstands –, ragt das auf schweren Balken ruhende Dach über die Hausmauer hinaus und gewährt so auch der rund ums Haus führenden Holzveranda (*maru*) Schutz vor den heftigen Regenfällen des Sommers. An den Ecken verläuft das Dach mit einem Schwung nach oben, so dass der häufig kunstvoll verzierte Abschlussziegel gen Himmel weist.

Die Fenster und Türen des traditionellen koreanischen Hauses bestehen aus einem gezimmerten Holzrahmen, auf dem Seidenpapier gespannt ist. Zwar gibt es für den Winter Doppelfenster gleicher Machart, die aber nur unzureichend vor dem bisweilen sehr strengen Frost schützen. Trotzdem müssen die Koreaner im Winter nicht frieren, können sie sich doch auf ihre *Ondol*-Heizung verlassen, ein zentrales Heizungssystem, bei dem der heiße Rauch des kohle- oder holzbefeuerten Herdes über ein Leitungsnetz unter dem Fußboden hindurchgeleitet wird und diesen angenehm temperiert. Da es bei diesem System immer wieder einmal zu Undichtigkeiten des Leitungsnetzes kommt, die zu tödlichen Schwefeldioxidvergiftungen führen können, findet man bei Neubauten fast ausschließlich eine mit Wasser betriebene Fußbodenheizung.

Das koreanische Haus ist so konzipiert, dass alle Tätigkeiten und Funktionen bequem und ohne Anstrengung ausgeführt werden kön-

Innenraum eines traditionellen koreanischen Hauses (Nationalmuseum Seoul)

nen. Wenngleich der Wohnfläche nach kleiner als europäische Häuser wird dieser Nachteil zum Teil dadurch wettgemacht, dass der eng bemessene Raum nicht durch viele Möbel verstellt wird. Neben der obligatorischen Küche und einem großen Schlafzimmerschrank, der die Kleidung, Bettmatten und Decken aufnimmt – meist handelt es sich um einen schwarzen Lackschrank mit Perlmuttintarsien –, gibt es im traditionellen koreanischen Haus allenfalls einen Wandschirm und einige mit Beschlägen verzierte Truhen. Zum Essen wird der ca. 30 cm hohe Tisch, gedeckt mit den Speisen, aus der Küche ins Wohnzimmer (*anbang*) getragen, wo die Familie auf Sitzkissen – die Männer mit gekreuzten Beinen, die Frauen auf den Fersen sitzend – die Mahlzeit einnimmt. Die Wände sind gewöhnlich mit Tuschezeichnungen und Kalligraphien geschmückt. Da sich ein Großteil des häuslichen Lebens auf dem Fußboden abspielt, achtet die Hausfrau mit peinlicher Genauigkeit darauf, dass der mit gewachstem Seidenpapier bedeckte Boden stets blitzblank ist. Aus diesem Grund darf das koreanische Haus auch niemals mit Straßenschuhen betreten werden.

Die Taucherinnen von Chejudo

Lange werden die so genannten «Meerfrauen» (*haenyŏ*) oder «Taucherinnen» (*jamsu*) aufgrund des fehlenden Nachwuchses wohl nicht mehr zum Erscheinungsbild der Insel Cheju gehören. Waren 1965 noch 23 000 Taucherinnen damit beschäftigt, Früchte des Meeres zu ernten, so zählte die Regierung im Jahr 2002 nur noch 5659, von denen allerdings die Mehrzahl bereits über 50 Jahre alt war. Lediglich 2 Taucherinnen hatten das 30. Lebensjahr noch nicht vollendet. Man kann davon ausgehen, dass diese Profession, die nachweislich seit dem 17. Jahrhundert von den Frauen der Insel ausgeübt wird, bald ausgestorben sein wird. Viele der Inselbewohner ziehen heute die leichtere Arbeit im Tourismus vor. Die Meerfrauen von Chejudo schwimmen täglich zwischen 4 und 6 Stunden in den Wogen des Meeres, wobei sie bis heute ihren Beruf nur mit Neoprenanzug, Flossen, Schnorchel und Taucherbrille ausüben. Jeder Tauchgang dauert 3 bis 4 Minuten, wobei bis auf eine Tiefe von 15 m getaucht wird. Bevorzugte Beute sind Seeigel und Schneckenmuscheln, die an die am Stand wartenden Touristen verkauft und direkt vor Ort, mit einer scharfen Paprikapaste (*koch'uchang*) gewürzt, verzehrt werden. Dazu trinkt der Koreaner Soju, einen Reisschnaps.

Hanbok: die Nationaltracht

Die koreanische Nationaltracht (*hanbok*) ist von besonderer Grazie und Anmut. Bei Frauen besteht die *Hanbok* aus einem bodenlangen Wickelrock und einer kurzen Jacke mit geschwungenen Ärmeln. Sie wird mit einer raffiniert gebundenen Schleife verschlossen. Häufig sind die Gewänder aus Seide genäht und mit kunstvollen Stickereien verziert. Die farbenfrohe *Hanbok*, die im Gegensatz zur westlichen Kleidung nicht Brust und Taille, sondern den Hals der Frau betont, fällt in einem Schwung von den Schultern bis zum Boden. Heutzutage wird die Nationaltracht nur noch an Festtagen und zu besonderen Anlässen getragen.

Bei Männern besteht die ebenfalls farbenfrohe *Hanbok* aus einer weiten Pluderhose, einem speziellen Hemd, das mit der gleichen kunstvollen Schleife gebunden wird wie die Jacke der Frauen, einer Weste und einer Jacke mit geschwungenen Ärmeln. Die Pluderhose wird an den Knöcheln und an der Hüfte mit Bändern befestigt. Die Männer tragen zur Nationaltracht bisweilen einen breitkrempigen

Hut aus Rosshaar. Mehr noch als die Frauen bevorzugen die koreanischen Männer heutzutage westliche Kleidung, so dass die *Hanbok* nur noch vereinzelt im Straßenbild anzutreffen ist.

Die Familie

Der Stellenwert der Familie in Korea ist deutlich höher als der in Deutschland. Die Erfahrung der Bevölkerung während des Korea-Krieges, dass der eigene Staat seiner Schutzfunktion nicht nachkommen konnte, hat die traditionell wichtige Bedeutung der Familie in Korea noch weiter erhöht. Alterssicherung, Unterstützung bei Krankheit oder Arbeitslosigkeit – in Deutschland sind dafür «Vater» Staat und entsprechende soziale Sicherungssysteme zuständig – sind in Korea teilweise auch durch die Familie geregelt. Die gegenseitige Unterstützung ist Verpflichtung und Grundlage der konfuzianischen Erziehung. Die traditionelle Verbeugung der jüngeren vor der älteren Generation zum traditionellen Neujahrsfest (*sŏllal*) oder zum Erntedankfest (*ch'usŏk*) gehört ebenso dazu wie finanzielle Hilfeleistungen bei Familienfesten oder Unbilden des Lebens. Heutzutage wird die Alterssicherung über staatliche Sozialversicherungssysteme gewährleistet. Da diese jedoch erst ab 1988 aufgebaut wurden, hängen viele ältere Menschen von direkten Zuwendungen der eigenen Familie ab.

Zum Verständnis des modernen Korea ist ein Einblick in die traditionelle koreanische Familie hilfreich, die durch konfuzianische Wertvorstellungen geprägt war. Dem Familienvater kam die Pflicht zu, sein Haus nach außen zu vertreten und den Lebensunterhalt der Familie zu besorgen. Innerhalb des Hauses war die Mutter die dominierende Persönlichkeit; sie kümmerte sich um den Haushalt, war für die Erziehung der Kinder verantwortlich und verwaltete die Finanzen. Die Mutter bildete den Mittelpunkt des häuslichen Lebens und besaß damit eine dem Mann ebenbürtige Position. Traditionell gehörte es zu den Aufgaben der Frau, einen Stammhalter zu gebären, um so den Fortbestand der Familie zu gewährleisten. Weibliche Familienmitglieder werden mit Heirat aus dem Stammbuch der Ursprungsfamilie gelöscht und der Familie des Ehemanns zugeordnet, so dass nur männliche Nachkommen den Fortbestand der Familie sichern. Darüber hinaus war es die konfuzianische Pflicht des erstgeborenen Sohnes, im Alter für seine Eltern zu sorgen; er hatte damit besondere Verpflichtungen. Für die Stellung der Frau waren wenigstens drei der «fünf menschlichen Beziehungen» des Konfuzianismus maßgebend: Ehrfurcht der Kinder vor den Eltern, Gehorsam der Frau gegenüber dem Mann und Respekt der Jüngeren vor den Älteren. Damit definierte sich eine umfassende Gehorsamspflicht für die Frau: Als Tochter hatte sie ihren Eltern Ehrfurcht entgegenzubringen, als Ehefrau war sie ihrem Mann zum Gehorsam verpflichtet und als Schwiegertochter hatte sie ihren Schwiegereltern Respekt zu erweisen. Diese umfassende Pflicht war aber nicht als einseitige Befehl-Gehorsam-Relation definiert, sondern als gegenseitige, partnerschaftliche Verpflichtung: Dem Anspruch des Ehemannes auf Ehrfurcht und Gehorsam stand eine entsprechende Verpflichtung zur Erfüllung seiner Außenrolle gegenüber. So war der konfuzianische Gentleman seinen Kindern Vorbild und seiner Ehefrau achtender Partner. Die Verpflichtungen des Ehemanns als Patriarch endeten aber nicht bei der eigenen Familie, sondern schlossen die in Korea meist weitläufige Verwandtschaft mit ein. Hatte er beruflich eine hohe Position inne, so versuchte er, einen Teil seiner Mitarbeiter aus der Verwandtschaft zu rekrutieren; diese waren ihm dann zur absoluten Loyalität verpflichtet. Nepotismus gilt deshalb in Korea nicht als anrüchig, sondern vielmehr als konfuzianische Pflichterfüllung, und ist in Süd- wie Nordkorea gleichermaßen verbreitet.

Im heutigen Korea hat sich die Rolle der Frau innerhalb der Familie gewandelt: Der Trend zur Ein-Kind-Familie, das Bestreben der Regierung, das Potential der hervorragend ausgebildeten Frauen stärker zu nutzen, und der Wunsch der Frauen nach Selbstverwirklichung haben auch im konfuzianischen Korea das Verhältnis zwischen den Geschlechtern nachhaltig verändert. Das neue Selbstverständnis der Jugend und die hohen Mieten in den Großstädten verstärken den Trend zur Kleinfamilie. Dennoch leben die Grundregeln der traditionellen koreanischen Familie weiter, wenngleich sie zunehmend den Bedürfnissen der modernen Industriegesellschaft und den Wünschen nach stärkerer Unabhängigkeit der jüngeren Generation angepasst werden.

Die Bedeutung der Familie hat in der Vergangenheit auch dazu geführt, dass ein Großteil der Heiraten durch Eltern oder Bekannte vermittelt waren. Heute fällt die Aufgabe, einen geeigneten Lebenspartner zu finden, mehr und mehr den Jugendlichen selbst zu. Das

Heiratsalter liegt in Korea bei Ende 20, da die Männer neben der eigenen Ausbildung auch noch den obligatorischen 24-monatigen Wehrdienst absolvieren müssen. Bisweilen ist aber auch der Familienname ein zusätzliches Hindernis für eine Hochzeit mit dem auserwählten Partner. Denn die Heirat zwischen Verwandten bis zum achten Grad ist gesetzlich verboten. Bei der geringen Anzahl von Familiennamen in Korea kann dies zu Problemen führen. Nach einer Erhebung des National Statistics Office gibt es in Südkorea insgesamt 285 koreanische Familiennamen, wobei 49,6 % der Bevölkerung einen der vier meist verbreiteten Namen Kim (21,6 %), Lee (14,8 %), Park (4,7 %) oder Choi (4,7 %) tragen. Zwar wird hinsichtlich des Heiratsverbots innerhalb eines Namens noch nach Klans unterschiedlicher Abstammung oder regionaler Herkunft differenziert, aber selbst bei insgesamt rd. 1000 Namenklans (davon allein 80 verschiedene Kims) stellt der Name bisweilen ein echtes Ehehindernis dar. Erst aufgrund einer Entscheidung des Obersten Gerichtshofs zeichnet sich eine gewisse Liberalisierung ab: Demnach wird zwischenzeitlich die Heirat zwischen gleichnamigen Partnern dann anerkannt, wenn die Trauung im Ausland vollzogen wurde.

Herrscht bei den koreanischen Familiennamen Einfalt vor, so ist die Vielfalt der Vornamen umso größer: Denn der Vorname besteht in Korea in der Regel aus zwei chinesischen Schriftzeichen, wobei traditionell eines der Zeichen, das so genannte «Tollimcha» für die Mitglieder einer Familiengeneration gleich sein sollte. Meist wählen die Eltern eine wohl klingende, bedeutungsvolle und Glück verheißende Zeichenkombination als Vornamen für ihren Sprößling, wie z. B. Jinju («Perle»), Mikyang («Duft der Schönheit») oder Sunam («der Langlebige»).

Nachbarschaft: Geselligkeit, Sparen und aktive Demokratie

Traditionell beschränkt sich das soziale Engagement nicht nur auf die eigene Familie und Verwandtschaft, die naturgemäß an erster Stelle steht, sondern bezieht auch die Nachbarn mit ein. Man tauscht die Neuigkeiten des Viertels oder des Dorfes untereinander aus, lädt sich zum Essen ein, hilft sich gegenseitig bei der Vorbereitung von familiären Feierlichkeiten und Festtagen und ist im Notfall füreinander da. Im Herbst, wenn sich vor den Häusern der Chinakohl für den Winter-*Kimch'i* türmt, kommen die Frauen der Nachbarschaft zusammen, um sich gegenseitig bei der Zubereitung des eingelegten Kohls zu helfen.

Ort der Begegnung ist häufig der örtliche Markt, der *Sichang*. Dort kauft die koreanische Hausfrau nicht nur die Zutaten für den *Kimch'i*, wie Paprika, Knoblauch, Karotten, fermentierte Muscheln und Ingwer, sondern alle Güter des täglichen Gebrauchs. Benötigt sie etwas Ausgefalleneres, so fährt sie zu einem der größeren Märkte, in eines der modernen Kaufhäuser oder zu einem Supermarkt. Der lokale *Sichang* ist aber nicht nur Einkaufsstätte, sondern auch Umschlagplatz für Neuigkeiten und Gerüchte. Man trifft sich dort mit Bekannten, hält ein Schwätzchen mit Leuten aus der Nachbarschaft, bekommt hilfreiche Einkaufstips und ist stolz, beim Feilschen um den Kaufpreis einer Ware dem Händler einen besonders hohen Nachlass abgerungen zu haben.

Häufig organisieren die Frauen in der Nachbarschaft eine alt-bewährte koreanische Institution – ein *Kye*. Das *Kye* ist eine Art zweckgebundene Kasse, in die die Mitglieder monatlich einen bestimmten Betrag einzahlen. Ein *Kye* kann für die verschiedensten Zwecke organisiert werden: für die Ausrichtung von Hochzeiten oder Begräbnissen ebenso wie für die Erneuerung von Bewässerungsanlagen oder den genossenschaftlichen Ankauf von Vieh. Das *Kye* erfüllt aber nicht nur die Aufgabe einer Genossenschaft oder einer Sparkasse, sondern fördert gleichzeitig Gemeinschaftssinn und Geselligkeit. Häufig treffen sich die Mitglieder anlässlich der monatlichen Beitragszahlung zu einer Versammlung oder unternehmen gemeinsam einen Ausflug.

Der Gemeinschaftssinn in Korea ist aufgrund des konfuzianischen Erbes ausgeprägt, und so wird vom jedem erwartet, etwas für das Gemeinwohl beizusteuern. Es gibt viele Bürgergruppen, die sich um soziale, kirchliche, Umweltschutz- oder Minderheitenbelange kümmern. Viele Frauen in den Hochhaussiedlungen schließen sich zu Gruppen zusammen, um sich einer Aufgabe zu verschreiben. Entsprechend zahlreich sind auch die nichtstaatlichen Organisationen (NGO), die sich lebhaft an dem politischen Willenbildungsprozess der jungen koreanischen Demokratie beteiligen. Das wichtigste Medium der nichtstaatlichen Organisationen ist das Internet, in dem in unzähligen Meinungsforen und Chatrooms eifrig diskutiert wird.

Reis und Kimch'i

Die koreanische Küche steht hinsichtlich der Vielzahl der Gerichte und dem Raffinement ihrer Zubereitung der westlichen Küche in nichts nach. So verwendet die koreanische Hausfrau viel Fleiß und Mühe darauf, die Mahlzeiten zuzubereiten. Angefangen mit dem *Kimch'i*, der stets die persönliche Handschrift der Hausfrau trägt und als ihre «Visitenkarte» gilt, über verschiedene Salate und Gemüse, Suppen, Fleisch- und Fischgerichte bis hin zum *Ddŏg*, dem traditionellen Reiskuchen, reicht die Palette der Gerichte, deren Zubereitung beherrscht sein will.

Während in der westlichen Küche jeder Gang eines Essens nur aus einem Gericht besteht, wird in der koreanischen Küche eine Vielzahl von unterschiedlichen Gerichten gleichzeitig serviert. So besteht ein festliches Dinner zumindest aus neun *Chŏp* (Hauptgerichten), u. a. aus einer Suppe, jeweils einem Fisch-, Fleisch- und Nudelgericht, verschiedenen gebratenen Gemüsen und rohem Fisch. Bei den *Chŏp* nicht mitgerechnet werden unterschiedliche *Kimch'i*, verschiedene Salate und Saucen. So bedeckt eine gepflegte Sonntagstafel den Tisch mit 15 bis 20 Schälchen der unterschiedlichsten Speisen. Dazu wird als Grundnahrungsmittel der obligatorische *Pab* (Rundkornreis) gereicht. Koreanische Speisen sind in der Regel herzhaft gewürzt, wobei Paprika, Knoblauch, Sesam, Ingwer, Salz, Pfeffer, Glutamat und Sojasauce am häufigsten verwendet werden. Allerdings unterscheidet sich die Geschmacksphilosophie der Koreaner etwas von der der westlichen Küche: Für den Koreaner gilt ein Gericht dann als vollendet, wenn sich der natürliche Geschmack der verwendeten Grundmaterialien mit den vier Geschmacksrichtungen vereint, die die menschliche Zunge wahrzunehmen imstande ist (süß, sauer, salzig, bitter).

Bei der geschilderten Vielfalt der Küche bedeutet eine Einladung zu einem koreanischen Essen stets ein Festmahl, das nicht versäumt werden sollte. Hat man vor Betreten des Hauses die Schuhe abgelegt und als Dank für die Einladung ein kleines Gastgeschenk überreicht, so wird die Frau des Hauses traditionell zunächst ihrem Bedauern Ausdruck verleihen, dass sie nur ein so geringes Mahl anbieten kann. Und sie wird fortfahren, dass sie hoffe, mit dem Wenigen, was sie anbieten kann – meist ein Dutzend *Chŏp* –, den Gaumen des verehrten Gastes erfreuen zu können.

Nachdem die männlichen Familienmitglieder und Gäste auf Sitzkissen rund um den niedrigen Tisch mit gekreuzten Beinen Platz genommen haben, kann das Mahl, beispielsweise mit *Kuchŏlp'an*, einem koreanischen Horsd'œuvre beginnen, das in einer speziellen achteckigen Lackdose mit Einsatzschälchen serviert wird. Das größte Schälchen in der Mitte der Dose ist mit einer Anzahl hauchdünner Pfannkuchen gefüllt. Hiervon nimmt man einen mit den Stäbchen, füllt ihn mit verschiedenen Gemüsen und Fleisch, die sich in den acht Schälchen um das mittlere befinden, rollt den Pfannkuchen zusammen und steckt ihn als Ganzes in den Mund.

Nach dem Horsd'œuvre werden die Hauptgerichte gereicht. Neben einer Suppe wird die Hausfrau zu Ehren des Gastes mindestens ein Fleischgericht – etwa *Bulkogi* oder *Kalbi*, beides Gerichte, bei denen das Fleisch über einem kleinen Holzkohlenfeuer am Tisch

Markt in Seoul

gegrillt wird –, verschiedenen rohen und gebratenen Fisch, Schalentiere, Gemüse und Salate anbieten.

Während des Essens, bei dem der Genuss nicht durch exzessive Gespräche gestört werden sollte, werden die verschiedenen Gerichte immer wieder nachgereicht. Man sollte sich als Gast aber davor hüten, das letzte Stückchen aus einem Schälchen zu nehmen, da man nicht davon ausgehen kann, dass die Hausfrau noch alle Gerichte vorrätig hat und man sie dadurch unnötig kompromittieren könnte.

In Korea galt es früher als wenig vornehm und unhygienisch, mit den Stäbchen zu essen; sie dienten lediglich dazu, sich das Gewünschte aus den Schälchen zu picken, um es dann auf seinen Löffel zu geben, den man in das Reisschälchen legte. Zum Essen gab man die Stäbchen auf den Tisch zurück, nahm den Löffel, füllte ihn noch mit ein wenig Reis und führte ihn dann zum Mund. Zwischenzeitlich hat sich jedoch in Korea durchgesetzt, gleich direkt mit den Stäbchen zu essen, anstatt die Speisen auf den Löffel zu geben. Als unhöflich gilt es, während des Essens zu schnäuzen. Sollte man aufgrund einer starken Erkältung die Notwendigkeit verspüren, sich die Nase zu putzen, so sollte man diese mit einem Taschentuch lautlos abwischen.

Das Essen nimmt in Korea einen hohen Stellenwert ein, was zum einen darauf zurückzuführen ist, dass die Zeiten des Hungers noch nicht allzu lange zurückliegen und bei der älteren Generation noch lebhaft in Erinnerung sind. Zum anderen ist dies auch ein Ausdruck der koreanischen Tradition, wie das Sprichwort verdeutlicht: «Auch der großartigste Ausblick verblasst, wenn der Tisch leer ist».

Ein Streifzug durch die koreanische Gastlichkeit

In Korea gibt es eine ausgeprägte Ausgeh-Kultur. Unzählige Restaurants, Kneipen, Cafés, Bierhallen (*hopü*, die koreanische Abkürzung für Hofbräuhaus) und Bistros stellen den Gast vor die Qual der Wahl. Neben der koreanischen Küche ist japanisches und chinesisches Essen verbreitet, aber auch die amerikanischen Hamburger- und Pizzaketten haben sich etabliert und zu einer Veränderung der Essgewohnheiten beigetragen. Nachdem viele Firmen über keine eigene Kantine verfügen, bevölkern die Büroangestellten um die Mittagszeit die zahlreichen umliegenden Restaurants, in denen man schon für rd. 5 € ein komplettes Menü bekommt.

Die Mitarbeiter koreanischer Firmen werden darüber hinaus mindestens einmal im Monat von den Vorgesetzten zu einem Abendessen (*hoesik*) eingeladen, das der Pflege der Beziehung untereinander und der Harmonie dient. Dabei steht eigentlich weniger das Essen als vielmehr der gemeinschaftliche Genuss von Alkohol im Vordergrund. Nach ein paar Gläsern *Soju* lockert sich die sonst durch strikte Hierarchie gekennzeichnete Atmosphäre und der Vorgesetzte wird über alle Hierarchiegrenzen hinweg die wahren Probleme seiner Mitarbeiter erfahren. Viele Koreaner sind der Ansicht, dass man einen Menschen erst dann richtig kennen gelernt hat, wenn man sein wahres Gesicht beim Trinken gesehen hat. Nach dem eigentlichen Abendessen im Restaurant sucht man eine der Kneipen (*sulchip*) oder eine Karaokebar (*noraebang*) auf, wo der

Abend feuchtfröhlich meist nach Mitternacht endet. Dabei ist es Sitte, in der Runde ein Glas kreisen zu lassen. Bei diesem Brauch reicht man seinem Nachbarn das Glas mit beiden Händen; dieser nimmt es, hält es zum Einschenken bereit und leert es mit einem Zug, bevor er es an seinen Nachbarn weitergibt.

Einige Verhaltensregeln für den Ausländer

Die konfuzianische Tradition des Landes macht sich auch heute noch in einer diffizilen und mannigfaltigen Hierarchie der Gesellschaft bemerkbar. Abstufung und Rangordnung sind typisch. Diese Ordnung zu erkennen und sie zu achten, ist die Kunst, die ein Ausländer in Korea erlernen muss. So richtet sich das Verhalten dem Nächsten gegenüber nach dem Verhältnis der eigenen Position zu der des Anderen. Ein Grundprinzip für Jüngere oder Rangniedrigere ist es, den Älteren oder Ranghöheren dadurch zu ehren, dass man von sich aus seine Stellung erniedrigt und sich als unbedeutend darstellt. Da auch die Form des sprachlichen Ausdrucks durch diese Relation geprägt ist, versuchen Koreaner beim Kennen lernen zunächst diese Über- bzw. Unterordnung herzustellen.

Das Grundprinzip, durch eine devote Haltung dem anderen Respekt zu erweisen, spiegelt sich im täglichen Leben in mannigfaltiger Weise wider. So wird der Gastgeber eines Essens dem Ältesten oder Ranghöchsten den besten und sich selbst den schlechtesten Platz anweisen. Überreicht der Gast ein kleines Präsent, das wie alle Dinge in Korea grundsätzlich mit beiden Händen übergeben wird, so wird der Schenkende dieses als völlig unbedeutend hinstellen. Der Beschenkte wiederum wird, zumindest wenn er von mehreren Gästen Geschenke erhalten hat, diese nie im Beisein der Gäste öffnen, um sie, ob ihrer großen oder kleinen Gabe, nicht zu kompromittieren. Beim Annehmen von größeren Geschenken sollte man im Übrigen zurückhaltend sein, da nach dem Grundsatz «do ut des» verfahren wird und man vielleicht den Erwartungen, die mit einem Geschenk verbunden werden, nicht genügen kann.

Um die erwähnte Rangordnung leichter herauszufinden, stellt man sich nicht selbst vor, sondern überlässt diese Aufgabe Freunden oder Bekannten. Bei diesem Ritual wird zuerst der Rangniedrigere dem Ranghöheren vorgestellt, wobei beide die Formel «*Ch'ŏŭm Po-*

epkessŭmnida» («ich treffe Sie zum ersten Mal») sprechen, sich verbeugen und ihre Visitenkarten überreichen. Das Vorstellungsritual ist eine der wenigen Gelegenheiten, bei denen man beim vollen Namen genannt wird. Während einer Konversation oder Verhandlung sollte man vermeiden, seinen Gesprächspartner mit dem Vornamen zu titulieren.

Die Bedeutung der Gruppe ist in Korea wesentlich ausgeprägter als in westlichen Ländern. Eine gemeinsame Schulzeit, der Militärdienst in der gleichen Einheit, das Studium beim gleichen Professor und schließlich die Arbeit in der gleichen Firma begründen ein Netzwerk, von dem der Koreaner ein Leben lang profitiert. Für den Ausländer ist es wichtig zu verstehen, dass es einen Unterschied macht, ob man Mitarbeiter von einer führenden oder einer drittklassigen Universität rekrutieren kann. Denn auch die eigene Firma wird von den Netzwerken seiner Mitarbeiter profitieren. Der Pflege dieser Netzwerke und der Loyalität zu den so gewonnenen Freunden kommt höchste Bedeutung zu. Persönliche und berufliche Beziehungen sind in Korea eng miteinander verknüpft.

Während in den westlichen Gesellschaften die Neigung besteht, mit Freunden keine Geschäfte zu machen, weil sie die Freundschaft belasten könnten, fühlen sich Koreaner unwohl, mit jemandem Geschäfte zu machen, zu dem man keine Beziehung aufgebaut hat. Dementsprechend wird viel Zeit investiert, um ein vertrauensvolles Verhältnis zu einem Geschäftspartner zu entwickeln. Die gegenseitige Beziehung und nicht der ausgehandelte und unterzeichnete Vertrag begründet letztlich die Verpflichtung zur Leistungserfüllung. Deshalb sollten Ausländer bei der Anwendung eines Vertragswerkes in Korea pragmatisch vorgehen und die Auslegung stets unter dem Blickwinkel des Nutzens für die gemeinsame Beziehung vornehmen.

Sehr zurückhaltend sind Koreaner mit jeder Form physischen Kontakts. Bis vor wenigen Jahren war beispielsweise die freundschaftliche Umarmung eines Liebespaares in der Öffentlichkeit ebenso verpönt wie Kussszenen in Filmen. Auch das Händeschütteln ist eine erst in jüngerer Zeit von den Ausländern übernommene (Un-)Sitte. Bei Begrüßung oder Verabschiedung bevorzugen die Koreaner die Verbeugung, die auf drei verschiedene Arten ausgeführt wird: Als üblichen Gruß zu Bekannten macht man eine leichte Verbeugung; bei Respektspersonen grüßt man mit einer tiefen Verbeugung, wobei der Oberkörper zum Rumpf einen Winkel von 90 Grad bildet. Bei beiden Arten werden die Hände seitlich am Körper angelegt und die Augen schauen zu Boden. Beim *Kŭnchŏl* schließlich, einer zeremoniellen Verbeugung, lässt man sich auf die Knie nieder und beugt den Oberkörper so weit nach vorne, bis die Stirn die flach am Boden liegenden Hände berührt. Mit dieser zeremoniellen Verbeugung erweisen beispielsweise die Kinder den Eltern an Neujahr Respekt.

Wichtigstes Gebot für den mit den koreanischen Gepflogenheiten nicht vertrauten Ausländer ist es, den *Kibun*, das auf Respekt, Anerkennung und gegenseitige Achtung beruhende harmonische Einvernehmen, die Stimmung oder Seelenlage, nicht zu verletzen. Besondere Aufmerksamkeit sollte man dabei dem *Kibun* von Höherstehenden und Geschäftspartnern schenken, da dessen Verletzung nicht selten die Ursache für unerwartete und Ausländern rätselhaft erscheinende Schwierigkeiten ist. In Korea enthält das Umfeld, die Gesprächsatmosphäre, die Situation oder die Gesprächspause einen Großteil der Kommunikation. Die Botschaft ist im Kontext zu finden, was den Koreanern erlaubt, auf die direkte Ansprache der Dinge zu verzichten. So sollte man vorsichtig sein, ein «Ja» als Akzeptanz eines Vorschlags zu verstehen. «Ja» bedeutet vielmehr, dass der Gesprächspartner die Argumentation verstanden hat und nachvollziehen kann. Desgleichen wird man bei der Ablehnung eines Vorschlags selten ein direktes «Nein» hören. Vielfach wird der koreanische Gesprächspartner einfach schweigen, um die Gesprächsatmosphäre nicht zu belasten. Direkte Kommunikation, insbesondere wenn es sich um schlechte Nachrichten handelt, wird als verletzend und unkultiviert empfunden. Es empfiehlt sich, einen Mittelsmann oder Berater einzuschalten, wenn man schlechte Nachrichten weitergeben möchte. Auf diese Weise vermeidet man, den *Kibun* zu belasten und die persönliche Beziehung zu stören. Wichtig ist es für Ausländer, die Sensitivität und Empathie (*nunch'i*) für die ausgeprägte nonverbale oder indirekte Kommunikation zu entwickeln. Dabei sollte man sich nicht von dem stoischen Gesichtsausdruck fehlleiten lassen, denn im Rahmen der konfuzianischen Erziehung lernen Koreaner ihre Gefühle zu kontrollieren. In Wirklichkeit verbirgt sich hinter der Fassade ein Meer von Emotionen, und nicht umsonst werden die Koreaner bisweilen als «die Italiener Asiens» bezeichnet.

Beschreibt *Kibun* mehr die innere emotionale Stimmung, so ist das Gesicht der Ausdruck der äußeren Erscheinung. Ein Sprichwort besagt: «Das Gesicht zu verlieren bedeutet, alles zu verlieren, aber alles zu verlieren bedeutet nicht notwendigerweise, das Gesicht zu verlieren». Dieses Sprichwort trifft auch in Korea zu und so tut man gut daran, derartige Situationen zu vermeiden. Auch ein Lächeln sollte in diesem Zusammenhang nicht falsch interpretiert werden: Gerade in unangenehmen Situationen, z. B. wenn ein Mitarbeiter von seinem Vorgesetzten gerügt wird, wird sich dieser mit einem Lächeln aus der prekären Lage retten. Es ist also eher ein Lächeln aus Verlegenheit als ein fehlendes Anerkennen der eigenen Nachlässigkeit.

Festtage und Bräuche

Zwar folgt Südkorea offiziell dem gregorianischen Kalender, aber auch heute noch richten sich wichtige Festtage nach dem Mondkalender.

Neujahr: 1. Januar. Ein gutes Beispiel, wie sehr der Mondkalender den Lebensablauf in Südkorea prägt, ist das Neujahrsfest: Obwohl der erste Tag des neuen Jahres nach dem gregorianischen Kalender offiziell Feiertag ist, feiern die meisten Koreaner Neujahr erst zwischen Ende Januar und Mitte Februar – nach dem Mondkalender und für drei Tage. Am Neujahrsfest (*sŏllal*), an dem man traditionell *Hanbok* trägt, werden die Familienbande erneuert. Die jüngere Generation verbeugt sich vor der älteren mit einem *Kŭnchŏl*. Die gleiche Ehre wird den Vorfahren zuteil, für die ein kleiner Altar mit Ahnentafeln und verschiedenen Speisen bereitet wird und die so in das diesseitige Leben mit einbezogen werden.

Unabhängigkeitstag: 1. März. In Gedenken an die Unabhängigkeitsbewegung vom 1. März 1919, die sich gegen die japanische Besatzungsmacht richtete und von dieser blutig niedergeschlagen wurde, wird der 1. März als Feiertag begangen (*Samilchŏl*).

Tag des Baumes: 5. April. Am 5. April, dem Tag des Baumes, werden in ganz Südkorea neue Bäume und Sträucher gepflanzt.

Buddhas Geburtstag: 8. Tag des 4. Mondmonats. Buddhas Geburtstag oder das Laternenfest ist neben *Ch'usŏk* (Erntedankfest) der einzige offizielle Feiertag, der sich nach dem Mondkalender richtet. An diesem Tag finden in den buddhistischen Tempeln des Landes Feierlichkeiten zu Ehren Buddhas statt. Der Hof der Tempelanlagen wird dabei mit zahllosen Laternen erleuchtet, die mit buddhistischen Symbolen und chinesischen Schriftzeichen für «Glück», «Friede» oder «langes Leben» verziert sind.

Tag der Arbeit: 1. Mai. Der Tag der Arbeit ist in Korea kein offizieller Feiertag, aber die meisten Firmen geben ihren Mitarbeitern frei.

Kindertag: 5. Mai. Am Kindertag machen viele Eltern mit ihren fein herausgeputzten Sprösslingen einen Ausflug in einen der Kinderparks. Mit dem Kindertag soll die Institution der Familie, der in einer konfuzianisch geprägten Gesellschaft überragende Bedeutung für das gesellschaftliche Miteinander zukommt, gestärkt werden.

Tano-Tag: 5. Tag des 5. Mondmonats. Obwohl dieser Tag kein offizieller Feiertag ist, gehört Tano neben Neujahr und *Ch'usŏk* zu den wichtigsten Festtagen in Südkorea. An *Tano* wird zu Ehren der Vorfahren ein kleiner Altar errichtet, auf dem jahreszeitliche Speisen dargereicht werden. *Tano* heißt im Volksmund auch «Schaukeltag», da sich in *Hanbok* gekleidete Mädchen und Frauen an diesem Tag nach altem Brauch im Schaukeln messen. Die Schaukeln werden hierfür mit langen Seilen an hohen Bäumen festgemacht, so dass dieser Sport schon einen gewissen Mut erfordert. Das Flattern der bunten *Hanbok* im Schwung der schaukelnden Mädchen ergibt ein malerisches Bild.

Gedenktag für die Kriegsopfer: 6. Juni. Am 6. Juni gedenkt Südkorea mit Gottesdiensten der Kriegsopfer.

Verfassungstag: 17. Juli. Mit dem Verfassungstag soll die Erinnerung an die Proklamation der ersten südkoreanischen Verfassung am 17. Juli 1948 wachgehalten werden. Zum Gedenken an diesen Tag, mit dem auch die Hoffnung auf ein vereintes Korea schwand, werden im ganzen Land Feierlichkeiten veranstaltet.

Befreiungstag: 15. August. Am 15. August 1945 endete die 36-jährige Herrschaft Japans über Korea. Dieser Tag, an dem sowohl der Befreiung von der japanischen Okkupation als auch der formalen Proklamation der Republik Korea im Jahr 1948 gedacht wird, wird mit Militärparaden begangen. Die Häuser des Landes werden mit der südkoreanischen Fahne geschmückt.

Ch'usŏk (Erntedankfest): 15. Tag des 8. Mondmonats. An *Ch'usŏk* besuchen die Koreaner, traditionell in *Hanbok* gekleidet, die Grabstätten der Vorfahren und ehren sie, indem sie ihnen auf einem kleinen Altar frisch geerntete Früchte, Gemüse und Reis sowie allerlei Speisen darreichen. Da die meisten Vorfahren der Koreaner vom Land kommen, setzt an diesem Tag eine wahre Völkerwanderung von Städtern ein, die die Grabstätten ihrer Vorfahren auf dem Land besuchen wollen. Dort werden an diesem Tag zahlreiche Kultur- und Sportveranstaltungen wie Maskentanz, Tauziehen oder *Ssirŭm*, ein koreanischer Ringkampf, abgehalten.

Tag der Streitkräfte: 1. Oktober. Der Tag der Streitkräfte, kein offizieller Feiertag, wird mit Militärparaden, Flugvorführungen und anderen militärischen Veranstaltungen begangen.

Gründungstag: 3. Oktober. An diesem Feiertag wird Tangun, dem legendären Gründer von *Chosŏn* im Jahre 2333 v. Chr., gedacht.

Hangŏltag: 9. Oktober. Der 9. Oktober wurde im Gedenken an die von König Sejong veranlasste Erfindung einer eigenen koreanischen Schrift, dem *Hangŭl*-Alphabet, und zur Bewahrung des nationalen Erbes zum Gedenktag (kein offizieller Feiertag) erhoben.

Weihnachten: 25. Dezember. Aufgrund der wachsenden Bedeutung des Christentums in Südkorea ist auch Weihnachten ein offizieller Feiertag.

Neben diesen allgemeinen gibt es noch zwei persönliche Festtage, die im Leben des Koreaners von besonderer Bedeutung sind: Der erste und der sechzigste Geburtstag. Der erste Geburtstag (*tollal*) wird deshalb besonders gefeiert, weil man bei der hohen Kindersterblichkeit, die früher in Korea herrschte, davon ausgehen konnte,

Sauna

Außen ist das Haus mit einer großen Leuchtschrift versehen: Sauna, 24 Stunden geöffnet. Ich gehe in den Hausflur und treffe auf einen kleinen Schalter, hinter dem mich ein freundlicher Mann begrüßt. Ob ich denn eine Uniform haben möchte, fragt er mich auf Englisch. Er meint eine Turnhose und ein Laibchen mit der Aufschrift der Sauna, die es für 1000 Won Mehrpreis zu mieten gibt. Ich bitte ihn um einen Dress der Größe XXL, was erfahrungsgemäß meinen 1,90 m angemessen ist. Ich reiche ihm den Eintrittspreis von insgesamt 5000 Won und der freundliche Kassierer bedeutet mir, dass die Männersauna im 5. Stock des Gebäudes zu finden sei. Ich sollte doch bitte vermeiden, in die Frauensauna im 4. Stock zu gehen.

Ich fahre also mit dem Aufzug in den 5. Stock. Am Eingang ziehe ich meine Schuhe aus und verstaue sie in einem Schließfach. Ein Schild macht mich darauf aufmerksam, dass auch ein Schuhputzservice angeboten wird. Im Umkleideraum bietet ein Friseur seine Dienste an, wovon die Koreaner regen Gebrauch machen. Im Vorzimmer zur Sauna sind die Duschen und verschiedene Tauchbecken angebracht. Meine koreanischen Kollegen seifen sich intensiv ab, wobei das Handtuch dick mit Seife bestrichen wird, um möglichst viel Schaum zu erzeugen. Die Säuberung geschieht mit Hingabe und gleicht fast einem Ritual. Auch eine Rasur wird bei der Gelegenheit vorgenommen. In der Ecke des gleichen Raumes genießt ein Mann die gegen zusätzliche Gebühr angebotene Massage, die mit einer Intensivreinigung des Körpers beginnt. Nach einer ausführlichen Dusche begebe ich mich für den ersten Gang in die Trockensauna, die innen mit Holzkohle verkleidet ist, was dem Raum einen besonderen Duft und interessante Atmosphäre verleiht.

Nach meinem Saunagang möchte ich mich ein wenig erholen und ziehe dazu den Sportdress an, den mir der freundliche Mann an der Kasse ausgehändigt hat. Der Ruheraum befindet sich im dritten Stock des Gebäudes. Beim Betreten treffe ich auf Menschen, die es sich auf Reisstrohmatten auf dem von der *Ondol*-Heizung gewärmten Boden bequem gemacht haben. In diesem Raum treffen sich alle Geschlechter, einige Mütter haben ihre Kinder mitgebracht. Es herrscht ein reges Treiben und die Luft ist geschwängert vom Duft des kleinen Restaurants, das in der Mitte koreanisches Essen serviert. In zwei Ecken des Raumes befinden sich zwei weitere Saunen, die man gemeinsam, aber mit dem Sportdress bekleidet, besucht. Besonders die innen mit Halbedelsteinen und Bambus ausgeschlagene Sauna genießt bei den Besuchern hohen Zuspruch. Ich begebe mich in einen kleinen, abgedunkelten Nebenraum und lege mich auf die bereitliegende Matte zu einem kleinen Nickerchen…

dass ein Kind mit der Vollendung des ersten Lebensjahres das Schlimmste überstanden hatte. Der sechzigste Geburtstag (*hwan'-gap*) wiederum gilt als Höhepunkt im Leben eines Koreaners. Da nach der traditionellen ostasiatischen Zeitrechnung ein Zyklus 60 Jahre dauert, wird mit diesem Tag der erste Lebenszyklus beendet und der zweite begonnen. Die *Hwan'gap*-Feierlichkeiten markieren für gewöhnlich auch den Abschluss des aktiven Lebens. Von nun an lassen es die Eltern etwas ruhiger angehen, können sie doch erwarten, dass nun ihr erstgeborener Sohn für sie sorgt. Traditionell gab die Hausfrau mit Erreichen des sechzigsten Geburtstags die Haushaltsführung an ihre Schwiegertochter ab.

Geschichte

Denkmal für General Yi Sunshin und sein Schildkrötenboot,
mit dem er die überlegene japanische Seearmada besiegen konnte

Urzeit und Frühgeschichte

Erste Spuren: Paläo- und Neolithikum

Die Archäologie in Korea ist eine noch verhältnismäßig junge Wissenschaft, die systematisch erst seit der japanischen Kolonialzeit betrieben wird. Dementsprechend unvollständig ist unser Bild über die Urgeschichte Koreas.

Die ältesten bisher entdeckten Funde – einfache Hauwerkzeuge – deuten darauf hin, dass die koreanische Halbinsel in der Zwischeneiszeit Günz-Mündel (ca. 800 000 v. Chr.) von Hominiden des Typs «homo erectus» besiedelt war. Da die Durchschnittstemperaturen zu jener Zeit um ca. 8–12° Celsius unter den heutigen Werten lagen, dürfte das Land damals noch nach Westen mit China und nach Osten mit Japan über Landbrücken verbunden gewesen sein.

Im ausgehenden Paläolithikum (ab ca. 20 000 v. Chr.) war die Halbinsel vermutlich von Stämmen bevölkert, die ihren Lebensunterhalt vornehmlich durch Jagd sicherten und in festen Behausungen wohnten. Auch der Gebrauch des Feuers war bereits bekannt, wie die Überreste von Feuerstellen belegen.

Während zahlreiche Funde auf die Besiedlung Koreas im Paläolithikum hinweisen, gibt es merkwürdigerweise bis heute keinen eindeutigen Beleg dafür, dass die Halbinsel auch im Mesolithikum (12 000–5000 v. Chr.) bevölkert war. Man vermutet deshalb, dass mit Zunahme der Durchschnittstemperaturen und dem darauf folgenden Anstieg des Meeresspiegels die Küstensiedlungen in der See versunken sind. Vielleicht waren die Menschen aber auch durch die Veränderungen der klimatischen Bedingungen gezwungen, weiter nach Norden zu ziehen, um ihre gewohnten Lebensverhältnisse beibehalten zu können.

Ansteigende Temperaturen während einer Zwischeneiszeit führten zur Rückbildung der koreanischen Festlandverbindung zu China und – bis auf einige Inseln – zum völligen Verschwinden der Landbrücke zu Japan. Im Neolithikum (ca. 5000–2000 v. Chr.) kam es mit dieser Klimaänderung zu einer Einwanderungswelle aus der Mandschurei. Wichtiges Indiz hierfür ist eine besondere Art neolithischer Keramik, die in ganz Korea und in der Mandschurei gefunden wurde. Kennzeichen sind ihre rote oder braune Farbe und ihr flacher Boden; sie ist undekoriert und relativ grob. Neben dieser einfachen Form gibt es zwei weitere Arten neolithischer Keramik: Die erste besitzt eine Dekoration aus Fischgrat- bzw. Zickzackmuster, hat eine elliptische Form und einen runden Boden. Sie gleicht der in nordeuropäischen Staaten gefundenen Kammkeramik. Die zweite Art ist dünnwandiger und weist eine gewisse Verwandtschaft zur frühen chinesischen Keramik auf.

Mit Beginn der Bronzezeit tauchten auf der koreanischen Halbinsel erstmals auch metallische Gegenstände auf, die ebenfalls von Einwanderern aus der südlichen Mandschurei auf die Halbinsel gebracht worden sein dürften.

Neben der Keramik und den metallischen Gegenständen geben uns die in dieser Zeit gebräuchlichen Dolmen- oder Hünengräber ein eindrucksvolles Bild der koreanischen Frühgeschichte. Diese megalithischen Kulturzeugnisse sind über die ganze Halbinsel verstreut, wobei ein nördlicher und südlicher Typus unterschieden werden kann. Während die nördlichen Dolmen, bei denen auf drei bis vier vertikalen Steinen von ca. 1,50 m Höhe eine große horizontale Deckplatte ruht, stark an europäische Ebenbilder erinnern, liegt beim südlichen Typ die Deckplatte einfach auf der Erde oder auf kleineren vertikalen Stützsteinen. Letzterer wird häufig auch mit der Form eines japanischen Gō-Brettes verglichen.

Das Reich Wiman und die Präfektur Lo-lang

Ende des dritten vorchristlichen Jahrhunderts kam es als Folge blutiger Unruhen bei der Ablösung des chinesischen Ch'in-Reiches durch die Han-Dynastie zu einer neuen Welle chinesischer Einwanderer nach *Chosŏn*. Unter ihnen befand sich Wiman, ein Gefolgsmann eines gegen das Han-Reich rebellierenden Lehenfürsten aus dem nordchinesischen Staat Yen. Mit überlegenen Eisenwaffen gelang es Wiman und seinen Leuten, den König von *Chosŏn* zu vertreiben und seinen Thron zu usurpieren. Damit kam es zur Gründung des ersten geschichtlichen Staates auf der koreanischen Halbinsel. Neben der Errichtung einfacher politischer und sozialer Institutionen wurden Gesetze zum Schutze des Eigentums und gegen Kapitalverbrechen erlassen.

Nach Beilegung der inneren Konflikte und Stabilisierung seiner Macht betrieb das chinesische Han-Reich zu Beginn des ersten vorchristlichen Jahrhunderts wieder eine expansionistische Politik. Als der koreanische König seinen Vasallenpflichten nicht nachkam, unterwarf deshalb die chinesische Armee den jungen koreanischen Staat und teilte ihn in vier Präfekturen auf, darunter auch Lo-lang, die vom Yalu bis zum Hangang reichte und vier Jahrhunderte lang ein wichtiger chinesischer Vorposten in Korea war. Die rein chinesische Kultur von Lo-lang, die der im Vergleich dazu noch rückständigen koreanischen Kultur überlegen war, breitete sich auf der gesamten Halbinsel aus. Ausgrabungen von Grabstätten bei P'yŏngyang brachten zahlreiche Zeugnisse der hoch stehenden Lo-lang-Kultur ans Tageslicht, wie z. B. filigrane Goldarbeiten, herrliche Lackgegenstände, erlesenen Jadeschmuck und vollendete Keramiken. Diese Kunstgegenstände, von denen einige im Nationalmuseum in Seoul besichtigt werden können, geben uns noch heute ein anschauliches Bild von der handwerklichen Kunst der damaligen Zeit.

Die koreanischen Stammesverbände

Zur Zeit der chinesischen Präfekturen war die koreanische Halbinsel von einer Reihe von Stammesverbänden besiedelt, die für die weitere geschichtliche Entwicklung des Landes bis zum Mittelalter ein dominierender Faktor werden sollten.

Der Stamm der *Puyo,* der die fruchtbaren Ebenen entlang des Sungari-Flusses in der nördlichen Mandschurei bewohnte, konnte freundschaftliche Beziehungen zur chinesischen Han-Dynastie etablieren. Unter ihrem Einfluss erlebte *Puyo* im ersten Jahrhundert n. Chr. seine Blütezeit. Diese Abhängigkeit führte aber dazu, dass mit Auflösung des Han-Reiches auch der Untergang der Puyo begann und sich die führenden Familien den aufstrebenden *Koguryŏ*-Stämmen anschlossen. Diese siedelten entlang des mittleren Yalu im mandschurisch-koreanischen Grenzgebiet, einer sehr rauhen und gebirgigen Landschaft. Die *Koguryŏ*-Stämme, die als erste die Bronze- und Metallkultur von China übernahmen und sich dadurch einen waffentechnischen Vorteil verschafften, waren zur Sicherung ihrer Lebensgrundlagen immer wieder auf Eroberungsfeldzüge gegen die *Puyo* im Norden und die chinesischen Präfekturen im Westen angewiesen.

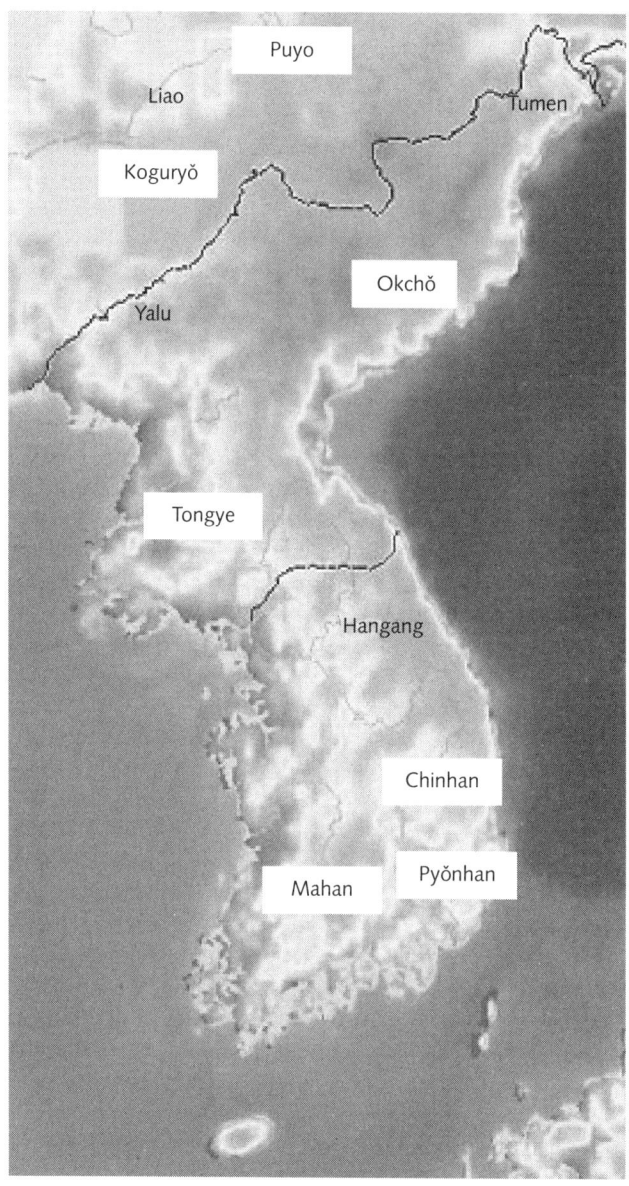

Die Stammesverbände auf der koreanischen Halbinsel (1. Jh. v. Chr.)

An der Ostküste herrschten zu dieser Zeit die beiden Stammesverbände *Okchǒ* und *Tong-Ye*, die sich in ihren Gebräuchen nur unwesentlich von den Koguryŏ unterschieden. Anders als diese waren aber beide Stämme von kulturellen Neuerungen ziemlich abgeschnitten, weshalb es für die *Koguryŏ* aufgrund ihrer überlegenen Waffen nicht schwer war, *Okchǒ* und *Tong-Ye* zu unterwerfen.

Auch im Süden bildeten sich zu dieser Zeit mit den *Han*-Stämmen größere Organisationsformen aus. Im Südwesten schlossen sich dort ansässige Stämme, deren Kern vermutlich von malayoaustronesischen Einwanderern gebildet wurde, zum Verband der *Mahan* zusammen.

Im Südosten entstand aus chinesischen Einwanderern tungusischer Abstammung der Stamm der *Chinhan*. Wirtschaftlich gelangten die *Chinhan* durch Seidenraupenzucht, Reisanbau, Fischfang sowie durch Eisenverhüttung und Belieferung der ganzen Halbinsel mit Eisenerzeugnissen zu einem gewissen Wohlstand. Dieses Geschäft wurde ihnen allerdings durch den im Süden, bei den Bergen Kaya und Chiri angesiedelten Stammesverband der *Pyŏnhan* strittig gemacht, der ebenfalls als Eisenlieferant der chinesischen Präfekturen und Japans auftrat.

Die drei Königreiche und das Mittelalter

Aufstieg und Fall Koguryŏs

Obwohl *Koguryŏ*, das sich als erster Stammesverband zu einem Königreich weiterentwickelte, mit der Annexion der Stämme *Okcho* und *Tong-Ye* im ersten Jahrhundert n. Chr. seinen Machtbereich erheblich ausweiten konnte, kam der Anstoß zu einer Neuverteilung der Einflusssphären in Korea von außen: Durch den Zerfall der chinesischen Han-Dynastie in Teilstaaten verlor das Reich der Mitte auch in seinen koreanischen Präfekturen zunehmend an Bedeutung. Die innere Schwächung Chinas und das Expansionsstreben des kriegerischen Königreichs *Koguryŏ* führten dazu, dass die chinesische Präfektur Lo-lang 313 n. Chr. vom nördlichen Nachbarn unterworfen wurde.

Im Süden der Halbinsel nutzte das Königreich *Paekche*, das vermutlich aus dem Stammesverband der *Mahan* hervorgegangen war, die Situation und dehnte seinen Einflussbereich auf die chinesischen Besitzungen am Hangang aus.

Eine parallele Entwicklung vollzog sich beim *Chinhan*-Verband, aus dem unter der Führung des Saro-Stammes, der im Gebiet der heutigen Stadt Kyŏngju lebte, Anfang des 6. Jh. das Königreich Silla hervorging.

In *Pyŏnhan*, das schon immer von japanischen Schiffen auf dem Weg nach China angesteuert wurde, entstanden nach und nach japanische Siedlungen, aus denen sich dann im 4. Jh. n. Chr. eine Statthalterei des Yamato-Reiches entwickelte. Aus den einzelnen Stämmen der *Pyŏnhan* entstanden in diesem japanischen Protektoratsgebiet Mimana zahlreiche Kleinstaaten, die sogenannten *Kaya*-Staaten.

Mitte des 4. Jh. richtete sich die Expansionspolitik *Koguryŏs* nach Süden. Dies veranlasste das bedrohte Königreich *Paekche*, eine Allianz mit dem japanischen Protektorat Mimana einzugehen. Aber dieses Bündnis konnte dem Eroberungsdrang *Koguryŏs*, das Anfang des 5. Jh. am Höhepunkt seiner Macht stand, keinen Einhalt gebieten. Im Norden erstreckte sich das Königreich nun bis zum Liao-Fluss und im Süden erkannte *Paekche* die Oberhoheit *Koguryŏs* an. Aber auch eine Allianz *Paekches* mit dem zu dieser Zeit militärisch relativ unbedeutenden *Silla* konnte nicht verhindern, dass 475 n. Chr. seine Hauptstadt am Han-Fluss in die Hände *Koguryŏs* fiel. *Paekche* gelang es jedoch sich schadlos zu halten, indem es sich nach Verhandlungen mit dem Hof Yamato die westlichen Distrikte von Mimana sicherte, während die übrigen *Kaya*-Kleinstaaten aus Enttäuschung über die Politik der Protektoratsmacht sich dem Königreich *Silla* anschlossen. Damit endete ein zwei Jahrhunderte andauernder Einfluss Japans im südlichen Korea, der jedoch weniger unter historischen als vielmehr unter kulturgeschichtlichen Aspekten von Bedeutung ist; denn neben zahlreichen koreanischen Handwerkern, Künstlern und Gelehrten wanderten während dieser Zeit auch chinesische Kolonisten nach Japan aus und bilden so ein wichtiges Bindeglied für die Verbreitung chinesischer und koreanischer Kultur in dem Inselreich. Dies gilt insbesondere für den Buddhismus, der zunehmend Ahnenkult und Animismus zurückdrängte und bis Mitte des 6. Jh. in allen drei Reichen zur Staatsreligion erhoben wurde.

Mit dem Expansionsstreben *Koguryŏs*, besonders aber mit der

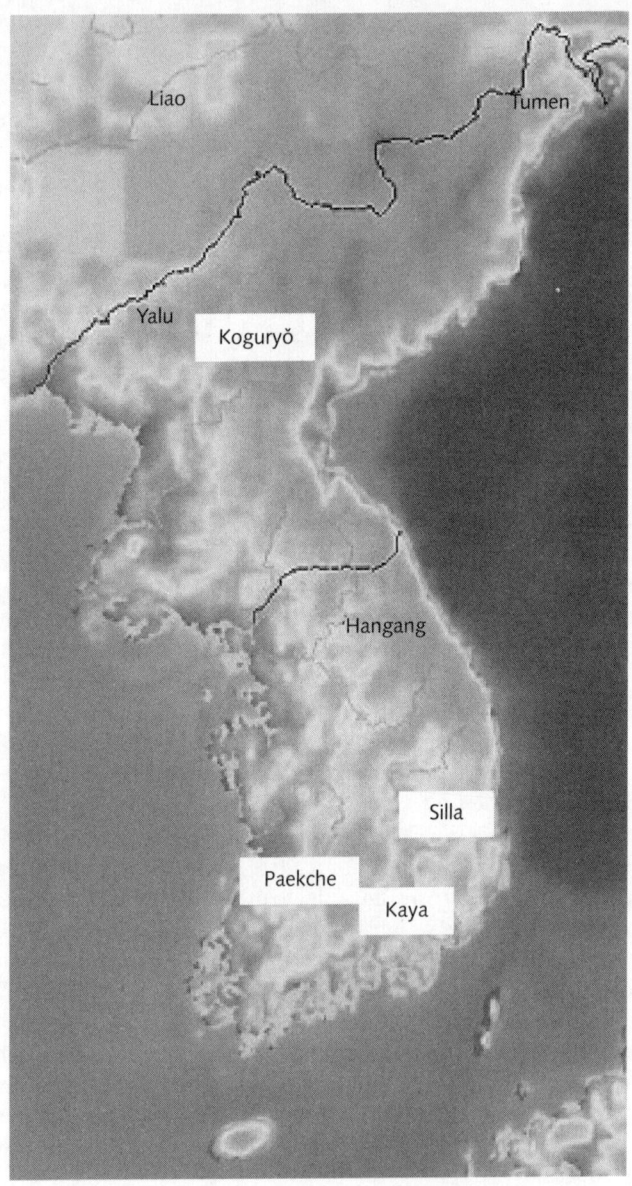

Die koreanische Halbinsel zur Zeit der drei Königreiche (5. Jh. n. Chr.)

Annexion von Lo-lang, kam auch das kulturelle Leben auf der Halbinsel zu einer Blüte. Als Beispiele sind die Förderung der konfuzianischen Staatsethik, die Errichtung von Universitäten nach chinesischem Vorbild und die Kodifizierung von Gesetzen zu nennen. Leider haben von den Kunstschätzen jener Epoche nur wenige überdauert, so dass sich die kunsthistorischen Zeugnisse auf Grabbeigaben und Wandmalereien in einigen von Plünderungen verschonten Königs- und Adelsgräbern beschränken. Das bedeutendste ist das so genannte Zwillingspfeilergrab bei P'yŏngyang, der dritten Hauptstadt von *Koguryŏ*, dessen Name auf zwei achteckige Säulen am Eingang zur Hauptkammer zurückzuführen ist. Die Wandmalereien in diesem Grab, die zu den wertvollsten Kunstdokumenten im Fernen Osten gehören, werden auf das 5. Jh. n. Chr. datiert. Sie stellen ein Ehepaar dar, das zu Tische sitzt und sich von Dienern aufwarten lässt.

Im 6. Jh. n. Chr. wurde *Silla* militärisch immer stärker. Die Vormachtstellung *Koguryŏs* geriet dadurch ins Wanken. Im Jahr 551 n. Chr. errang *Silla* einen wichtigen Sieg über *Koguryŏ* und konnte das Gebiet am Han-Fluss unter seine Kontrolle bringen. Damit verfügte *Silla* erstmalig über eine direkte Landverbindung zu China.

Ende des 6. und zu Beginn des 7. Jh. geriet *Koguryŏ* zunehmend durch chinesische Militäraktionen in Bedrängnis. Nach vier Feldzügen gelang es den chinesischen Truppen schließlich, *Koguryŏ* zu unterwerfen. Zwar konnte sich das Königreich, begünstigt durch das Ende des *Sŭi*-Reiches in China, nochmals der chinesischen Oberhoheit entziehen, aber im Jahr 668 war sein Untergang besiegelt: Den Streitkräften aus *Silla* und China gelang es, in einer Zangenbewegung die Hauptstadt *Koguryŏs* einzunehmen. Bereits einige Jahre früher war *Paekche* durch chinesische Truppen unterworfen worden.

Der Einheitsstaat Silla

Nach der Eroberung *Paekches* und *Koguryŏs* durch das chinesische Militär – die Armee *Sillas* spielte hierbei eher eine untergeordnete Rolle – stellte sich bald heraus, dass die eigentliche Absicht des T'ang-Reiches in der Ausdehnung seines Machtbereichs auf die ganze koreanische Halbinsel bestand. Doch daraus wurde nichts: Es gelang den Koreanern durch einen Kleinkrieg, das T'ang-Reich zum

Rückzug seiner Streitkräfte zu bewegen. In die geräumten Gebiete stießen Truppen aus *Silla* nach, das dadurch den Grundstein für die glanzvollste Epoche in der Geschichte Koreas legte. Durch formale Anerkennung der chinesischen Oberhoheit entwickelte der Einheitsstaat *Silla* ein einvernehmliches Verhältnis zum T'ang-Reich in China, das dem jungen Staat eine 200-jährige Friedensperiode ohne Bedrohung durch äußere Feinde bescheren sollte. Gleichzeitig entstand ein reger kultureller Austausch: Koreanische Gelehrte studierten in China die konfuzianische Staatsethik, und buddhistische Mönche kamen im Reich der Mitte mit neueren Strömungen ihrer Religion in Berührung. Als Staatsreligion entfaltete der Buddhismus in *Silla* einen prägenden Einfluss auf das kulturelle Leben: Tempelanlagen wurden gebaut, Denkmäler errichtet und mit der sakralen kam auch die weltliche Kunst zu einer bedeutenden Blüte.

Noch heute gibt uns die Hauptstadt *Sillas*, Kyŏngju, die von der UNESCO unter die zehn bedeutendsten historischen Anlagen der Welt eingereiht wurde, ein beeindruckendes Zeugnis der Kulturblüte jener Zeit. Das Bild der Stadt wird von großen Hügelgräbern geprägt, den Grabstätten der Könige und des Hochadels der *Silla*zeit. Seit Mitte der 1920er, als man bei Bauarbeiten zufällig auf Teile eines alten Königgrabes stieß, konnten Archäologen zahlreiche Kulturschätze wie z. B. Goldkronen, goldene Ringe, Ohrgehänge und Gürtel, Keramiken, Pferdegeschirre und Schwerter ausgraben und der Öffentlichkeit zugänglich machen. Neben den Königsgräbern gehören die buddhistische Tempelanlage *Pulguksa* und die *Sokkuram*-Höhle, ein künstlich angelegtes Gewölbe, in dessen Mitte eine in Granit gemeißelte, 3,5 m hohe Buddhastatue thront, zu den schönsten und bedeutendsten Zeugnissen der *Silla*-Kultur.

Der Einheitsstaat *Silla* machte sich zur Verwaltung seiner über zwei Millionen Haushalte chinesische Praktiken zu Eigen. Das Staatsgebiet wurde in Provinzen und diese wiederum in Präfekturen, Distrikte und Gemeinden unterteilt. Während alle wichtigen Ämter der Zentralregierung in der Hauptstadt Kyŏngju in den Händen des alten *Silla*-Adels verblieben, wurden die Eliten von *Paekche* und *Koguryŏ* in der regionalen Verwaltung eingesetzt. Die Besoldung der Beamten erfolgte durch die Vergabe von Acker- und Weideland zur Bewirtschaftung als Amtslehen, durch die Beteiligung an der Kriegsbeute und durch Überlassung von Kriegsgefangenen als Sklaven.

Aufgrund von Eifersüchteleien zwischen dem alten Standesadel und dem aufstrebenden Feudaladel kam es zunehmend zu Konflikten. Darüber hinaus spitzte sich auch die Lage der unfreien Bauernschaft immer mehr zu, die sich, durch die hohen Steuerabgaben völlig verarmt, häufig nur im chinesischen oder japanischen Exil am Leben erhalten konnte. Als der Staat mit rigorosen Maßnahmen Steuerrückstände bei den Bauern einzutreiben versuchte, brach im Jahr 889 ein Aufstand der Bauern los, der den Zerfall des Einheitsstaates *Silla* einleiten sollte.

Neben *Silla* gab es in dieser Epoche auf der koreanischen Halbinsel zwei weitere Staaten, die sich als Nachfolger der Königreiche *Koguryŏ* und *Paekche* verstanden. Aus den danach folgenden Kämpfen dieser beiden Staaten untereinander ging der Nordstaat schließlich als Sieger hervor.

Die Koryŏ-Dynastie (918–1392)

Aus dem Nordstaat entwickelte sich 918 unter König T'aejo das Königreich *Koryŏ*, das für fünf Jahrhunderte über die koreanische Halbinsel herrschen sollte. Nach Unterwerfung des geschwächten *Sillas* und Ausdehnung seines Machtbereiches nach Norden umfasste das Königreich *Koryŏ* Mitte des 10. Jh. die ganze Halbinsel bis zum Grenzfluss Yalu im Norden.

Die Herrscher *Koryŏs* waren zunächst auf Konsolidierung ihrer gewonnenen Macht nach innen bedacht. Deshalb leiteten sie eine Restauration der ökonomischen und sozialen Strukturen des *Silla*-Reiches ein. Neben dem Amtsadel wurden auch Zivil- und Militärbeamte mit Lehensrechten versehen, die nicht vererbbar waren.

Anfang des 11. Jh. nutzte der nördliche Nachbar *Koryŏs*, das chinesische Liao-Reich, eine innenpolitische Krise des Königreiches zu einem militärischen Einfall. Die Verteidigung seiner Nordgrenze gegen das Liao-Reich stellte für *Koryŏ* in der Folgezeit ein schwieriges Problem dar, das erst durch den Bau eines Schutzwalls vom Yalu bis zur Nordkorea-Bucht gelöst wurde. Dieser Schutzwall sicherte dem Königreich eine zweihundertjährige Friedenszeit, die von einer kulturellen Blüte begleitet wurde.

Zur Zeit der *Koryŏ*-Dynastie erlebte der Buddhismus, der die vorherrschende Religion in Korea blieb, einen neuen Aufschwung; allein in der Hauptstadt Kaesŏng wurden zu dieser Zeit über 70

Celadon aus dem
12. Jahrhundert
(Nationalmuseum in Seoul)

neue Tempel errichtet. Noch heute gibt uns die Haupthalle des *Pusŏk*-Tempels, der ca. 250 km südlich von Seoul nahe der Stadt Yŏngju liegt, mit seiner Amitābhā-Statue, einer der wenigen erhaltenen Buddha-Plastiken aus der *Koryŏ*-Zeit, ein eindrucksvolles Zeugnis der handwerklichen und künstlerischen Perfektion dieser Zeit.

Im 11. Jh. veranlasste König Hyŏnjong die Edition einer koreanischen Fassung der *Tripitaka*, einer Zusammenstellung buddhistischer Texte. Dieses fast 6000-bändige Werk wurde während der Mongoleneinfälle vernichtet, aber noch heute können 81 258 hölzerne Druckblöcke einer zweiten Edition der *Tripitaka koreana* aus dem 13. Jh. im *Haein*-Tempel als eines der wichtigsten Zeugnisse der koreanischen Geistesgeschichte und Druckkunst besichtigt werden. Zwar war bereits Ende des 12. Jh., d. h. gut 200 Jahre vor Gutenberg, in Korea der Buchdruck mit beweglichen Lettern erfunden worden, aber die zweite Edition der *Tripitaka koreana* wurde im Blockdruckverfahren herausgegeben, da die Druckblöcke weniger empfindlich und haltbarer waren.

Berühmtheit erlangten auch die Keramiken der *Koryŏ*-Zeit, die

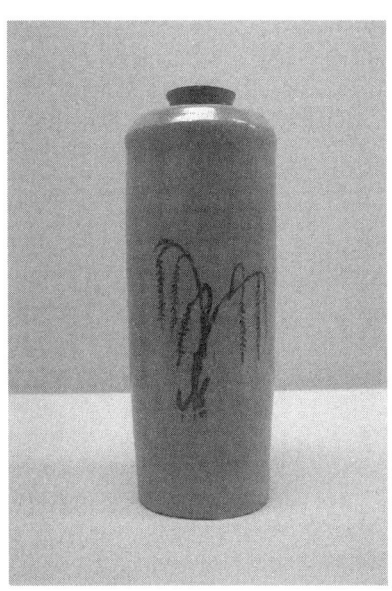

Keramikvase aus dem
14. Jahrhundert
(Nationalmuseum in Seoul)

wegen ihrer ausgewogenen Form und der Schönheit ihrer Farben
auf der ganzen Welt geschätzt werden. Die geheimnisvolle, blau-
grüne, eisvogelfarbige Glasur und typische Dekors, wie z. B. Kra-
nich, Wolken oder Trauerweide, ließen das koreanische Seladon dieser Zeit zu einem geschätzten Sammlerobjekt werden.

Die Kulturblüte der *Koryŏ*-Dynastie neigte sich Anfang des
13. Jh. dem Ende zu, als mongolische Truppen unter der Führung
von Dschingis Khan die Nordgrenze verunsicherten. Als die Herrscher des Königreichs wiederholt Forderungen mongolischer Gesandtschaften nach Tributzahlungen zurückwiesen, überfielen und
plünderten mongolische Truppen die Hauptstadt Kaesŏng. Aus
Furcht vor weiteren Übergriffen wurde daraufhin die Hauptstadt
auf die Insel Kanghwa verlegt. Wie vorausschauend diese Maß-
nahme war, zeigte sich, als mongolische Truppen im 13. Jh. wiederholt die Halbinsel verunsicherten und dabei sogar bis nach Chejudo, der südlichsten Insel Koreas, vorstießen. Angesichts der militärischen Überlegenheit der Mongolen blieb *Koryŏ* keine andere
Wahl, als im Jahr 1260 die mongolische Oberhoheit anzuerkennen.
Die Mongolen nutzten in der Folgezeit ihre neu gewonnene

Herrschaft über Korea zur Vorbereitung mehrerer Feldzüge gegen Japan, die jedoch allesamt fehlschlugen. Da die koreanische Bevölkerung zum Bau einer Flotte für die japanischen Feldzüge der Mongolen beitragen musste und darüber hinaus auch zur Abstellung von Truppen gezwungen wurde, verschlechterte sich die wirtschaftliche Situation des Landes dramatisch.

Die 125-jährige Mongolenherrschaft in Korea ging ihrem Ende entgegen, als Mitte des 14. Jh. ihre Oberhoheit in China zunehmend in Frage gestellt wurde. Diese Schwächung nutzte der damalige König *Koryŏs* dazu, seine Gefolgschaft zu versagen und das koreanische Volk vom Joch der Fremdherrschaft zu befreien. Doch die Auseinandersetzungen über die wirtschaftliche und politische Neuordnung führten zu einer schweren innenpolitischen Krise, die letztendlich den Untergang der *Koryŏ*-Dynastie auslöste. Erst als Yi Sŏnggye, der wegen seiner Siege über japanische Piraten im Volk hohe Sympathie genoss, 1390 eine weitreichende Bodenreform durchsetzte, kam es zu einer Stabilisierung der innenpolitischen Situation.

Die Yi-Dynastie (1392–1910)

Bald nach Verabschiedung der Bodenreform wurde Yi Sŏnggye, getragen von einer Woge der Sympathie, zum König ausgerufen. Er begründete damit die *Yi*-Dynastie, die bis 1910, dem Jahr der Annexion Koreas durch Japan, das Schicksal der Halbinsel bestimmen sollte.

Als eine der ersten Maßnahmen erkannte der König die Oberhoheit des chinesischen Ming-Reiches über Korea an und stellte so das alte Verhältnis zwischen den beiden Staaten wieder her. Das Ming-Reich verlieh der Halbinsel den Namen *Chosŏn*, der bis heute – allerdings nur für Nordkorea – gebräuchlich ist.

König Yi Sŏnggye, der unter dem Titel T'aejo in die Annalen einging, führte eine umfassende Verwaltungsreform durch. Mit der Einrichtung eines Zentralen Rates, der mit hoch stehenden Zivil- und Militärbeamten besetzt war und Entscheidungsvorlagen an den König formulierte, wurden erste Ansätze eines modernen Staatswesens verwirklicht. Im Jahr 1394 veranlasste König T'aejo die Verlegung der Hauptstadt an den *Hangang* (Hanfluss), in die verkehrstechnisch äußerst günstig gelegene Stadt Hanyang, wo er den

Yangban-Haus
(Nachbau)

Kyŏngbok-Palast als Residenz errichten ließ. Bald hatte sich für die neue Hauptstadt in der Bevölkerung der Name «Seoul» eingebürgert.

Die ersten Jahre der *Yi*-Dynastie brachten auch kulturell einschneidende Veränderungen: Der Buddhismus fiel aufgrund der in den Klöstern weit verbreiteten Korruption bei den neuen Herrschern in Ungnade. Anfang des 15. Jh. wurden deshalb bis auf 242 alle buddhistischen Tempel zerstört, ihr Grundbesitz enteignet und buddhistische Zeremonien am Hofe verboten. Die antiklerikale Politik der ersten Könige der *Yi*-Dynastie führte zum Verlust der achthundertjährigen Vormachtstellung des buddhistischen Klerus. Gleichzeitig gelangte der Konfuzianismus als offizielle Staatsphilosophie zu einer Blüte. Es entstanden konfuzianische Schulen, mit Hilfe des mittlerweile verfeinerten Typendruckverfahrens wurden zahlreiche konfuzianische Schriften veröffentlicht, und an Stelle von Standesprotektion trat mit Einführung des konfuzianischen Prüfungssystems die individuelle Leistung als Auswahlkriterium für Beamte. Allerdings blieb die Zulassung zur Prüfung meist auf die *Yangban*, die herrschende Schicht der *Yi*-Dynastie, beschränkt.

Tor in der südlichen
Befestigungsmauer von
Seoul

Als Folge der Bodenreform und durch Einführung neuer Anbau-
techniken konnte der Lebensstandard der Bevölkerung im 15.Jh.
deutlich erhöht werden, was der geistig-kulturellen Entwicklung
des Landes zugute kam. Das 15.Jh. war eine Blütezeit der koreanischen Wissenschaften, wobei als herausragende Leistung die Erfindung der koreanischen Buchstabenschrift zu nennen ist. Experten
halten diese Schrift, die 1446 durch eine von König Sejong einge-
setzte Kommission veröffentlicht wurde, sogar für das bestformu-
lierte Schriftsystem überhaupt.

Die kulturelle und wirtschaftliche Blüte *Chosŏns* erreichte im
16.Jh. ihren Höhepunkt. Bereits zu dieser Zeit zeigten sich erste
Anzeichen jener inneren Konflikte, die der *Yi*-Dynastie zum Ver-
hängnis werden sollten. Zunächst wurde jedoch das Schicksal der
Halbinsel vom japanischen Expansionismus bestimmt. Im Jahre
1592 richtete sich das Machtstreben Hideyoshis, der zuvor das japanische Inselreich einigen konnte, auf das Festland; mit Truppen in
einer Gesamtstärke von 160 000 Mann landete er in *Chosŏn* und
brachte das völlig unvorbereitete Land binnen weniger Wochen un-

ter seine Kontrolle. Die Regierung in *Chosŏn* wandte sich daraufhin mit einem Beistandsgesuch an China. Im Laufe des Jahres 1593 gelang es den chinesischen Streitkräften, die japanische Armee zurückzudrängen und in Friedensverhandlungen einzutreten, die jedoch scheiterten. Hideyoshi unternahm einen zweiten Vorstoß in Korea. Doch nach einer vernichtenden Niederlage der japanischen Seestreitkräfte gegen die zahlenmäßig unterlegene koreanische Flotte unter Admiral Yi Sunsin, der wegen seiner Erfolge im Kampf gegen die Japaner noch heute als Volksheld gefeiert wird, und aufgrund der Überlegenheit der chinesischen und koreanischen Truppen auf dem Festland musste Hideyoshi schließlich 1598 die Einstellung des Koreafeldzuges verkünden. Für die Halbinsel war die japanische Invasion eine Katastrophe: Der Krieg stürzte das Land in eine tiefe wirtschaftliche Krise und führte zur Zerstörung zahlreicher Städte und zur Vernichtung unersetzbarer Kunstschätze.

Und schon wenig später drohte erneut Gefahr, diesmal aus dem Norden. Anfang des 17. Jh. versuchten die Mandschu, die die Waffenhilfe der chinesischen Ming-Dynastie für *Chosŏn* dazu benutzten, ihren Einfluss in der südlichen Mandschurei auszubauen, sich den schwächeren Nachbarn im Südosten untertan zu machen. Als ihnen dies auf politischem Weg nicht gelang, fiel eine 100 000 Mann starke mandschurische Armee in *Chosŏn* ein und unterwarf das Land, das damit in tributäre Abhängigkeit von den Mandschu geriet. Da jedoch die Politik der mandschurischen Ch'ing-Dynastie gegenüber dem koreanischen Vasallen stets von konfuzianischer Achtung geprägt war und sich die neuen Herrscher darüber hinaus jeglicher innenpolitischer Einmischung enthielten, erlebte die Halbinsel bis ins 19. Jh. eine Periode der inneren wie äußeren Stabilität.

Die Übergriffe japanischer und mandschurischer Invasoren auf *Chosŏn* und wiederholte Piratenüberfälle auf Küstensiedlungen veranlassten die koreanische Regierung im 17. Jh. zu einer strikten Abschließungspolitik, die der Bevölkerung bei Todesstrafe jedweden Kontakt mit dem Ausland verbot. Außer den jährlichen Tributgesandtschaften an den Hof in China und gelegentlichen Abordnungen nach Japan blieb *Chosŏn* so für mehrere Jahrhunderte von der Außenwelt isoliert.

Die Neuzeit

Im Spannungsfeld zwischen China, Japan und Russland

Das Jahr 1876 markiert in zweierlei Hinsicht einen Wendepunkt in der Geschichte Koreas: Zum einen endete mit der Unterzeichnung des koreanisch-japanischen Vertrages von Kanghwado eine jahrhundertelange selbstgewählte Isolierung des Landes, zum anderen begann für Korea mit dem formalen Ende der seit den Mongoleneinfällen bestehenden Vorherrschaft Chinas eine dornenreiche Suche nach dem Weg zu einem souveränen Nationalstaat, die durch wiederkehrende Konflikte mit expansionistischen Nachbarstaaten und Großmächten gekennzeichnet war und schließlich in die heutige Situation der Teilung münden sollte.

Als König Ch'olchong im Jahr 1864 starb und keinen männlichen Nachkommen hinterließ, wurde ein entfernter Verwandter, der zwölfjährige Yi Mongbok, später bekannt unter dem Namen Kojong, zum König ausgerufen. Bis zu seiner Volljährigkeit übernahm sein Vater, dem der Titel *Taewŏngun* (Prinz des großen Hofes) verliehen wurde, die Amtsgeschäfte.

In einer Zeit, die durch die Öffnung der ostasiatischen Staaten nach Westen geprägt war, setzte *Taewŏngun*, ein Mann konfuzianischer Tugend und konservativer Geisteshaltung, die Politik einer strikten Abschließung Koreas von der Außenwelt fort. Die hierfür notwendige Aufrüstung des Militärs, die Sicherung der Küsten und nicht zuletzt der von *Taewŏngun* angeordnete Wiederaufbau des Kyŏngbok-Palastes in Seoul bürdeten dem Volk jedoch enorme Steuerlasten auf, die zu einer großen Unzufriedenheit führten.

Erst als sich *Taewŏngun* nach der Volljährigkeit von König Kojong infolge wachsender innenpolitischer Schwierigkeiten aus der Politik zurückzog und die Familie Min, der die Gemahlin des Königs entstammte, an Einfluss gewann, kam es zu einem allmählichen Kurswechsel in der koreanischen Politik. Es bedurfte indes einer militärischen Machtdemonstration Japans vor der Küste Koreas, um die Regierung mit der Unterzeichnung des Vertrages von

Kanghwado (1876) zur Öffnung des Landes zu zwingen. Obwohl
China nach wie vor auf der formalen Abhängigkeit Koreas beharrte,
erkannte Japan im Vertrag von Kanghwado faktisch die Souveränität des Landes an. Der Vertrag sah u. a. die Öffnung mehrerer koreanischer Häfen für den Handel mit Japan und die Errichtung japanischer Gesandtschaften vor.

Das Verhältnis zwischen Japan und Korea blieb aber nicht lange
ungetrübt: Als Japan versuchte, das koreanische Militär nach euro-
päischem Vorbild zu reorganisieren, zog es sich den Unmut der alten Garden zu, die in einer Militärrevolte das japanische Konsulat

stürmten und in Brand setzten. Chinesische Truppen eilten der in Bedrängnis geratenen koreanischen Monarchie zu Hilfe. Damit gewann China ein Stück seines traditionellen Einflusses zurück. Für kurze Zeit lebte das alte Abhängigkeitsverhältnis wieder auf. Der deutsche Generalkonsul in Tientsin, Paul Georg von Moellendorff, wurde der koreanischen Regierung von China als außenpolitischer Berater zur Seite gestellt. Um der neuen Machtkonstellation in Fernost Rechnung zu tragen und dem Expansionismus Japans Einhalt zu gebieten, drängte China in der Folgezeit die koreanische Regierung zum Abschluss von Handels- und Freundschaftsverträgen mit Amerika, Frankreich, Großbritannien und Deutschland.

Doch Japan war nicht gewillt zurückzustehen: Es nahm einen Umsturzversuch zum Anlass, durch militärische Machtdemonstrationen seinen Einfluss in Korea wieder auszubauen. So kam es schließlich im April 1885 zum Vertrag von Tientsin, in dem China und Japan den Rückzug ihrer Truppen aus Korea vereinbarten.

Trotz dieser Entmilitarisierung Koreas waren sowohl Japan als auch China stets darum bemüht, ihre Präsenz auf der Halbinsel zu verstärken. Um den Einfluss der beiden Nachbarstaaten einzuschränken und dem Ziel einer souveränen Nation näher zu kommen, riet v. Moellendorff der koreanischen Regierung, die russische Karte ins Spiel zu bringen. Da diese Empfehlung gegen die Interessen Chinas gerichtet war, wurde v. Moellendorff nach China zurückbeordert. Dennoch hatte sein Ratschlag insoweit Erfolg, als Korea mit Russland im Jahre 1888 einen Handelsvertrag abschloss.

Die hohe Steuerlast, die ungleiche Landverteilung und große Dürren in den Jahren 1877 und 1889 führten dazu, dass insbesondere unter den Bauern die Unzufriedenheit zunahm. Dies machte sich die *Tonghak*-Sekte (östliche Lehre) zunutze, die sich als Gegengewicht zum aufkommenden Christentum (*Sŏhak* = westliche Lehre) verstand. Sie verband ihre Forderung nach Anerkennung der *Tonghak* als Religion und Rehabilitierung des 1864 hingerichteten Sektengründers mit einer kritischen Haltung zur Regierungspolitik. Da die Regierung versuchte, diese Bewegung zu unterdrücken, kam es 1894 zu Aufständen, die sich über das ganze Land ausbreiteten. Als König Kojong chinesische Truppen zu Hilfe rief, die den Aufstand niederschlagen sollten, reklamierte Japan eine Verletzung des Vertrages von Tientsin und entsandte ebenfalls Truppen nach Korea. Dies führte noch im selben Jahr zum Krieg zwischen den beiden

Nationen, den Japan für sich entschied (17.4.1895 Frieden von Shimonoseki).

Auf japanisches Drängen erklärte Korea daraufhin seine Unabhängigkeit und leitete politische Reformen nach japanischem Vorbild ein. Diese trugen jedoch kaum zu einer Verringerung der Unzufriedenheit im Volke bei; nach einem von japanischen Gesandten in Seoul angestifteten Mordkomplott gegen die koreanische Königin richtete sich der Unmut der Bevölkerung offen gegen die Japaner. Ein Anwachsen der Unruhen veranlasste König Kojong im Frühjahr 1896, in der russischen Gesandtschaft Zuflucht zu suchen. Hierdurch und durch die Tatsache, dass Japan einer bewaffneten Auseinandersetzung mit Russland zu der Zeit nicht gewachsen war, gelang es dem nördlichen Nachbarn, seinen Einfluss in Korea auszuweiten.

Als jedoch Russland im Jahr 1899 versuchte, den koreanischen Hafen Masan als Flottenstützpunkt zu erwerben, spitzte sich der Konflikt zwischen den beiden Staaten so weit zu, dass es 1904 zum Kriegsausbruch kam. Obwohl Korea nicht zum Kriegsschauplatz wurde und schon zu Beginn des Konflikts seine Neutralität erklärte, besetzten japanische Truppen die Hauptstadt Seoul. Auf japanischen Druck hin musste das Land die mit Russland geschlossenen Verträge kündigen und gewonnene Freiheiten (Versammlungs- und Pressefreiheit) einschränken. Der Widerstand der Bevölkerung gegen die japanischen Besatzer wurde mit eiserner Härte niedergehalten.

Nachdem Amerika und England 1905 die Vorherrschaft Japans in Korea anerkannten und auch Russland im Friedensvertrag von Portsmouth (5.9.1905) eine ähnliche Erklärung abgeben musste, sah sich die koreanische Regierung gezwungen, am 17.11.1905 einen Vertrag zu unterzeichnen, der das Land zum japanischen Protektorat machte. Zwar versuchte der mittlerweile zum Kaiser avancierte Kojong, durch Entsendung einer koreanischen Delegation zur Friedenskonferenz in Den Haag die Großmächte zur Wiederaufnahme der diplomatischen Beziehungen mit Korea zu bewegen, doch seine Bemühungen stießen bei den Großmächten auf taube Ohren. Der japanischen Besatzungsmacht gab Kaiser Kojong durch diese Aktion einen Vorwand, ihn zum Rücktritt zu zwingen. Als Nachfolger wurde am 19.7.1907 sein Sohn, Kronprinz Sunjong, zum Kaiser gekrönt.

«… Wir haben alle Souveränitätsrechte über Korea seiner Majestät, dem Kaiser von Japan, übertragen.» Mit dieser Deklaration von Kaiser Sunjong endete nicht nur die Regentschaft des letzten Kaisers der *Yi*-Dynastie, sondern auch der Traum von einer unabhängigen und souveränen Nation. Korea war nunmehr eine japanische Kolonie, die von einem direkt dem japanischen Kaiser unterstellten Generalgouverneur regiert wurde. Ein wesentliches Ziel der japanischen Politik in Korea war es, das ökonomische Potential des Landes zu erschließen. Ländereien in Staatsbesitz wurden japanischen Bauern überlassen, das Bewässerungssystem wurde verbessert, die Infrastruktur des Landes ausgebaut und das Schulwesen den Herausforderungen der Zeit angepasst. All diese Maßnahmen zielten jedoch ausschließlich darauf, aus der neuen Kolonie möglichst große Vorteile zu ziehen. So wuchs zwar die Reisproduktion stetig, da sich aber der Export nach Japan sehr viel stärker erhöhte als die Produktion, kam es unter der koreanischen Bevölkerung zu Hunger und Krankheit.

Obwohl Presse- und Versammlungsfreiheit von den neuen Machthabern rigoros beschnitten wurden, bildeten sich vermehrt antijapanische Gruppen mit dem Ziel, die Unabhängigkeit Koreas wiederherzustellen. Ermuntert durch die russische Revolution von 1917 sowie durch die 14-Punkte-Deklaration des amerikanischen Präsidenten Wilson, in der das Selbstbestimmungsrecht aller Völker proklamiert wurde, kam es anlässlich der Beerdigungsfeierlichkeiten für den Ende Januar verstorbenen Kaiser Kojong am 1. März 1919 zu einem gewaltfreien Aufstand gegen die japanische Besatzungsmacht. Mit Hilfe religiöser Gruppen gelang es der nationalistischen Opposition, die von 33 Wortführern des antijapanischen Widerstands unterzeichnete Unabhängigkeitserklärung gleichzeitig im ganzen Land zu verbreiten. Kaum war die Deklaration im Pagodenpark von Seoul verlesen, zogen Demonstranten überall, die koreanische Fahne schwenkend, mit dem Ruf «*Tongnip manse*» (es lebe die Unabhängigkeit) durch die Straßen. Die japanische Okkupationsmacht, von diesem Aufstand überrascht, ging mit Gewalt gegen die friedlichen Demonstranten vor. 7000 Tote, 15 000 Verwundete und 46 000 Verhaftungen waren das Ergebnis des rigorosen Vorgehens; noch heute wird deshalb der 1. März in Korea als Gedenktag begangen.

Nach dem Scheitern der Unabhängigkeitsbewegung konstituierte sich noch im selben Jahr unter der Führung von Yi Sŭngman in Shanghai eine koreanische Exilregierung mit dem Ziel, die Frage der koreanischen Unabhängigkeit auf der Konferenz von Versailles zur Sprache zu bringen. Zwar scheiterte dieses Vorhaben am japanischen Widerstand, aber das Problem gewann dadurch erheblich an Publizität. Ebenfalls in Shanghai wurde 1920 die kommunistische Partei Koreas gegründet.

Nach dem Volksaufstand von 1919 war die japanische Politik in Korea darauf gerichtet, dem Widerstand die Grundlage zu entziehen. Deshalb wurde der Ausbau der Infrastruktur beschleunigt, Bodenschätze wurden erschlossen und das Bildungswesen wurde verbessert. Nach wie vor stand diese Politik jedoch unter dem Vorzeichen, aus der Kolonie größtmöglichen Nutzen zu ziehen. So entstand in Korea eine für Kolonialstaaten typische Wirtschaftsstruktur: Das Land wurde zum bedeutenden Nahrungsmittel- und Rohstofflieferanten Japans und zu einem wichtigen Absatzmarkt für japanische Fertigprodukte. Darüber hinaus entwickelte sich eine duale Wirtschaftsstruktur: Während sich im Norden die Chemie- und Schwerindustrie ansiedelte, konzentrierten sich im Süden Landwirtschaft und Leichtindustrie.

Die antijapanische Einstellung in der Bevölkerung war neben der wirtschaftlichen Ausbeutung des Landes vor allem auch auf den Versuch der Kolonialverwaltung zurückzuführen, die kulturelle Eigenständigkeit Koreas auszulöschen. Die seit 1937 verfolgte Assimilationspolitik erreichte Anfang der 1940er Jahre ihren Höhepunkt: In den Schulen wurde ausschließlich in Japanisch unterrichtet, die Bevölkerung wurde gezwungen, ihre Namen ins Japanische zu ändern, bei jeder öffentlichen Zusammenkunft wurde ein Treueid auf den japanischen Kaiser geleistet und die Bürger wurden zum Besuch von Shinto-Schreinen angehalten.

Mit dem Ausbruch des chinesisch-japanischen Krieges (1937) wurde der Ausbau der koreanischen Schwerindustrie beschleunigt. Durch den Export aller entbehrlichen Nahrungsmittel und Rohstoffe nach Japan geriet Korea in der Folgezeit an den Rand des wirtschaftlichen Ruins. Nach dem japanischen Überfall auf Pearl Harbour (7. 12. 1941), bei dem ein Großteil der amerikanischen Pazifikflotte zerstört wurde, wurden Zehntausende Koreaner zum Militärdienst herangezogen oder in japanischen Rüstungsbetrieben zur Zwangsarbeit verpflichtet.

Yi Sŭngman (Rhee Syngman, 1875–1965)

Staatsmann, von 1948 bis 1960 erster Präsident Südkoreas. Schon in jungen Jahren trat er für die koreanische Unabhängigkeit ein und führte 1897 eine Demonstration gegen die Japaner an, weswegen er zu einer lebenslangen Haftstrafe verurteilt wurde. Im Rahmen einer Amnestie wurde er 1904 vorzeitig aus der Haft entlassen. Sein Studium absolvierte er in den USA, in Harvard und Princeton, wo er 1910 seinen Doktortitel erhielt. Eine Gruppe aus der Unabhängigkeitsbewegung ernannte ihn 1919 zum Präsidenten einer koreanischen Exilregierung. Yi Sŭngman hörte nie auf, sich für seinen Traum eines unabhängigen Koreas einzusetzen. Am Ende des Zweiten Weltkrieges wurde er zum politischen Führer der Übergangsregierung unter der amerikanischen Besatzung ernannt und schließlich 1948 zum ersten Präsidenten der Republik Korea gewählt. Am Beginn seiner vierten Legislaturperiode, die er sich nur durch Wahlfälschungen sichern konnte, wurde er 1960 durch Studentenproteste zum Rücktritt gezwungen und ging ins Exil nach Hawaii.

Als sich allmählich ein Sieg der amerikanischen Streitkräfte abzeichnete, nahm die koreanische Exilregierung mit den Alliierten Kontakt auf, um die Unabhängigkeit ihres Landes nach Ende der Feindseligkeiten sicherzustellen. In der Regierung des amerikanischen Präsidenten Roosevelt reifte die Vorstellung, Korea, Indochina und die pazifischen Inseln nach dem Krieg unter alliierte Treuhandschaft zu stellen. Der Grundgedanke war hierbei, den unilateralen Kolonialismus zu ersetzen und die Völker nach einer gewissen Übergangszeit in die Unabhängigkeit zu entlassen. Gleichzeitig konnte aber auch ein gewisser amerikanischer Einfluss in diesen Staaten sichergestellt werden.

Auf der Konferenz von Kairo (1943) kam deshalb auch die koreanische Frage zur Sprache, wobei die Teilnehmerstaaten Amerika, Großbritannien und China dem koreanischen Volk «zu gegebener Zeit» die Souveränität in Aussicht stellten. In der Konferenz von Jalta (1945) einigten sich Stalin und Roosevelt auf eine internationale Treuhandschaft für Korea.

Als Japan nach dem Abwurf der Atombomben auf Hiroshima und Nagasaki sowie nach dem Kriegseintritt Russlands am 14. August 1945 die bedingungslose Kapitulation erklärte, standen zwar russische Truppen bereits in Korea, die amerikanischen Streitkräfte aber befanden sich noch im Südpazifik. Die USA befürchteten deshalb, dass Russland das entstandene Machtvakuum in Korea ausfüllen könnte. Mit dem Ziel, sich einen Fuß auf der koreanischen Halbinsel zu sichern, beschloss deshalb das Koordinationskomitee der Streitkräfte am 11. August, Stalin die Teilung des Verantwortungsbereiches der beiden Kriegspartner in Korea am 38. Breitengrad vorzuschlagen. Überraschenderweise stimmte Stalin diesem Vorschlag zu, obwohl er der aktuellen militärischen Situation in keiner Weise gerecht wurde. Stalin war darauf bedacht, gute Beziehungen zu dem neuen amerikanischen Präsidenten Truman zu entwickeln, um sich so ein Mitspracherecht bei der zukünftigen Entwicklung Japans zu sichern.

Endgültig wurde das Nachkriegsschicksal Koreas im Moskauer Vertrag vom 20. Dezember 1945 geregelt, der u. a. eine fünfjährige Treuhandschaft von Amerika, Russland, Großbritannien und China sowie die Einrichtung einer sowjetisch-amerikanischen Kommission zur Bildung einer provisorischen koreanischen Regierung vorsah. Das Bekannt werden des Moskauer Vertrages löste in Korea, wo der Jubel über die Befreiung von der japanischen Kolonialmacht kaum verstummt war, einen Sturm der Entrüstung aus; erneut sollten die koreanische Unabhängigkeit und Freiheit durch das Eingreifen fremder Staaten beschnitten werden.

Im Frühjahr 1946 trat die gemeinsame Kommission der Besatzungsmächte zum ersten Mal zusammen, konnte aber über die wichtigste Frage – die Bildung einer provisorischen Regierung – keine Einigung erzielen. Noch im selben Jahr kam es auf politischer Ebene zu einer klaren Trennung zwischen Nord- und Südkorea: Während die Amerikaner im Süden einen repräsentativen demokratischen Rat mit dem Vorsitzenden Yi Sŭngman bildeten, wurde in Nordkorea ein provisorischer Volksausschuss als administratives Organ gewählt, an dessen Spitze Kim Ilsŏng, seit 1931 Mitglied der kommunistischen Partei Koreas, trat.

Nachdem in bilateralen Gesprächen keine für beide Seiten tragbare Lösung der Korea-Frage erzielt wurde und Russland eine von den USA vorgeschlagene alliierte Außenministerkonferenz ablehnte, rief Amerika die Vereinten Nationen an. Die Vollversammlung der UNO beschloss nach eingehender Diskussion, in Korea unter Aufsicht der UNO freie Wahlen abzuhalten. Da die UNO-Kommission zur Überwachung der Wahlen keine Einreisegenehmigung nach Nordkorea erhielt, konnten die vorgesehenen Wah-

Der Chejudo-Aufstand vom 3. April 1948

Erst in jüngster Zeit kam Licht in ein dunkles Kapitel koreanischer Geschichte:

Der Abschlussbericht einer offiziellen Untersuchungskommission, die die Ereignisse auf der Insel Chejudo zwischen 1945 und 1949 beleuchten sollte, gibt der US-Militärregierung und dem ersten koreanischen Staatspräsidenten Yi Sŭngman die politische Verantwortung für den Tod von mindestens 27 719 (offizielle koreanische Angaben) Inselbewohnern und die Zerstörung von 39 285 Häusern.

Nach dem Ende der japanischen Besatzung hatte die US-Militärregierung von August 1945 bis zur Wahl des ersten Präsidenten Yi Sŭngman 1948 die politische Führung des Landes inne. Während es auf dem Festland in dieser Zeit immer wieder zu Demonstrationen und Zusammenstößen protestierender Bürger mit den Sicherheitskräften kam, war es auf Chejudo friedlich. Eine linksorientierte Inselregierung hatte die Verwaltung unter Duldung des für die Insel zuständigen 59. Militärbataillons übernommen. Im August 1946 wurde mit der Ernennung zur Provinz und dem Anschluss an die Zentralregierung die Treuhandschaft über die Insel aufgehoben.

Der Frieden auf Chejudo wurde erstmals am 1. März 1947 gestört, als anlässlich von Kundgebungen in Erinnerung an den Aufstand gegen die japanische Kolonialmacht von 1919 auf die Insel entsandte rechte Polizeikräfte in die Menge schossen und sechs Demonstranten töteten.

Nach der Wahl von Yi Sŭngman zum Staatspräsidenten von Korea wurde der rechtsorientierte Gouverneur Yu mit der Verwaltung der Insel beauftragt. Er ersetzte die lokale Polizei mit ultrarechten Jugendkorps. Deren grausames Verhalten führte bei der Bevölkerung zu einer tiefen Abneigung. Im Anschluss an die Kundgebungen zur Erinnerung an den Widerstand gegen die japanische Kolonialmacht, bei der auch gegen getrennte Wahlen in Nord- und Südkorea protestiert wurde, erfolgte am 1. März 1948 die Verhaftung von 2500 Jugendlichen. Einer von ihnen wurde nach Folterungen tot aus einem Fluss gefischt. Dies war der Anlass für einen Aufstand der Inselbewohner. Am 3. April 1948 besetzten sie elf Polizeistationen und zerstörten Brücken und Telefonleitungen. Insgesamt 19 Personen wurden an diesem Tag getötet, der der Beginn einer etwa einjährigen Rebellion sein sollte. Erst im August 1949 konnte der Widerstand von den brutal und grausam agierenden Polizei- und Armee-Einheiten gebrochen werden. Der Anführer der insularen «Volksarmee», Yi Tukku, wurde getötet. Ein Korrespondent der New York Times bemerkte Anfang 1950, dass «das südliche Korea von einer Wolke des Terrors verdunkelt werde, wie sie die Welt bisher noch nicht gesehen hat».

len zur verfassunggebenden Nationalversammlung zunächst nur in Südkorea abgehalten werden. Nach Ausarbeitung einer Verfassung wurde am 15.8.1948 die Republik Korea proklamiert. Die Sowjetunion war freilich nicht bereit, ihren Einfluss in Korea preiszugeben: unter ihrem Druck beschlossen kommunistische Organisationen aus ganz Korea Wahlen zu einer Obersten Volksversammlung, die am 25. August 1948 stattfanden. Im Anschluss an die erste Sitzung der Obersten Volksversammlung wurde als Gegenpart zur Republik Korea die Demokratische Volksrepublik Chosŏn ausgerufen. Damit war die Teilung des Landes besiegelt. Russland, das schon frühzeitig mit der militärischen Aufrüstung Nordkoreas begonnen hatte, kündigte im Dezember 1948 den Rückzug seiner Truppen an. Unter dem Eindruck des sowjetischen Truppenabzugs sahen sich auch die Amerikaner veranlasst, ihre Streitkräfte in die Heimat zu verlegen, und überließen damit der eilends auf 65 000 Mann aufgestockten südkoreanischen Armee die Verantwortung für die Landesverteidigung.

Überfall im Morgengrauen: Der Koreakrieg

Knapp neun Jahre nach dem japanischen Überfall auf Pearl Harbour war es erneut ein Überraschungsangriff, der die Weltöffentlichkeit den Atem anhalten ließ. Im Morgengrauen des 25. Juni 1950 überschritten nordkoreanische Truppen den 38. Breitengrad und trafen auf einen zahlenmäßig unterlegenen und schlecht ausgerüsteten Gegner. Innerhalb weniger Tage eroberten nordkoreanische Truppen Seoul und stießen weiter nach Süden vor.

Es war kein «Stellvertreterkrieg», wie man zwischenzeitlich weiß: Es bedurfte insgesamt 48 Telegramme nach Moskau, bis Kim Ilsŏng die Zustimmung von Stalin zu einem Krieg erhielt. Der Versuch der Nordkoreaner, die unsinnige Teilung des Landes gewaltsam mittels eines Bruderkrieges herbeizuzwingen, traf jedoch auf den massiven Widerstand des eilends einberufenen Weltsicherheitsrates der Vereinten Nationen, der in Abwesenheit der UdSSR Nordkorea als Aggressor verurteilte und die Mitgliedsstaaten der UNO aufforderte, Südkorea militärisch zu unterstützen. Obwohl erste amerikanische Einheiten bereits am 2. Juli bei Pusan in die Kämpfe eingriffen, gelang es den nordkoreanischen Truppen, fast die gesamte Halbinsel einzunehmen. Erst der massive Einsatz der amerikanischen Luftwaffe konnte den Vormarsch des Feindes längs des Flusses Naktong bei Taegu stoppen.

Ein strategisch überaus kühner Schachzug von General MacArthur, dem Oberbefehlshaber der amerikanischen Pazifikstreitkräfte, brachte dann eine Wende zugunsten Südkoreas: Am 15. September landeten 40000 Marineinfanteristen in Inch'ŏn, einer Hafenstadt 30 km westlich von Seoul, und fielen damit dem Gegner in den Rücken. Die nordkoreanischen Truppen, von dieser Zangenbewegung überrascht, sahen sich von ihren Nachschubverbindungen abgeschnitten und zogen sich nach Norden zurück. Innerhalb von 14 Tagen gewannen die Streitkräfte der USA und der Vereinten Nationen – insgesamt beteiligten sich 16 Staaten mit Truppen – das Gebiet südlich des 38. Breitengrades zurück. Ende Oktober fiel die nordkoreanische Hauptstadt P'yŏngyang und Ende November erreichten amerikanische Eliteeinheiten sogar den Yalu, den Grenzfluss zu China.

Um eine Eskalation des Krieges zu vermeiden, wurde MacArthur angewiesen, unter keinen Umständen den Grenzfluss zu überschreiten. Obwohl im November 1950 jenseits der Grenze bereits 16 chinesische Armeekorps Stellung bezogen hatten, waren MacArthur damit hinsichtlich der Zerstörung der Brücken über den Yalu praktisch die Hände gebunden. Dank dieser auf eine Konfliktbegrenzung ausgerichteten Politik Washingtons gelang es den Chinesen relativ problemlos, im Laufe des Novembers gut 300000 Mann nach Nordkorea einzuschleusen und zusammen mit den regulären nordkoreanischen Truppen eine Gegenoffensive einzuleiten.

Die Alliierten waren durch das chinesische Eingreifen zu einem strategischen Rückzug gezwungen, bei dem zu Beginn des Jahres 1951 die südkoreanische Hauptstadt erneut in die Hände des Gegners fiel. Zur Vorbereitung eines Gegenangriffs zogen sich die UNO-Truppen und die 8. amerikanische Armee in Stellungen ca. 110 km südlich des 38. Breitengrades zurück. Mit dieser neuen Offensive, die im Februar eingeleitet wurde, gelang es den alliierten Streitkräften, die nordkoreanischen und chinesischen Verbände bis zum 38. Breitengrad, dem Ausgangspunkt des Kriegsgeschehens, zurückzudrängen. In der Folgezeit entwickelte sich ein zäher Stellungskrieg, bei dem keine Seite entscheidende Vorteile für sich verbuchen konnte. Im April wurde General MacArthur als Oberkommandierender der amerikanischen Pazifikstreitkräfte von Präsident Truman abberufen.

Zur Überraschung der Vereinten Nationen und der Weltöffentlichkeit schlug der sowjetische UNO-Delegierte Ende Juni 1951 Schritte zur Beilegung der Feindseligkeiten vor. Nach der Kontaktaufnahme zur nordkoreanischen Regierung wurden am 10. Juli langwierige Waffenstillstandsverhandlungen zwischen den betroffenen Parteien aufgenommen, die von verlustreichen Kämpfen der sich im Grenzgebiet starr gegenüberstehenden Fronten begleitet waren. Nach zweijährigen Verhandlungen und 765 Konferenzen kam es schließlich am 27. Juli 1953 in P'anmunjŏm, einem Dorf im Grenzgebiet, zur Unterzeichnung der Waffenstillstandsvereinbarung. Damit wurde die für Nord- wie Südkorea gleichermaßen schmerzhafte Teilung zementiert. Das Trauma des Koreakrieges beeinflusste die Entwicklung in beiden Landesteilen bis heute nachhaltig. Kein anderes Faktum ist für das Verständnis der Entwicklung Südkoreas von solcher Bedeutung wie die Bedrohung aus dem Norden. Wirtschaftsstrategie, Außenpolitik und innenpolitische Entwicklungen sind eng mit dieser Bedrohung verzahnt.

Der Fall der Ersten Republik

Die Präsidentschaft von Yi Sŭngman stand unter keinen guten Vorzeichen. Gebeutelt vom Koreakrieg hatte der noch junge Staat alle Hände voll zu tun, das Überleben der Bevölkerung zu sichern. Um seine Wiederwahl im Parlament und eine Verfassungsänderung durchzusetzen, welche die Direktwahl des Präsidenten und des Vizepräsidenten vorsah, griff Yi Sŭngman schon 1952 zu massiven Methoden der Einschüchterung: Wiederwahl und Verfassungsänderung konnten erst durchgesetzt werden, nachdem Parlamentarier verhaftet und mit fadenscheinigen Begründungen vor Gericht gezerrt waren. Ziel des Regimes war, neben eigensüchtigen Motiven, zweifellos die innenpolitische Stabilisierung Südkoreas während des Krieges mit dem kommunistischen Norden.

Der Schock des Koreakrieges und die handfesten Repressionsmethoden des Regimes bescherten dem Land dann auch einige Jahre trügerischer Ruhe. Unter der Oberfläche jedoch staute sich die Unzufriedenheit: Die oppositionelle Demokratische Partei bekam Aufwind. Zur Speerspitze der Opposition freilich wurden immer mehr die Studenten der Hauptstadt. Etwa 90 000 Studenten drängten sich dort in 31 Colleges und Universitäten, frustriert vom Massenbetrieb, enttäuscht, verbittert und mit deprimierenden Zukunftsaussichten.

Als Yi Sŭngman, nunmehr 85 und zusehends senil, angesichts der wachsenden Stärke der Opposition bei den Präsidentschaftswahlen 1960 um seine Wahlchancen fürchtete und sich Gerüchte über Pläne zur massiven Wahlverfälschung häuften, begannen sich die Studenten in kleinen Geheimbünden für die «Rettung der Demokratie» zu organisieren. Die Präsidentschaftswahlen am 15. März wurden in der Tat – angesichts der Unregelmäßigkeiten – zu einer Farce.

Am Wahltag selbst erschoss die Polizei mehrere Anhänger der Demokratischen Partei in Masan, drei Tage später fand man den verstümmelten Leichnam eines zu Tode gefolterten Studenten. Dies löste eine Welle von Unruhen aus, die am 18. April auf Seoul übergriffen. Die Massenproteste führten schließlich zum Sturz des Regimes. Sein Fall hinterließ ein Machtvakuum: Die Oppositionspartei hatte kaum Verbindung mit den revoltierenden Studenten, diese jedoch brachten nichts mit als demokratischen Enthusiasmus.

Ein demokratisches Zwischenspiel: Die Zweite Republik

Die Einleitung des politischen Demokratisierungsprozesses fiel schließlich in die Hände eines alten Vertrauten von Yi, Ho Chŏng, der sich jedoch seit langem von dem Diktator und seinen Methoden abgewandt hatte. Seine Übergangsregierung bereitete – unterstützt von einem breiten Konsens – Verfassungsänderungen vor, die die Zweite Republik einläuteten: ein parlamentarisches System mit einem in seinen Kompetenzen beschränkten Präsidenten, einer starken Nationalversammlung und einem Ministerpräsidenten als wichtigstem Repräsentanten der Exekutive. Ende Juli fanden Parlamentswahlen statt – die koreanische Demokratie schien auf dem richtigen Weg zu sein. Doch schon die Bildung der Regierung erwies sich als schwierig: Die Zersplitterungstendenzen in der Demokratischen Partei begannen sich immer stärker bemerkbar zu machen. Die Studenten, unzufrieden mit den langsamen Fortschritten und beflügelt von ihrem Wunsch nach Wiedervereinigung, wendeten nun ihre Energien gegen die USA und forderten Kontakte mit dem Norden. Nordkorea versuchte offenbar, sich dies zunutze zu machen, und begann die Studentenorganisationen zu infiltrieren.

Letztendlich scheiterte die erste Demokratisierung in Korea an der mangelnden Unterstützung der Bevölkerung, innerhalb derer sich rasch wieder der übliche Hang zum Zynismus gegenüber den Machthabern breit machte.

Am 16. Mai 1961 zerbrach die Zweite Republik nach einem kurzen und gewaltlosen Militärputsch, organisiert von einer Gruppe von etwa 250 Offizieren unter Führung von Generalmajor Park Chŏnghi. Innerhalb weniger Wochen wurden über 2000 Politiker sowie etwa 13 000 Beamte und Offiziere verhaftet, entlassen oder zwangspensioniert. 49 der 64 Tageszeitungen Seouls wurden geschlossen und Kriminelle hinter Gitter gebracht, drakonische Strafen sollten die öffentliche Moral heben. Der neu geschaffene Revolutionsrat der Militärjunta gelobte die Verwirklichung von sechs Zielen: Antikommunismus, enge Bande zu den USA, «Ausrottung aller Korruption und sozialer Übel», Schaffung einer «neuen Moral» und schließlich den Aufbau der Wirtschaft. Die Militärs versprachen, sich nach Erreichen dieser Ziele aus der Politik zurückzuziehen.

Südkorea

Das Parlamentsgebäude in Yoŭido, Seoul

In der Hand des Militärs

Bilanz der Ära Park (1961–1979)

Park Chŏnghi kam im Gegensatz zu seinen Vorgängern aus einfachen Verhältnissen: Er wurde 1917 als siebtes Kind einer armen Bauernfamilie geboren. Ehrgeizig, intelligent und verschlossen, suchte Park den einzigen Weg nach oben, der ihm zur Zeit der japanischen Besatzung offen stand: den Weg über die kaiserliche japanische Armee. 1940 trat er in die Offiziersschule der Mandschurischen Armee ein, 1942 schloss er als Klassenbester ab und erwarb somit die Möglichkeit einer Ausbildung an der japanischen Militärakademie. Die Offiziersausbildung gab Park das, worauf er Zeit seines Lebens setzte: unbedingtes Vertrauen in eiserne Disziplin und hierarchische Autorität. Zugleich weckte sie in Park eine Art Hassliebe zu den Japanern: Er hasste sie für die Unterdrückung seines Vaterlandes, doch er bewunderte ihre Zähigkeit und Rücksichtslosigkeit, ihre harte Arbeit, ihre Effizienz. 1946 trat Park in die neu gegründete koreanische Armee ein und besuchte dort die Militärakademie; die Offizierskollegen seines Jahrgangs bildeten die Kerngruppe der Junta, die 1961 die Macht übernahm.

Die Bilanz der Ära Park ist eine Summe greller Kontraste: Auf der einen Seite stehen die dramatischen Wirtschaftserfolge Südkoreas, die zweifellos nicht zuletzt Parks energischer und zielstrebiger Politik zu danken waren. Doch dieses Wirtschaftswunder hatte seine Schattenseiten: die Ausbeutung der menschlichen Arbeitskraft im Dienste der Investition in die Zukunft, das wachsende wirtschaftliche und soziale Gefälle zwischen Stadt und Land, die einseitige, von Großkonzernen beherrschte Industriestruktur. Vor allem jedoch blockierte und verstümmelte die Herrschaft der Militärs unter Park die südkoreanische Innenpolitik: Die demokratische Entwicklung stagnierte, politisch blieb das Land lange unterentwickelt.

Parks Versuch, Südkoreas Aufschwung über Kasernenhof-Disziplin und technokratische Steuerung statt über politische Beteiligung und Demokratisierung zu bewerkstelligen, zerschellte schließlich an seinen inneren Widersprüchen und an den klassischen Problemen der Alleinherrschaft. Gewiss: Korea hatte bis 1945 keine Erfahrung mit der Demokratie, und es ist sicherlich nicht ohne Probleme, das Modell der westlichen Demokratie einfach auf einen anderen Kulturkreis zu übertragen. Die Interpretation dieser Ära durch wohlwollende Beobachter, nach der Parks Regime nichts anderes gewesen sei als eine moderne, Koreas politischer Kultur zutiefst entsprechende Version eines autoritären, bürokratischen Systems konfuzianischer Machtausübung – diese Interpretation freilich wurde durch die Ereignisse von 1979 Lügen gestraft.

Parks Erbe wirkt über seinen Tod hinaus – und hier finden wir dieselbe Dissonanz: Auf der einen Seite hinterließ der General seinem Land die Voraussetzungen für einen weiteren wirtschaftlichen Aufschwung; auf der anderen Seite vererbte er den Südkoreanern verkümmerte politische Institutionen und eine Tradition der Einmischung des Militärs in die Politik.

Neuordnung der Politik

Als 1963 der Ausnahmezustand aufgehoben wurde, hatten die Militärs um Park längst alle Vorbereitungen getroffen, um ihre eigene Machtposition zu verbreitern und langfristig abzusichern: Der KCIA war geschaffen worden, einerseits um jegliche Form politischer Abweichung unter Kontrolle zu halten, andererseits als Organ zur Steuerung und Überwachung der Besetzung wichtiger Positionen in Staat, Wirtschaft und Gesellschaft. Eine politische Partei als parlamentarischer Arm der Militärherrschaft, die Demokratisch-Republikanische Partei (DRP), wurde aufgebaut und eine neue Verfassung – die Verfassung der Dritten Republik – vorbereitet. Sie sah eine Rückkehr zu einem ausgeprägten Präsidialsystem vor und wurde im Dezember 1962 mit einem Referendum verabschiedet. Damit hatte Park die Voraussetzungen geschaffen, um die allzu enge Basis der Offiziersjunta zu verbreitern und zugleich dem ständigen Drängen Washingtons nach Rückkehr zu einer Zivilregierung entgegenzukommen.

Im Herbst 1963 wurden Parlaments- und Präsidentschaftswahlen durchgeführt, ordnungsgemäß demokratisch zwar, doch sorgfältig vorbereitet und orchestriert. Dabei kam den Militärs auch die vom KCIA nach Kräften geschürte Zersplitterung der Opposition zugute. Durch die Aufstellung mehrerer Kandidaten für die Präsidentschaftswahlen und für die Parlamentswahl beging die Opposition trotz aller Warnungen und Mahnungen praktisch politischen Selbstmord. Zwar stimmten 53 % der Wähler gegen Park als Staatspräsidenten, doch sicherte sich dieser die relative Mehrheit; noch dramatischer war der Einbruch der Opposition bei den Parlamentswahlen, wo die Partei Parks mit 32 % der abgegebenen Stimmen – aufgrund der Zersplitterung der Opposition und der Besonderheit des Wahlrechts – 63 % der Parlamentssitze erobern konnte.

Der Aufbau der koreanischen Wirtschaft setzte, wie Park richtig erkannte, die Normalisierung der Beziehungen zu Japan voraus. Gegen starken innenpolitischen Widerstand und unter krasser Missachtung der parlamentarischen Spielregeln erreichte er 1965 die Aufnahme diplomatischer Beziehungen mit Tokio – und legte damit den Grundstein für eine dramatische Verbesserung der Wirtschaftssituation. Der Wirtschaftsaufschwung der 1960er Jahre verschaffte Park persönliche Popularität: Er verkörperte nunmehr für viele einen neuen Optimismus, ein neues Selbstvertrauen Südkoreas und konnte so sein Ergebnis bei den Präsidentschaftswahlen 1967 verbessern, obwohl sich die Oppositionsparteien nun endlich zur Neuen Demokratischen Partei (NDP) zusammengeschlossen hatten.

Doch Park ließ auch nach einer nachdrücklichen Erinnerung an die Bedrohung aus dem Norden (ein 31-köpfiges Selbstmordkommando aus Nordkorea war am 21. Januar 1968 in Seoul gestellt worden, ehe es seinen Plan, die Ermordung Parks und weiterer führender Vertreter des Regimes, durchführen konnte) keinerlei Bereitschaft erkennen, in einen Dialog mit der Opposition einzutreten. Im Gegenteil: 1969 forderte er eine Änderung der Verfassung, um 1971 für eine weitere Amtsperiode wiedergewählt werden zu können. Die Begründung: Südkorea brauche eine starke und kontinuierliche politische Führung, um die wirtschaftliche Entwicklung voranzutreiben und zum endgültigen Erfolg zu bringen; außerdem seien angesichts der nordkoreanischen Provokationen bei einer Machtverschiebung in Südkorea Unruhen zu befürchten. In einer Nacht- und Nebelabstimmung ohne Wissen und Beteiligung der Opposition wurde die Verfassungsänderung im September 1969 vom Parlament verabschiedet und danach durch das obligatorische Referendum abgesegnet.

Die Yusin-Reformen:
Der Weg in die Alleinherrschaft

Der wachsende Widerstand gegen Parks Diktatur manifestierte sich in den Parlaments- und Präsidentschaftswahlen 1971. Zwar wurde er wiedergewählt, doch sein Gegner, NDP-Kandidat Kim Daejung, erhielt über 45 % der abgegebenen Stimmen. Vor allem verlor Park in den Städten. Das überraschend starke Abschneiden der Opposition, die über ihren Erfolg freilich rasch wieder in die alten Laster der Faktionsbildung und Zersplitterung zurückfiel, aber auch wachsende soziale Spannungen, die sich in Ausschreitungen, Streiks und Protestaktionen von Industriearbeitern und neuen Wellen von Studentendemonstrationen Luft machten, führten schließlich endgültig zur diktatorischen Alleinherrschaft Parks: den *Yusin* (= sozio-politische Erneuerung) -Reformen von 1972.

Hinzu kamen freilich gewichtige außenpolitische Entwicklungen: Die amerikanische Nixon-Administration erklärte ihre Entschlossenheit, die US-Militärpräsenz in Vietnam und Korea zu verringern, und eröffnete den politischen Dialog mit Peking. Damit veränderte sich die außenpolitische Konstellation in Ostasien; die Bündnisgarantien Washingtons für Südkorea schienen in diesem neuen Lichte nicht mehr die alte Güte zu besitzen. Park reagierte auf die neuen weltpolitischen Entwicklungen 1971 ähnlich wie die Regierung Brandt/Scheel 1969 in der Bundesrepublik: Hatte die Bundesregierung die ostpolitische Initiative zu einer eigenständigen Entspannungspolitik ergriffen, suchte Park nun den Dialog mit dem Norden. 1971 eröffnete er auf hoher Ebene Geheimverhandlungen mit P'yŏngyang, die 1972 in offizielle Gespräche mündeten.

Um in diesem Dialog bestehen zu können, bereitete Park die völlige politische Gleichschaltung vor: Ein neuer Verfassungsentwurf, der vierte der Nachkriegsgeschichte Koreas, wurde unter striktester Geheimhaltung formuliert. Am 17. Oktober 1972 verhängte Park über das Land den Kriegszustand. Die Nationalversammlung wurde aufgelöst, die Parteien und jede Form der politischen Betätigung verboten, die Grundrechte eingeschränkt, die Presse streng zensiert. Die neue *Yusin*-Verfassung ermöglichte es Park, sich unbegrenzt wiederwählen zu lassen; die Wahl erfolgte durch eine unpolitische, mehrtausendköpfige «Nationalkonferenz für Wiedervereinigung» und damit weder durch die Nationalversammlung noch durch die Wähler direkt.

Park regierte nunmehr als unumschränkter Alleinherrscher. Sein gefährlicher Gegenspieler Kim Daejung wurde 1973 vom Geheimdienst KCIA unter Hausarrest gestellt. Potentielle Rivalen und Nachfolger, die sich in seiner Regierung profilierten – wie etwa Kim Jŏngp'il, einer der Initiatoren des Putsches von 1961, Organisator des KCIA und der Regierungspartei DRP–, wurden abgeschoben, sobald sie Park gefährlich zu werden schienen. Der Kreis der Berater wurde immer enger, der Diktator geriet zunehmend unter den Einfluss seines Chef-Leibwächters Cha Chichŏl und verlor immer mehr den Kontakt zur sozialen und politischen Realität im Lande. Die nächste Krise des Systems begann sich zusammenzubrauen.

Die ersten Symptome zeigten sich im Jahr 1978. Außenpolitisch geriet Südkorea durch die amerikanische Regierung unter Druck. Präsident Carter hatte schon im Wahlkampf 1976 für den Fall seines Sieges einen Abzug der US-Truppen aus Korea angekündigt. Zudem führte seine Kampagne für die Menschenrechte zu Spannungen zwischen Seoul und Washington. Vor allem jedoch sorgte «Koreagate» für eine Trübung des Bündnisses: Enthüllungen über massive Bestechungsgeschenke koreanischer Geschäftsleute aus Schatullen des KCIA für amerikanische Kongressabgeordnete. Der steile Wirtschaftsaufschwung mündete in immer deutlichere Überhitzungserscheinungen. Eine Krise mit starkem Inflationsdruck und verschärften sozialen Spannungen war die Ursache wachsender Unzufriedenheit, die sich in den Wahlen vom Dezember 1978 widerspiegelte. Es gelang der oppositionellen NDP, die Regierungspartei mit 32,8 % gegenüber 31,7 % der abgegebenen Stimmen zu übertreffen. Zwar sorgten die Eigenheiten des Wahlsystems dafür, dass die parlamentarische Mehrheit der DRP erhalten blieb, doch die Opposition bekam durch ihre Erfolge erheblichen Auftrieb. Im Mai 1979 wählte die NDP Kim Yŏngsam, einen scharfen Kritiker Parks, zu ihrem neuen Präsidenten, eine Entscheidung, die von Kim Daejung, dem großen Gegner Parks, der gleichzeitig Rivale Kim Yŏngsams um die Führung der Opposition war, ausdrücklich befürwortet wurde.

Einflüsse von außen verschärften die innenpolitische Lage weiter. Der Fall des Schahs von Persien ermutigte die südkoreanische Opposition: War hier nicht ebenfalls ein Alleinherrscher und enger Verbündeter Amerikas von einer Volkserhebung beiseite gefegt

Die Ermordung Parks 1979

Seoul, 26, Oktober 1979. Es ist 18.20 Uhr abends. Die Limousine von Staatspräsident Park hält vor einem Seitengebäude des weitläufigen Amtssitzes des Präsidenten. Park und seine Begleiter, Cha Chichŏl und Kim Kaewŏn sowie eine fünfköpfige Leibwache, werden von Kim Jaekyu, dem Chef des KCIA, des koreanischen Geheimdienstes, zu einem Abendessen empfangen. Die vier Teilnehmer sind alle ehemalige Offiziere: Kim Jaekyu, der Gastgeber, ist ein Jugendfreund Parks. Alle haben Parks Staatsstreich 1961 unterstützt und mitgetragen.

Die Atmosphäre an diesem Abend ist gespannt: Cha kritisiert den KCIA-Chef heftig für dessen angeblich zu weiche Haltung gegenüber einer Welle innenpolitischer Proteste. Der abgekanzelte Geheimdienstchef verlässt zweimal den Raum, um die letzten Vorkehrungen für einen verwegenen Plan zu treffen: Er steckt sich einen Smith & Wesson Revolver in den Hosenbund und fordert einige seiner Mitarbeiter auf, sich der Leibwache Parks anzunehmen. Gegen 19.40 Uhr zieht Kim Jaekyu seinen Revolver, schießt zuerst auf Cha, dann auf Park. Beide sind zunächst nur verwundet. In einem Nebenraum erschießen KCIA-Mitarbeiter inzwischen vier der fünf Leibwächter Parks und verwunden den fünften schwer. Der KCIA-Chef verschafft sich von einem seiner Mitarbeiter eine neue Waffe und tötet zunächst Cha, dann Park mit einem Kopfschuss. Es ist 19.50 Uhr. Die erste Phase eines gewagten Komplotts, das Park beseitigen und den Geheimdienstchef als seinen Nachfolger an die Macht bringen sollte, ist abgeschlossen.

Doch schon in derselben Nacht beginnen die Ereignisse Kim aus der Hand zu laufen: Die Armee weigert sich, bei Kims Plänen mitzuspielen. Schon nach wenigen Stunden wird der KCIA-Chef verhaftet, das Land unter Kriegsrecht gestellt, Ministerpräsident Choe Kyuha zum amtierenden Präsidenten ernannt. So endet die Ära Park.

worden? Vor allem jedoch löste die iranische Revolution eine neuerliche Ölpreiswelle und damit schwer wiegende Anpassungsprobleme für die südkoreanische Volkswirtschaft aus. Die dadurch ausgelösten Proteste der Bevölkerung wurden niedergeschlagen. In der Folge richteten sich die Unterdrückungstaktiken des Regimes auch gegen die Vertreter der christlichen Kirchen, die mit engagierter Sozialarbeit unter Arbeitern und unter der Landbevölkerung in den Verdacht politischer Unterstützung der Opposition gerieten. Führende Kirchenvertreter wurden verhaftet und z. T. auch gefoltert, ehe Park die Konfrontation mit den Kirchen wieder abblies. Das Regime steckte in einer tiefen Krise, wenn es auch noch nicht entscheidend getroffen war. Dies war der Hintergrund, vor dem Geheimdienstchef Kim Jaekyu, der die harte Linie Parks für verfehlt und gefährlich hielt, sein Mordkomplott zu schmieden begann.

Der neue starke Mann: Chŏn Duhwan

Nach dem Tod Parks schien sich Südkorea zunächst auf den Pfad einer vorsichtigen Demokratisierung zu begeben. Premierminister Choe Kyuha wurde zum amtierenden und danach zum Interims-Präsidenten bestimmt; er verfügte im Dezember die Freilassung von etwa 70 politischen Dissidenten, darunter Kim Daejung, und kündigte freie Präsidentschaftswahlen an, an denen er sich selbst nicht beteiligen wollte. Kim Daejung, dessen bürgerliche Rechte im Frühjahr 1980 in vollem Umfang wiederhergestellt worden waren, versuchte zunächst, seinem Rivalen Kim Yŏngsam die Präsidentschaft der NDP abspenstig zu machen. Als dies fehlschlug, konzentrierte er sich auf die Zusammenarbeit mit den Studenten.

Während Südkorea vor den Augen der Öffentlichkeit auf eine Demokratisierung zuzusteuern schien, spielte sich hinter den Kulissen ein Machtkampf innerhalb der Streitkräfte ab. Die Entscheidung fiel dort bereits im Dezember 1979. Unter Führung des Generalmajors Chŏn Duhwan schaltete eine Gruppe jüngerer Offiziere (sie waren überwiegend 1955 von der Militärakademie graduiert) die etablierten Offiziere des Park-Regimes aus.

Im April 1980 übernahm Chŏn, der bereits an der Spitze des militärischen Geheimdienstes stand, auch noch den Vorsitz des Geheimdienstes KCIA und etablierte sich damit endgültig als der neue starke Mann in Südkorea. Zugleich spitzte sich die innenpolitische Situation krisenartig zu. Studentendemonstrationen, Arbeitsniederlegungen und Ausschreitungen häuften sich vor allem in der Provinz Chŏlla, der Heimat Kim Daejungs. Die Militärs entschlossen sich zum Handeln. Am 17. Mai 1980 verhängten sie das Kriegsrecht. Kim Daejung und andere prominente Oppositionspolitiker wurden verhaftet. Einen Tag später kam es in Kwangju, der Provinzhauptstadt von Chŏllanamdo, nicht weit von Kim Daejungs Geburtsort Mokp'o, zu einer Demonstration von etwa 2000 Studenten gegen Kriegsrecht und Verhaftungen. Die Auseinandersetzungen eskalierten schließlich zu mehrtägigen Straßenschlachten, bei denen etwa 1000 Fallschirmjäger mit großer Brutalität gegen die Demonstranten vorgingen, dann aber vor den überlegenen Massen flohen. In Kwangju übernahm daraufhin der Mob die Macht. Erst am 27. Mai eroberte das Militär das Zentrum der Stadt zurück: 191 Tote und Tausende von Verletzten forderten die 10-tägigen Kämpfe nach offiziellen Angaben; inoffizielle Schätzungen liegen sehr viel höher.

Das Massaker von Kwangju setzte den Schlusspunkt unter die Liberalisierungsbemühungen. Die Militärs (unter Führung von Generalmajor Chŏn Duhwan) hatten erneut das Heft der Politik in die Hand genommen, begünstigt, einmal mehr, von dem Hang zur Zersplitterung und Radikalisierung in den politischen Parteien. Kim Daejung wurde vor Gericht gestellt und schließlich zum Tode verurteilt, später jedoch begnadigt. Über 8000 Beamte, Manager und Journalisten fielen Säuberungen zum Opfer, die Presse wurde erneut gleichgeschaltet. Im Herbst 1980 wurde eine neue Verfassung vorgestellt und per Referendum mit 91,6 % der abgegebenen Stimmen verabschiedet. Der Präsident sollte, wie unter Parks *Yusin*-Verfassung, indirekt gewählt werden, seine Amtszeit blieb jedoch auf eine einzige siebenjährige Amtsperiode beschränkt. Das Parteiensystem wurde neu aufgebaut: Die Partei des Präsidenten wurde die Demokratische Gerechtigkeitspartei (DGP), die Oppositionsrolle fiel vor allem der Demokratischen Koreapartei, daneben auch der Koreanischen Nationalpartei und der Bürgerrechtspartei zu.

Die Beziehungen zu Nordkorea entfalteten unter Chŏn eine besonders ausgeprägte Gegensätzlichkeit. Auf der einen Seite erreichte Nordkoreas Staatsterrorismus gegen den Süden 1983 mit dem Bombenanschlag von Rangun einen dramatischen Höhepunkt. Nordkoreanische Agenten hatten mit diesem Attentat versucht, den Staatspräsidenten und einen Teil seines Regierungskabinetts zu ermorden. Zwar entkam Chŏn dem Anschlag in der burmesischen Hauptstadt, doch mehrere Minister und Staatssekretäre wurden dabei getötet. Auf der anderen Seite streckte Nordkorea gleichzeitig jedoch auch Verhandlungsfühler in Richtung Süden aus, die Chŏn im Sinne einer offensiven Dialogpolitik energisch aufgriff. Das Ergebnis der diplomatischen Annäherungsbemühungen waren bescheidene Fortschritte konkreter Art: Nach schweren Überschwemmungen im Süden Koreas 1984 offerierte Nordkorea Hilfe – und wurde, wohl zu seiner eigenen Überraschung, vom Süden beim Wort genommen. So kam es zu ersten grenzüberschreitenden Aktionen seit der Teilung des Landes. Nordkoreanische Hilfsgüter wurden von einigen hundert Lastwagen nach Süden gefahren und dort an etwa 100 000 Familien verteilt; im Gegenzug erhielt jeder nordkoreanische Besucher von Südkoreas Rotem Kreuz ein Souvenir-Paket mit einer Palette von Produkten der südkoreanischen Konsumgüter-Industrie. 1985 gelang es sogar, ein erstes, wenn auch auf je 150 Personen begrenztes Programm zur Familienzusammenführung und zum gegenseitigen Besuch von Journalisten und Künstlern in Seoul und P'yŏngyang durchzuführen.

Wirtschaftspolitisch setzte das Regime eher auf eine pragmatische, von Managern und Geschäftsleuten beeinflusste Politik als auf die akademischen Planer der Park-Ära. Ob nun als Folge dieser neuen Politik oder aufgrund der günstigeren weltwirtschaftlichen Rahmenbedingungen: Die schwere Wirtschaftskrise von 1980 konnte überwunden werden, und Südkoreas Wirtschaft fand sich rasch erneut auf Erfolgskurs. Aber Chŏns Herrschaft litt unter ihrer viel zu engen Machtbasis: Die Weigerung, eine effektive demokratische Beteiligung und Mitwirkung zuzugestehen, führte zu einer mangelnden Glaubwürdigkeit und Legitimierung seiner Machtausübung. Hinzu kamen Korruptionsskandale, in die nicht nur die Spitze der Regierungspartei, sondern auch Chŏns Familie verwickelt war. Vor allem jedoch war es die blutige Unterdrückung des Aufstandes in Kwangju, die Chŏn wie ein Mühlstein um den Hals hing.

Chŏn Duhwans Machtposition war zwar innerhalb der neuen Herrschaftsstruktur niemals gefährdet, im Lande insgesamt war und blieb sie jedoch von Anfang an umstritten. Spätestens seit 1983 mehrten sich die Anzeichen für eine erneute krisenhafte Konfrontation des politischen Systems mit einer wachsenden Oppositionsbewegung. Die Vorreiter dieser Krise waren einmal mehr die Demonstrationen der Studenten, die sich seit 1983 dramatisch ausweiteten und zudem immer deutlicher antiamerikanische Züge annahmen. Auch die beiden wichtigsten Oppositionspolitiker meldeten sich wieder zu Wort: Kim Yŏngsam versuchte, mit einem Hungerstreik eine Demokratisierung zu erzwingen, während Kim Daejung aus dem amerikanischen Exil den Rücktritt Chŏns forderte. Im Juni 1984 gründeten die beiden Kims eine neue Oppositionsbewegung, das Konsultativ-Komitee zur Förderung der Demokratie (KKFD).

Studentenunruhen und Wahlen

Im Februar 1985, wenige Tage vor den Wahlen zur Nationalversammlung, kehrte Kim Daejung gegen den Widerstand der Regierung nach Südkorea zurück. Die Parallele zu Benigno Aquino, dem philippinischen Oppositionsführer, war offensichtlich – doch Kim blieb nicht nur am Leben, er konnte trotz eines Verbots jeglicher politischer Betätigung bald erheblichen Einfluss auf die innere Entwicklung des Landes nehmen. In enger Koordination mit dem KKFD entstand im Januar 1985 eine neue Partei, die Neue Demokratische Partei Koreas (NDPK). Nur wenige Wochen später erzielte diese einen Wahlerfolg, der ihre kühnsten Erwartungen übertraf: Bei außergewöhnlich hoher Wahlbeteiligung entfielen auf die NDPK 29,2 % der abgegebenen Stimmen. Das war zwar weniger als die 35,3 % der Regierungspartei DGP, machte aber die NDPK zur stärksten Oppositionspartei und gab der Opposition insgesamt eine klare Mehrheit. Die Besonderheiten des koreanischen Wahlsystems sicherten der Regierungspartei (und dies war ja auch der Sinn dieses Wahlrechts) zwar eine komfortable Mehrheit der Sitze im Parlament, praktisch jedoch kam dieser Sieg einer empfindlichen Niederlage gleich. Der Sturz von Staatspräsident Marcos auf den Philippinen beflügelte die Opposition weiter, und auch die christlichen Kirchen plädierten nunmehr offen für eine Demokratisierung.

Die Regierung versuchte, den Protest durch Gespräche mit der Oppositionspartei über die Verfassungsreform zu entschärfen und zu kanalisieren. Doch die NDPK zeigte keine Neigung, von ihren zentralen Forderungen abzugehen. Im Juni 1987 brach Chŏn die Gespräche ab und verschob die Verfassungsreform bis auf die Zeit nach der Neuwahl des Staatspräsidenten; er signalisierte damit die Fortsetzung der alten Politik auch nach seinem Abtritt. Als seinen Nachfolger erkor sich Chŏn No Tae-u (Roh Taewo), einen Ex-General und engen Vertrauten, der bei Chŏns Machtergreifung eine Schlüsselrolle gespielt hatte. Diese Nachricht löste eine Welle von neuen Protesten aus, an denen sich erstmals auch die Mittelklasse beteiligte – und vor dieser Protestwelle kapitulierte Chŏn schließlich: Auf Anraten von No verkündete er am 1. Juli 1987 eine umfassende Demokratisierung: Direktwahl des Staatspräsidenten Ende 1987, Freigabe der politischen Gefangenen, Abschaffung der Pressezensur, volle Wiederherstellung der politischen Rechte für Kim Daejung.

No Tae-u (1988–1993): Langsame Demokratisierung und eine neue «Nordpolitik»

Es war No gewesen, der seinen Vorgänger Chŏn mit der Drohung, von der Position des Präsidentschaftskandidaten zurück zu treten, zum Einlenken veranlasst hatte. Dieser brillante Schachzug brachte Südkorea den Einstieg in eine nachhaltige Demokratisierung und No selbst, wie vorgesehen, an die Spitze des Staates. Allerdings gelang ihm dies nur mit der (unfreiwilligen) Hilfestellung der Opposition, die sich über der Frage der Spitzenkandidatur im anstehenden Präsidentschaftswahlkampf hoffnungslos zerstritt und schließlich zerfiel.

Zunächst allerdings gelang es in Verhandlungen zwischen Regierung und Opposition im Juli 1987 überraschend schnell, Übereinstimmung über einen neuen Verfassungsentwurf zu erzielen, der im Oktober 1987 per Volksentscheid mit überwältigender Mehrheit angenommen wurde. Diese Verfassung – eine Präsidialdemokratie mit einer ausgeprägt starken Stellung des Präsidenten – behielt bis heute ihre Gültigkeit. Auf ihrer Grundlage wurden dann im Dezember 1987 die Präsidentschaftswahlen durchgeführt, bei der die beiden Oppositionspolitiker Kim Daejung und Kim Yŏngsam gegen No und zwei weitere Bewerber antraten. No erzielte mit 35,9 % die relative Mehrheit und war somit gewählt. Auf die beiden Oppositionspolitiker entfielen 27,5 % (Kim Yŏngsam) bzw. 26,5 % (Kim Daejung) – und damit insgesamt 54 % aller abgegebenen Stimmen. Die Opposition hätte daher mit Leichtigkeit eine absolute Mehrheit erreichen können, wenn sich die beiden Rivalen einig geworden wären. Einen ähnlichen Ausgang nahmen auch die Parlamentswahlen im April 1988; No Tae-u musste eine Regierungskoalition mit einer weiteren Rechtspartei und Unabhängigen eingehen, um regieren zu können.

Die Durchführung der olympischen Sommerspiele in Seoul 1988 hatte die Demokratisierung des Landes sicherlich begünstigt. Das Militär konnte sich vor diesem Hintergrund eine erneute Unterdrückung der Oppositionsbewegung kaum leisten. Die Spiele wurden somit zum Bahnbrecher der Demokratie, aber auch – ähnlich wie die olympischen Sommerspiele in Japan 1964 zuvor – zum Symbol des wirtschaftlichen und politischen Aufstieg des Landes. «Seoul 1988» – das waren nicht nur die bis dahin größten olympischen Spiele der Sportgeschichte und ein Triumph für Südkoreas Sportler, die mit 12 Gold-, 10 Silber- und 11 Bronzemedaillen immerhin noch vor der Bundesrepublik den Platz 4 in der Medaillenskala einnehmen konnten, sondern auch ein Beweis für die Leistungsfähigkeit und das Organisationstalent der südkoreanischen Wirtschaft, der Bürokratie und der Gesellschaft insgesamt.

An den Spielen nahmen auch Sportler aus der Sowjetunion, aus Osteuropa und aus der Volksrepublik China teil. Dies sollte sich als Vorbote eines politischen Tauwetters in Nordostasien erweisen. Nordkorea freilich hatte eine Beteiligung an den Spielen nach langen Verhandlungen, die der neue Staatspräsident dem Bruderland offeriert hatte, schließlich doch abgelehnt. Dieses Verhandlungsangebot des Südens an den Norden war Teil einer neuen außenpolitischen Strategie von No Tae-u, der von der deutschen «Ostpolitik» der Regierung Brandt/Scheel inspirierten «Nordpolitik». Sie zielte auf die Normalisierung der Beziehungen Südkoreas zu Nordkoreas wichtigsten Verbündeten, der Sowjetunion und China sowie den osteuropäischen Staaten, um so Nordkorea an den Verhandlungstisch zu zwingen.

Diese Strategie erwies sich – begünstigt durch das Ende des Kalten Krieges – im Folgenden als sehr erfolgreich: Mit der Aufnahme diplomatischer Beziehungen zu Ungarn gelang Südkorea bereits im Januar 1989 ein erster Durchbruch, dem im November desselben Jahres die diplomatische Normalisierung der Beziehungen zu Polen und wenige Wochen später auch derjenigen zu Jugoslawien und Bulgarien folgte. Im Juni 1990 traf Staatspräsident No in San Francisco mit seinem sowjetischen Kollegen Gorbatschow zusammen, und trotz wütender Proteste aus P'yŏngyang gaben die beiden Regierungen schließlich Ende September die Aufnahme diplomatischer Beziehungen bekannt. Den krönenden Abschluss der Nordpolitik bildeten die Verhandlungen mit der VR China, die bereits im

Oktober 1990 zur Eröffnung faktisch konsularischer Beziehungen und schließlich – gegen alle Proteste Nordkoreas – im August 1992 zur Aufnahme voller diplomatischer Beziehungen führten. Zuvor schon hatte China Nordkorea dazu veranlasst, seinen Widerstand gegen den gleichzeitigen Beitritt beider koreanischer Staaten in die Vereinten Nationen aufzugeben. Am 17. September 1992 konnten die Republik Korea und die Demokratische Volksrepublik Korea ihre Plätze in der Generalversammlung einnehmen.

Hintergrund dieser bemerkenswerten Erfolge war die zunehmende wirtschaftliche Leistungskraft Südkoreas, während Nordkorea durch den Wegfall der sowjetischen Hilfeleistungen und der Absatzmärkte des Rates für gegenseitige Wirtschaftshilfe (RGW, Comecon; die 1990 aufgelöste Wirtschaftsgemeinschaft des sozialistischen Blocks) sowie durch die Umstellung der chinesischen Energie- und Lebensmittellieferungen auf Weltmarktpreise in eine schwere Wirtschaftskrise geriet. Südkorea wurde so für Russland wie auch für die VR China zu einem immer wichtigeren und interessanteren Partner, Nordkorea hingegen lag seinen beiden Schutzpatronen in Moskau und Beijing fast nur noch auf der Tasche. Moskau wurde die Aufnahme der Beziehungen zu Südkorea mit umfangreichen Krediten Seouls versüßt, die zugleich die Wirtschaftsbeziehungen zwischen beiden Ländern dynamisieren und den Neuaufbau der maroden russischen Industrie- und Rohstoffproduktion vorantreiben sollten. Ähnlich war auch die VR China daran interessiert, südkoreanische Investoren zu gewinnen und den Handelsaustausch zu forcieren. Welche Wachstumsdynamik sich dabei entfalten konnte, zeigen einige Zahlen. Bereits 1989 hatte das Handelsvolumen zwischen China und Südkorea mit einem Wert von etwa 1,5 Mrd. $ das Dreifache des chinesisch-nordkoreanischen Handelsvolumens (1989: $ 520 Mio.) erreicht. In den Folgejahren entwickelte sich der bilaterale Handelsaustausch sehr dynamisch und erreichte 2002 ein Gesamtvolumen (einschließlich Hongkong) von 53 Mrd. $ (zum Vergleich: USA 55,8 Mrd. $).

Tauwetter und erneuter Frosteinbruch

Während Südkoreas Wirtschaft und Außenpolitik in der Ära No von einem Erfolg zum anderen eilte, geriet Nordkorea durch das Ende des Kalten Krieges und den Zerfall des sowjetischen Imperiums in immer größere Schwierigkeiten. Der Wegfall der Kredite und subventionierten Energie- und Nahrungsmittellieferungen überforderte die Anpassungsfähigkeit des starren planwirtschaftlichen Systems der «Chuch'e»-Ideologie («Unabhängigkeit, Souveränität»). Zugleich verschoben sich auch die militärischen Kräfteverhältnisse: Zwar konnte der Norden seine zahlenmäßige militärische Überlegenheit gegenüber dem Süden aufrechterhalten, aber nur zu einem immensen Preis: Unter der Last der Rüstungsausgaben brachen Wirtschaft und Gesellschaft zusehends zusammen; nur die totalitäre Indoktrination der Bevölkerung und der (natürlich ebenfalls kostspielige) Unterdrückungsapparat des Regimes verhinderten bislang den Zusammenbruch.

Vor diesem zusehends düsteren Hintergrund sah sich Nordkorea veranlasst, seine Politik gegenüber dem Süden zu ändern – nicht zuletzt, um von dort Unterstützung für sein marodes Regime zu erhalten. Von 1990 bis 1992 kam es zu einer Tauwetterphase im Nord-Süd-Verhältnis und zu mehreren Verhandlungsrunden auf Ministerpräsidentenebene, die schließlich am 13. Dezember 1991 in das bis heute umfassendste Dokument zur Regelung der bilateralen Beziehungen mündeten, das «Abkommen über Aussöhnung, Nichtangriff, Zusammenarbeit und Austausch zwischen dem Norden und dem Süden». Es regelte die gegenseitige Anerkennung, den Verzicht auf Gewalt, Propaganda und Einmischung in die inneren Angelegenheiten des anderen, sah umfangreiche praktische Maßnahmen zur Normalisierung der Beziehungen und eine schrittweise Annäherung der beiden Staaten bis hin zur Wiedervereinigung vor. Zudem wurden im Bereich der Sicherheitspolitik eine Reihe vertrauensbildender Maßnahmen und insbesondere eine Entnuklearisierung der koreanischen Halbinsel vereinbart: In einer entsprechenden Erklärung vom Dezember 1991, die am 20. Januar 1992 wirksam wurde, verpflichteten sich beide Staaten dazu, keine Kernwaffen zu entwickeln, zu importieren oder zu lagern, auf die Wiederaufbereitung von Brennstäben oder die Anreicherung von Uran zu verzichten und Kernenergie ausschließlich für friedliche Zwecke zu verwenden.

Damit schien die Nordpolitik von Staatspräsident No Tae-u ihr eigentliches Ziel erreicht zu haben. Wären die Vereinbarungen umgesetzt worden, so hätte dies die gespannte Lage auf der koreanischen Halbinsel fundamental verändert. Dazu kam es freilich nicht.

Blick auf das
Regierungsviertel
von Seoul

Zum einen nutzten die Gegner einer Annäherung im Süden die Aufdeckung eines nordkoreanischen Spionageringes, um gegen diese Politik Stimmung zu machen. Vor allem aber war Nordkoreas Regime wohl niemals ernsthaft bereit gewesen, sich an die Vereinbarungen zu halten. Als Südkorea die vertraglich zugesagten Inspektionen einleiten wollte, um sich von der ausschließlich friedlichen Nutzung der Kernenergie im Norden zu überzeugen, verweigerte Nordkorea diese und versuchte, den Süden dazu zu bewegen, seine enge sicherheitspolitische Zusammenarbeit mit den USA abzubauen. Tatsächlich war Nordkorea zu diesem Zeitpunkt – in klarem Bruch seiner Vereinbarungen mit Seoul, aber auch seiner Verpflichtungen aus dem Atomwaffen-Sperrvertrag – bereits intensiv damit beschäftigt, ein Kernwaffenprogramm aufzubauen. Damit war die nächste Krise auf der koreanischen Halbinsel programmiert: 1992 brach der Norden die Verhandlungen mit dem Süden ab, der auf die Umsetzung der Vereinbarungen zur Entnuklearisierung der Halbinsel drängte.

Innenpolitische Entwicklungen

Die Innenpolitik Südkoreas wurde während der Präsidentschaft von No vor allem von der Verfassungsdiskussion und von harten Arbeitskämpfen beherrscht, die die schwierige Wirtschaftslage des Landes, vor allem aber die aufgestauten Frustrationen der südkoreanischen Arbeiterschaft widerspiegelten, die unter der Militärdiktatur für den Aufschwung der Industrieproduktion in Form von politischer Gängelung der Gewerkschaften und mäßiger Lohnzuwächse einen hohen Preis zu entrichten hatte. In der Verfassungsdiskussion befürwortete die Regierung die bestehende Präsidialdemokratie, die dem Staatspräsidenten als Chef der Exekutive eine starke Machtposition einräumte. Die Opposition favorisierte demgegenüber das Modell der parlamentarischen Demokratie mit einer aus dem Parlament hervorgehenden Exekutive und einem starken Ministerpräsidenten.

Es gelang No, diese Diskussion mit einem taktisch sehr geschickten Zug zu seinen Gunsten zu beenden: Im Januar 1990 gab er als Vorsitzender der Regierungspartei den Zusammenschluss seiner Partei mit einer weiteren konservativen Partei und mit Teilen der linken Opposition unter Kim Yŏngsam bekannt. Damit hatte er die Opposition gespalten, wodurch seine Regierung nun über eine große Mehrheit im Parlament verfügte. Zwar verlor die neue, fusionierte Regierungspartei, die Demokratisch-Liberale Partei DLP, bei den Parlamentswahlen im Sommer 1994 ihre absolute Mehrheit und musste somit einen herben Denkzettel der Wähler einstecken; bei den Präsidentschaftswahlen im Dezember 1994 konnte sich aber Kim Yŏngsam als der Kandidat der Regierungspartei mit 42 % der abgegebenen Stimmen gegen seinen alten Rivalen Kim Daejung und den Gründer des Hyundai-Konzerns, Chŏng Juyŏng (Chung Juyung), durchsetzen. No hatte es damit verstanden, auch seine Nachfolge in seinem Sinne zu regeln. Ob die Art und Weise, wie ihm dies gelang, der jungen und noch fragilen Demokratie in Südkorea tatsächlich nutzen konnte, war eine andere Frage. Immerhin hatte er als erster demokratisch gewählter Präsident sein Amt erfolgreich wahrnehmen und an einen in einer fairen und demokratischen Wahl bestimmten Nachfolger weiterreichen können. Das war vor dem Hintergrund der turbulenten Geschichte der südkoreanischen Innenpolitik ein wichtiger Schritt auf dem Weg in die Demokratie.

Demokratische Konsolidierung und
neue Herausforderungen

Ein Zivilist als Präsident:
Erfolge und Rückschläge

Kim Yŏngsam war nach dem Ende der Militärdiktatur der erste Zivilist und zugleich der erste ehemalige Dissident an der Spitze des südkoreanischen Staates. Als prominenter Führer der Opposition hatte er neben Kim Daejung jahrelang gegen die Militärdiktatur gekämpft und war dabei 1969 nur knapp einem Mordanschlag entgangen. Vor diesem Hintergrund stellte seine Wahl einen wichtigen Schritt der Konsolidierung der jungen Demokratie dar, der allerdings durch die Art und Weise überschattet wurde, wie sich Kim von seinem Vorgänger hatte kooptieren lassen.

Dennoch begann die Amtszeit des neuen Staatspräsidenten verheißungsvoll. Schon nach einem Monat stellte er durch eine Reihe wichtiger Personalentscheidungen seine Entschlossenheit klar, die Einmischung des Militärs in die Politik ein für alle Mal zu beenden. Und bereits wenige Wochen später folgte eine zweite wichtige Reform mit dem Kampf gegen die Korruption. Eine weitere Initiative betraf die Einführung von Direktwahlen auf lokaler und regionaler Ebene. Bürgermeister und Provinzgouverneure wurden nun vom Volk gewählt anstatt, wie bisher, von der Regierung ernannt. Die demokratische Legitimation der südkoreanischen Politik und das Potential zur Rekrutierung von Spitzenpolitikern wurde damit deutlich verbessert.

Ein spektakulärer, allerdings auch problematischer Höhepunkt der Reformbestrebungen war 1996 das Korruptionsverfahren gegen die beiden Vorgänger von Kim, die Generäle Chŏn Duhwan und No Tae-u. Beide wurden wegen massiver Veruntreuung verurteilt. No räumte selbst ein, während seiner Regierungszeit einen politischen Fonds in Höhe von etwa 625 Mio. $ angehäuft zu haben, von dem er nach seinem Ausscheiden rund 200 Mio. $ einbehalten hatte. Präsident Chŏn soll insgesamt 1,8 Mrd. $ für seine politischen Ziele zweckentfremdet haben. Beide erhielten langjährige Gefängnisstrafen (in der Erstinstanz wurde Chŏn Duhwan – aufgrund seiner Rolle beim Massaker von Kwangju 1979 – sogar zum Tode verurteilt).

Schon im Frühjahr 1994 zeigte allerdings die Entlassung des populären und energischen Ministerpräsidenten Yi Hoichang (Lee Hoichang), dass der Staatspräsident seine politische Entscheidungskompetenz in keiner Weise einschränken lassen wollte. Dieser autoritäre Regierungsstil sowie eine gewisse Sprunghaftigkeit und Konzeptionslosigkeit seiner Politik ließen – in Verbindung mit immer lauteren Gerüchten um die Bereicherungspraktiken seiner Familie – den Stern von Kim Yŏngsam in der zweiten Hälfte seiner Amtszeit rasch sinken.

Auch in der Wirtschaftspolitik konnte Kim zunächst Erfolge verzeichnen, am Ende seiner Amtszeit stand er freilich vor einem Scherbenhaufen. Kim setzte auf Liberalisierung und Internationalisierung der bis dahin durch massive Staatseingriffe gesteuerten südkoreanischen Wirtschaft. In der Tat fand das Land damit auf den Wachstumspfad zurück und verzeichnete 1994 eine Wachstumsrate von 8,6 %, 1995 sogar von 9,0 %. Allerdings ruhte dieser neuerliche Aufschwung auf den brüchigen Fundamenten einer überhaus hohen Verschuldung südkoreanischer Großkonzerne im Ausland. Als im Juli 1997 die thailändische Währung aufgrund des massiven Kapitalabzugs ausländischer Kreditgeber zusammenbrach und der Baht einen großen Teil seines Wertes verlor, geriet auch Südkorea ins Visier der internationalen Finanzmarktakteure. Die Zentralbank versuchte, den Wechselkurs des koreanischen Won gegenüber dem US Dollar stabil zu halten und den Kapitalabfluss durch Rückgriff auf die Devisenreserven der Bank zu finanzieren. Dies scheiterte, und schon im November 1997 musste die Regierung die Notbremse ziehen und beim Internationalen Währungsfond IWF um Hilfe bitten. Der IWF stellte daraufhin das mit 57 Mrd. $ bis dahin größte Kreditpaket seiner Geschichte zusammen und verhandelte mit Südkorea umfangreiche Reformen.

Verschärfung der Spannungen:
Nordkoreas Kernwaffenprogramm

Außenpolitisch stand die Amtszeit Kim Yŏngsams vor allem unter dem Vorzeichen der ersten internationalen Krise um das nordkoreanische Kernwaffenprogramm 1993/94. Nachdem die Umsetzung der Gemeinsamen Erklärung zur Entnuklearisierung der koreanischen Halbinsel vom Januar an der Weigerung Nordkoreas gescheitetert war, südkoreanische Inspektoren ins Land zu lassen, rückte nunmehr der multilaterale Kontext des Problems in den Mittelpunkt. Auf der Sitzung des Gouverneursrates der Internationalen Atomenergie-Behörde im Februar 1993 präsentierte der Generaldirektor der IAEO, Hans Blix, Photos amerikanischer Spionagesatelliten und Ergebnisse von IAEO-Inspektionen in Nordkorea, die darauf hindeuteten, dass Nordkorea in Yŏngbyŏn im Nordosten des Landes Nuklearanlagen betrieb, die auf ein Kernwaffen-Programm hindeuteten. Der Gouverneursrat der IAEO reagierte auf diese Hinweise mit der Forderung nach Sonderinspektionen, um den Verdacht auszuräumen. Nordkorea verweigerte dies und erklärte seinen Austritt aus der IAEO, der nach Ablauf der im Vertrag vorgesehenen Frist von 90 Tagen am 12.Juni 1993 wirksam werden sollte.

Das nordkoreanische Kernwaffenprogramm

Januar 1962:	Aufnahme des Atomwaffenprogramms unter dem Eindruck der Kuba-Krise und vor dem Hintergrund amerikanischer Drohungen mit Kernwaffen während des Koreakrieges mit dem Bau eines Reaktors mit 2–4 MWe Leistung durch die Sowjetunion; Lieferung von «heißen Zellen» zur Plutonium-Gewinnung
September 1972	Beitritt Nordkoreas zur Internationalen Atomenergie-Organisation IAEO in Wien
Juli 1980	Baubeginn eines 5 MWe-Reaktors in Yŏngbyŏn, der offenbar zur Plutonium-Herstellung dienen soll. Grundlage als Brennstoff ist dabei Natururan aus Nordkorea. Der Abbau wurde durch die IAEO finanziell und technisch unterstützt
1984	Erster Testflug einer nordkoreanischen Scud-A Rakete (Reichweite bis 190 Meilen)
Dezember 1985	Auf Druck der Sowjetunion, die ihrerseits von den USA mobilisiert wurde, tritt Nordkorea dem Atomwaffen-Sperrvertrag bei, verzögert aber den Abschluss des obligatorischen Safeguard- und Inspektionsabkommens. Beginn der Arbeiten an zwei weiteren Reaktoren mit einer Leistung von 50 MWe bzw. 200 MWe

September 1991	Nordkorea testet erstmals neue Scud-C Raketensysteme und beginnt wenig später mit dem Export dieser Raketen in den Nahen Osten (Reichweite 310 Meilen)
Dezember 1991	Unterzeichnung der «Gemeinsamen Erklärung zur Entnuklearisierung der koreanischen Halbinsel» zwischen Nord- und Südkorea
Januar 1992	Nordkorea unterzeichnet das Inspektionsabkommen mit der IAEO
Mai/Juni 1992	Eine erste Inspektionsreise der IAEO nach Nordkorea durch Chefinspektor Hans Blix ergibt Anhaltspunkte auf ein Kernwaffenprogramm
Februar 1993	Die amerikanische Regierung präsentiert dem Gouverneursrat der IAEO Luftaufnahmen des nordkoreanischen Kernwaffenprogramms. Der Gouverneursrat fordert daraufhin Nordkorea zur umfassenden Zusammenarbeit auf
März 1993	Nordkorea erklärt seinen Austritt aus dem Atomwaffen-Sperrvertrag
Mai 1993	Der UN-Sicherheitsrat fordert Nordkorea zur Zusammenarbeit mit der IAEO auf; die USA beginnen hochrangige Gespräche mit Nordkorea über die Beilegung der Krise
Oktober 1993	US-Geheimdienste erklären öffentlich, dass Nordkorea wahrscheinlich illegal bereits Plutonium abgezweigt und daraus ein bis zwei nukleare Sprengköpfe hergestellt hat
1993	Erster Testflug der Nodong-1 Rakete (Reichweite 620 bis 810 Meilen)
Januar 1994	Interim-Abkommen zwischen Nordkorea und der IAEO über die Fortsetzung der Inspektionen
März 1994	Ein Inspektoren-Team der IAEO in Yŏngbyŏn kommt zu dem Ergebnis, dass Nordkorea in der Vergangenheit falsche Angaben über die Entnahme von Plutonium gemacht hat
Juni 1994	Nordkorea beantragt formell den Austritt aus dem Atomwaffen-Sperrvertrag. Die USA versuchen, im UN-Sicherheitsrat Unterstützung für wirtschaftliche Sanktionsmaßnahmen ge-

	gen Nordkorea zu erhalten; Nordkorea bricht jede weitere Zusammenarbeit mit der IAEO ab und erklärt, die Verhängung von Sanktionen würde als Kriegsgrund betrachtet
15. und 16.Juni 1994	Besuch des amerikanischen Ex-Präsidenten Jimmy Carter in P'yŏngyang; in Gesprächen mit Kim Ilsŏng gelingt es, eine politische Lösung vorzubereiten
7.Juli 1994	Überraschender Tod von Kim Ilsŏng
21.Oktober 1994	Unterzeichnung des Genfer Rahmenabkommens zwischen den USA und Nordkorea
März 1995	Gründung der KEDO
August 1998	Die New York Times meldet unter Berufung auf amerikanische Geheimdienstquellen, dass Nordkorea in weiteren, geheimen Nuklearanlagen an Atomwaffen arbeite. Nordkorea testet eine Mittelstreckenrakete des Typs Taepodong-1 (Reichweite 930–1240 Meilen)
Mai 1999	Amerikanische Inspektoren erhalten nach längeren Verhandlungen die Erlaubnis zum Besuch einer verdächtigen Anlage, ohne Hinweise auf Kernwaffenaktivitäten festzustellen
September 1999	USA und Nordkorea vereinbaren Moratorium für nordkoreanische Raketentests; US-Regierung gibt teilweise Aufhebung der nationalen Wirtschaftssanktionen gegen Nordkorea bekannt
Februar 2000	Beginn der Erdarbeiten für die beiden Leichtwasser-Reaktoren in Nordkorea
Januar 2002	Präsident Bush bezeichnet Nordkorea in seiner State of the Union-Ansprache als Teil der «Achse des Bösen»
Oktober 2002	Die amerikanische Regierung gibt bekannt, dass Nordkorea sein Atomwaffenprogramm entgegen dem Genfer Abkommen weiter betrieben hat. Nordkorea erklärt sich aus Gründen der nationalen Sicherheit zum Besitz von Kernwaffen berechtigt
November 2002	Nordkorea tritt aus dem Atomwaffensperrvertrag aus. KEDO beschließt, die Lieferungen schweren Heizöls an Nordkorea einzustellen.

	Der Austritt wird formal allerdings erst nach sechs Monaten rechtskräftig
April 2003	Erste Gespräche zwischen USA, China und Nordkorea zum Atomprogramm. Nordkorea behauptet, bereits im Besitz von Atomwaffen zu sein
August 2003	Nordkorea akzeptiert und beteiligt sich an multilateralen Verhandlungen unter Einschluss Südkoreas, Chinas, Japans, Russlands und den USA in Beijing, die allerdings zunächst keine greifbaren Ergebnisse bringen

Schon wenige Tage nach ihrer Amtsübernahme wurden der neue Staatspräsident und seine Regierung mit dieser Problematik konfrontiert. Sie eskalierte im Frühjahr 1993 rasch zu einer schweren internationalen Krise, die erst in direkten Gesprächen zwischen Kim Ilsŏng und dem Ex-Präsidenten Jimmy Carter, der ausdrücklich «als Privatmann» (aber natürlich mit Wissen und in Kontakt mit der Clinton-Administration) nach Nordkorea reiste, beigelegt werden konnte. Grundlage der Übereinkunft war die Zusage Nordkoreas, in den Atomwaffen-Sperrvertrag zurückzukehren und sein Kernwaffenprogramm Zug um Zug aufzugeben; die USA sollten Nordkorea im Gegenzug die Lieferung von Alternativenergien in Form von schwerem Heizöl und zwei zu errichtenden Leichtwasser-Reaktoren westlicher Bauart zusichern (Leichtwasser-Reaktoren gelten als wenig geeignet für die Herstellung von waffenfähigem Plutonium).

Obwohl der nordkoreanische Staatsgründer Kim Ilsŏng wenige Tage nach seinen Gesprächen mit Jimmy Carter mitten in den Vorbereitungen für ein Gipfeltreffen mit Kim Yŏngsam am 7. Juli 1994 starb, gelang es amerikanischen und nordkoreanischen Unterhändlern, die Vereinbarungen in einem Abkommen umzusetzen: Am 21. Oktober 1994 wurde das (rechtlich unverbindliche) Genfer Rahmenabkommen unterzeichnet, in dem das oben skizzierte «Geschäft auf Gegenseitigkeit» im Detail geregelt wurde. Um Nordkorea für den Abbau seiner Kernkraftanlagen und die Einstellung seines Waffenprogramms zu entschädigen, gründeten die USA mit Südkorea und Japan sowie anderen Staaten die *Korean Peninsula Energy Development Organisation* KEDO, die die Lieferungen von Schweröl und den Bau der Leichtwasserreaktoren in Nordkorea finanzieren und abwickeln sollte. Den Löwenanteil der Kosten trug dabei Südkorea, das dafür – nach langem Sträuben Nordkoreas – auch den Zuschlag für die Lieferung und den Bau der Reaktoren erhielt.

Die Überwindung der Asienkrise

Kim Daejung war vor dem Hintergrund der Asienkrise an die Macht gekommen. Noch ehe er sein Amt antreten konnte, hatte er sich bereits intensiv mit der Überwindung der Wirtschaftskrise und ihren strukturellen Ursachen zu befassen. Zugleich bemühte er sich von Anfang an energisch um eine Annäherung an den Norden; seine «Sonnenscheinpolitik» bezog ihre Inspiration dabei aus der Ostpolitik Willy Brandts. In beiden Bereichen, bei der Reform der koreanischen Wirtschaft und in seiner Politik gegenüber dem Norden, gelangen Kim Daejung einige spektakuläre Erfolge, die sich allerdings später als fragil erweisen sollten. Demgegenüber fanden die Fortschritte, die bei der Konsolidierung der Demokratie Südkoreas zu verzeichnen waren, weniger Beachtung. Am Ende bescherten die sattsam bekannten Probleme der Machtkonzentration in den Händen eines einzelnen Mannes sowie die Versuchungen der Korruption auch Kim Daejung einen beschämenden Abgang: Er sah sich wenige Monate vor seinem Ausscheiden genötigt, sich öffentlich für die korrupten Praktiken zweier seiner Söhne und das Erkaufen des innerkoreanischen Gipfels im Jahr 2000 zu entschuldigen. Seine beiden Söhne landeten schließlich – wie schon der Sohn seines Amtsvorgängers und Erzrivalen Kim Yŏngsam – im Gefängnis.

Über diesem miserablen Abgang gerieten die Verdienste des ehemaligen Dissidenten zu rasch in Vergessenheit. Denn Kim hatte durch entschlossene Reformen wesentlich dazu beigetragen, dass sich die angeschlagene südkoreanische Wirtschaft von den Folgen der Asienkrise rasch erholen konnte. Zugleich gelang es ihm – nicht zuletzt aufgrund seines Ansehens bei den Linken –, die im Gefolge der Krise aufbrechenden sozialen Spannungen einzudämmen und die Bevölkerung für eine gemeinsame Kraftanstrengung zur Überwindung der Krise zu mobilisieren. Zwar konnte auch Kim Daejung nicht alle Strukturprobleme der südkoreanischen Wirtschaft lösen – vom international nicht wettbewerbsfähigen Bankensystem über die hohe Verschuldung vieler Großkonzerne (*Chaebol*) bis hin zur schwierigen «Sandwich-Position» des Standortes Südkorea zwischen den etablierten Hochtechnologie-Ländern und den nach-rückenden Konkurrenten in China und Südostasien; aber immerhin trugen die Bemühungen seiner Regierungen um Rückzahlung der Auslandskredite, Entschuldung der Banken und Strukturreformen bei den *Chaebol* Früchte: 1998 verzeichnete die Volkswirtschaft – nach einem Einbruch von 6,7 % – bereits wieder ein Rekordwachs-tum von 10,9 %, 1999 waren es immer noch 9,3 %.

Die «Sonnenscheinpolitik»

Neben der Bewältigung der Asienkrise war die Überwindung der schmerzhaften koreanischen Teilung das ehrgeizigste Ziel von Kim Daejung. Bereits unmittelbar nach seinem Amtsantritt machte sich der Staatspräsident daran, eine neue Strategie gegenüber dem Nor-den zu entwickeln. Nach einer Fabel von Äsop, in der es dem war-men Sonnenschein gelingt, einen Wanderer dazu zu bewegen, seinen Mantel abzulegen, während dies der Wind zuvor trotz aller Anstren-gungen nicht geschafft hatte, wurde diese Strategie als «Sonnen-scheinpolitik» bezeichnet. Ihre wichtigsten Prinzipien waren die Anerkennung Nordkoreas und seines Strebens nach Sicherheit, die strikte Trennung von Politik und Wirtschaft sowie Maßnahmen zur Förderung des Wirtschaftsaustauschs zwischen Nord und Süd. Gleichzeitig verlangte die Politik Wachsamkeit gegenüber einer möglichen Aggression und keine Duldung von bewaffneten oder sonstigen Provokationen.

Auf dieser Grundlage gelang es Südkorea zunächst, die Wirt-schaftsbeziehungen zwischen Nord und Süd zu beleben. Vorreiter war dabei einer der größten *Chaebol* Südkoreas, der Hyundai-Konzern, dessen Gründer Chŏng aus Nordkorea stammte. Chŏng versuchte, das Regime im Norden durch umfangreiche Vorleistun-gen und Geschenke dazu zu bewegen, mit Hyundai eine Reihe von großen Investitionsprojekten in Angriff zu nehmen. Das erste die-ser Art war ein Tourismus-Projekt in einem nordkoreanischen Na-turschutzgebiet in den Kŭmgang-Bergen, das ab Oktober 1998 von südkoreanischen und anderen Touristen mit Hyundai-Kreuzfahrt-schiffen angesteuert wurde. Es erwies sich freilich in der Folge – wie viele andere, weniger spektakuläre Vorstöße südkoreanischer Un-ternehmen in den Norden – als ein Verlustgeschäft; Hyundai wurde schließlich durch Staatszuschüsse und die Übernahme des Projektes durch eine staatliche Auffang-Gesellschaft aus der finanziellen Bredouille gerettet.

1998 und 1999 brachte die Sonnenscheinpolitik keinerlei politische Fortschritte. Die Spannungen erhöhten sich im Gegenteil im Gefolge einer Serie von Zwischenfällen und nordkoreanischen Provokationen, deren Höhepunkt ein (fehlgeschlagener) Satellitenstart mittels einer nordkoreanischen Rakete vom Typ Taepodong-1 im August 1998 bildete. Damit demonstrierte Nordkorea der Welt seine Fähigkeit, mit weit reichenden Mittelstreckenraketen nicht nur den Süden, sondern auch ganz Japan zu bedrohen. Vor dem Hintergrund des nordkoreanischen Kernwaffenprogramms sowie seiner Arsenale an biologischen und chemischen Massenvernichtungswaffen, aber auch der Exporte von Raketentechnologie an Pakistan, Iran und andere Staaten musste dieser Raketentest insbesondere die USA und Japan alarmieren.

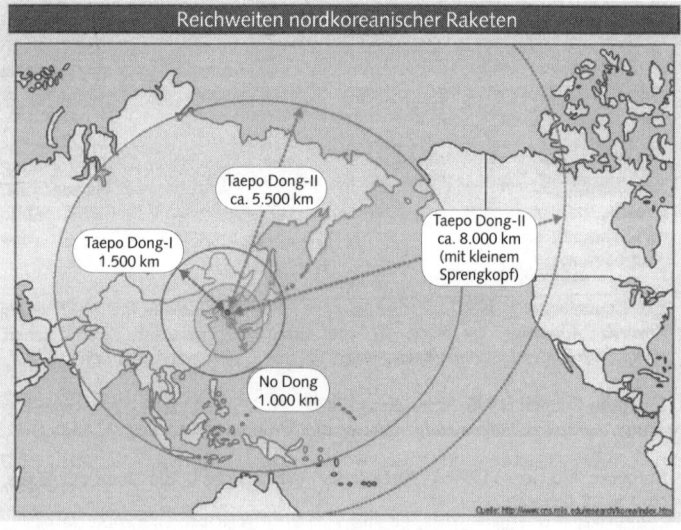

Kim Daejung reagierte auf diese Verschärfung der Lage mit einer neuen Initiative. In seiner «Berliner Erklärung» vom März 2000 bot er Nordkorea einen Verzicht auf eine schnelle Wiedervereinigung, wirtschaftliche Hilfe, Sicherheitsgarantien und die Unterstützung beim Beitritt des Nordens zu internationalen Organisationen wie

Weltbank und IWF an. Kim Jŏngil reagierte auf dieses Signal, und vom 13. bis 15. Juni trafen sich die beiden Staatsführer in P'yŏngyang im Rahmen eines spektakulären Gipfeltreffens. Wie sich später herausstellen sollte, hatte Kim Daejung seinem nordkoreanischen Kollegen im Vorfeld dieses Treffen mit finanziellen Zuwendungen in Höhe von rd. 500 Mio. $ versüßt; dabei übernahm der Hyundai-Konzern den heiklen Transfer der Gelder.

Mit dem Gipfeltreffen schien zunächst der Durchbruch zur Entspannung auf der Halbinsel gelungen. Die beiden Staatsführer vereinbarten eine Reihe von weiteren Schritten, wie Familienbegegnungen, Wirtschaftskooperation und Kulturaustausch. Zudem kam es zu Treffen auf Ministerebene und weiteren konkreten Vereinbarungen, etwa zur Öffnung der Grenze und zur Wiederherstellung der Eisenbahnverbindungen zwischen Nord und Süd. Allerdings zeigte sich im Verlauf der nächsten Monate und Jahre immer deutlicher, dass Nordkorea zwar – mit Unterbrechungen – gesprächs-, aber nicht konzessionsbereit war. Konkrete Fortschritte gab es lediglich bei der Familienbegegnung: Vier Runden mit jeweils 100 geteilten Familien aus Nord und Süd fanden statt; auch dies hatte angesichts der großen Zahl von Nord- und Südkoreanern, zumeist in hohen Jahren, die verzweifelt auf eine letzte Chance für ein Wiedersehen mit ihren Verwandten warteten, primär symbolischen Charakter. Ansonsten hielt sich Kim Jŏngil bedeckt – ob nun aus Furcht vor Aufweichungstendenzen in seinem Unterdrückungssystem, aus Enttäuschung über die (aus seiner Sicht) unzureichenden Hilfsmaßnahmen oder aus Verärgerung über die neue, härtere Linie der amerikanischen Regierung unter George W. Bush gegenüber Nordkorea.

Als Kim Daejung 2003 aus dem Amt schied, hatte er für seine Sonnenscheinpolitik zwar einen Friedensnobelpreis vorzuweisen (der ihm allerdings nicht nur für diese Politik, sondern für sein Lebenswerk verliehen worden war), aber nur bescheidene konkrete Ergebnisse. Im Oktober 2002 machten die USA ein weiteres heimliches Kernwaffenprogramm Nordkoreas publik (von dem sie wohl schon seit 1999 wussten), worauf sich die Gewichte des Krisenmanagements wieder zu den USA, China und Japan hin verschoben; Südkorea trat erneut in die zweite Reihe der Diplomatie zurück. Allerdings hatte die Sonnenscheinpolitik das bis dahin hermetisch von Südkorea abgeschottete Nordkorea durch die Intensivierung des wirtschaftlichen und gesellschaftlichen Austauschs gewisserma-

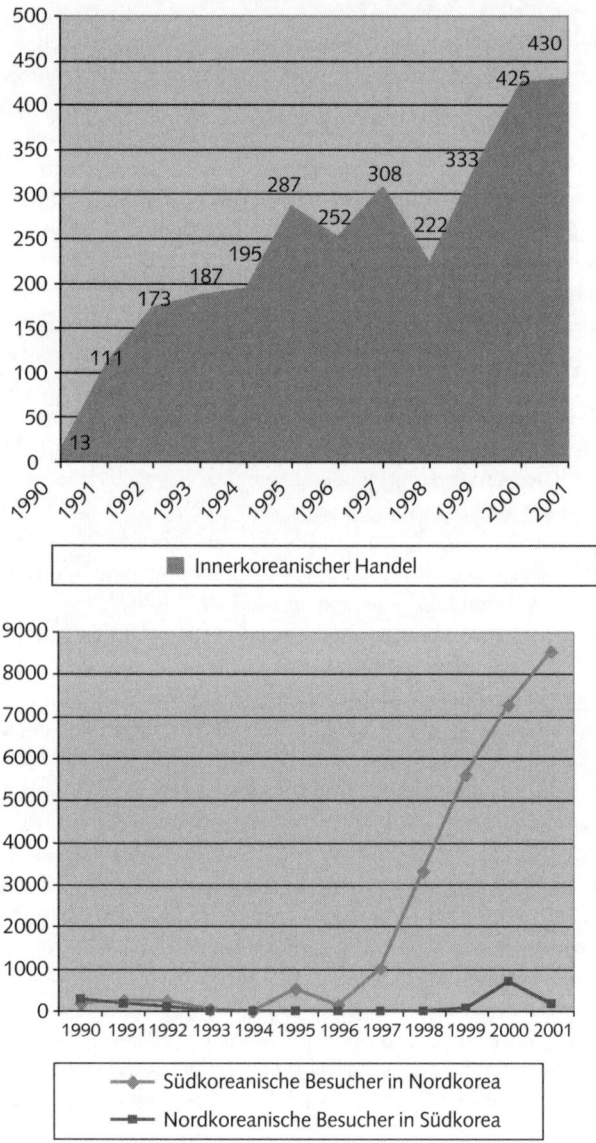

Wirtschaftsaustausch und Personenverkehr zwischen den beiden koreanischen Staaten

Innerkoreanischer Handel

13 · 111 · 173 · 187 · 195 · 287 · 252 · 308 · 222 · 333 · 425 · 430

Südkoreanische Besucher in Nordkorea

Nordkoreanische Besucher in Südkorea

ßen von innen heraus aufgeweicht: Selbst während der größten atomaren Bedrohung seitens des Nordens wurden die bilateralen Kultur- und Handelskontakte fortgesetzt.

Die Präsidentschaft Kim Daejung: Eine Bilanz

Gewiss zeigte eine vorläufige Bilanz der Sonnenscheinpolitik, aber auch der umfangreichen wirtschaftlichen und sozialpolitischen Reformen am Ende der fünfjährigen Präsidentschaft Kim Daejungs nicht nur Erfolge, sondern auch Defizite und vor allem ungelöste Probleme. Ähnliches lässt sich über die Innenpolitik sagen. So verfiel auch Kim den beiden Kardinalfehlern des koreanischen Präsidialsystems: Er überschätzte sich selbst, zog zu viele Entscheidungen an sich und entwickelte einen autoritären Führungsstil, der Widerspruch – auch wenn er sachlich noch so berechtigt war – nicht duldete. Und wiewohl auch Kim mit einer Verschärfung der entsprechenden Gesetzgebung eine groß angelegte Kampagne gegen die Korruption unternahm, konnten er selbst und seine Familie sich dem Sog der politischen Korruption nicht entziehen. Sie scheint in der koreanischen Innenpolitik endemisch zu sein. So erwies sich Kim – an der Spitze der Macht angekommen – in seinen Mitteln ebenso wenig zimperlich wie seine Vorgänger: Seine überraschende Kooperation mit der liberal-demokratischen Partei von Kim Jongp'il ähnelte dem taktischen Schachzug von Staatspräsident No, der sich dadurch eine parlamentarische Mehrheit und die Wahl seines eigenen Kandidaten für die Nachfolge gesichert hatte. Immerhin war Kim Jongp'il unter Staatspräsident Park der Gründer und erste Chef des gefürchteten Geheimdienstes KCIA gewesen und hatte in dieser Eigenschaft sogar einen Mordanschlag auf Kim Daejung veranlasst!

Auch unter Kim konnten wichtige Strukturdefizite der südkoreanischen Demokratie nicht überwunden werden. So orientierte sich das Wählerverhalten weiterhin stark an regionalen Sympathien: Nicht, welche politischen Überzeugungen ein Politiker vertrat, zählte letztlich, sondern aus welcher Provinz er kam. Das Parteiensystem konnte sich aufgrund klientelistischer Abhängigkeitsstrukturen, bei denen vieles mit persönlicher Gefolgschaft und Belohnung durch Geld und Pfründe zu tun hatte, nicht recht entfalten. Um diese Strukturen zu unterhalten, brauchten Politiker Geld – viel Geld. Auf diesem Nährboden wucherte dann fast zwangsläufig die politische

Internet und Politik

Im Bereich des Internets nimmt Südkorea heute eine Spitzenposition unter den Industrienationen ein. Im Jahr 2002 verfügten rund 70 % der koreanischen Haushalte bereits über einen Highspeed-Internetanschluss. An jeder Straßenecke kann man in einem so genannten *PC-Pang*, einem Internet-Café, durch das Netz surfen.
Furore hat das Internet bei den Präsidentschaftswahlen 2003 gemacht. Nach Aussagen zahlreicher Beobachter verdankt Präsident No Muhyŏn seinen Wahlsieg der Internet-Gemeinde, allen voran dem Journalisten Oh Yŏnho, der im Jahr 2000 die erste online-Zeitung mit dem Titel OhmyNews als Gegenpol zu der ansonsten stark konservativ geprägten Zeitungslandschaft gründete. Während des Wahlkampfes konnte diese Zeitung, die ausschließlich im Internet erscheint, bis zu 20 Mio. Zugriffe pro Tag verzeichnen. Gegründet wurde sie mit nur 4 Redakteuren. Obwohl zwischenzeitlich die Redaktion auf über 40 Journalisten gewachsen ist, hat das Konzept der Gründungsphase immer noch Gültigkeit. So wird auch heute noch der größte Teil der Artikel von den Lesern im ganzen Land selbst verfasst. Die fest angestellten Journalisten schreiben nur 20 % der Beiträge.
Oh war von der Vision erfüllt, den Journalismus des 20. Jahrhunderts hinter sich zu lassen. Die Tendenz in den klassischen Medien, nur noch Nachrichten zusammenzutragen, hat seiner Meinung nach den Journalismus ausgehöhlt. Diesen wiederzubeleben und gleichzeitig die konservativ geprägte Zeitungslandschaft aufzumischen, waren die Triebfeder für die Gründung der Online-Zeitung.
Die Spontaneität und Direktheit des Journalismus von OhmyNews wurden anlässlich des U-Bahnunglücks in Taegu in Jahr 2003 deutlich, bei dem aufgrund von Brandstiftung fast 200 Menschen das Leben verloren. So kommentierte einer der beteiligten Feuerwehrleute in der online-Zeitung das Unglück auf beeindruckende und ergreifende Weise. Es kam also nicht von ungefähr, dass der neue Präsident Südkoreas sein erstes offizielles Interview nicht einer der etablierten Zeitungen, sondern OhmyNews gab. Präsident No Muhyŏn wusste sehr wohl einzuschätzen, welche Bedeutung die neuen Medien für seinen Wahlerfolg hatten ...

Korruption. Das Erbe des koreanischen Konfuzianismus, der Loyalität und Unterordnung unter die Autorität des Herrschers betonte, leistete insbesondere unter der älteren Generation von Politikern, zur der auch Kim Daejung gehörte, einem personalistischen

Politikstil Vorschub, der sich mit einem demokratischen Grundverständnis von Politik schlecht vertrug. Als sich bei den Präsidentschaftswahlen 2002 der Bewerber der Partei von Kim Daejung, No Muhyŏn (Roh Moo-Hyun), schließlich gegenüber seinem konservativen Gegenspieler Yi Hoichang durchsetzen konnte, spiegelte sich auch darin weniger das Ansehen von Kim Daejung als der Überdruss der Wähler an ihm und seiner Generation: No galt in der Regierungspartei als Vertreter des Reformflügels, er hatte sich bei den parteiinternen Ausscheidungswahlen um die Kandidatur gegen die Anhänger von Kim Daejung durchgesetzt.

Trotz all dieser Defizite bleibt es das Verdienst von Kim Daejung, den demokratischen Konsolidierungsprozess in Südkorea wesentlich vorangetrieben zu haben. So wurden die notorischen Sicherheitsgesetze aus dem Jahr 1948 zwar noch immer nicht abgeschafft, aber doch deutlich zurückhaltender gehandhabt, und auch bei der Einhaltung der Menschen- und Bürgerrechte gab es konkrete Verbesserungen. Das gespannte Verhältnis des Präsidenten zu den Medien belegt, dass Kim zwar gelegentlich in seinen Mitteln der Auseinandersetzung (ebenso wie die Medienkonzerne selbst) durchaus nicht zimperlich war, dass er jedoch das Grundprinzip der Presse- und Meinungsfreiheit respektierte. Die südkoreanische Zivilgesellschaft hat in seiner Amtszeit gewichtige Fortschritte gemacht; ein Indiz sind die höchst wirksamen Internet-Aktionen von Bürgerbewegungen gegen die der Korruption verdächtigen Kandidaten aller Parteien bei den Parlamentswahlen im Jahr 2000.

Bei den Wahlen des Jahres 2002 kam es auch zu einer erheblichen Verjüngung der politischen Klasse und damit zu dem längst überfälligen Generationswechsel: Über 40% der Abgeordneten kamen nun aus der so genannten «386-Generation»: Sie waren zwischen 30 und 40 Jahre alt, in den 1980er Jahren oft in der radikalen Studentenbewegung aktiv gewesen und in den 1960er Jahren geboren. Auch die Rolle der Frauen in Politik und Parlament erfuhr eine deutliche Aufwertung: Im neu gewählten Parlament saßen nun immerhin 16 (statt zuvor 9) Frauen. Dass dies der Qualität der Politik nur gut tun konnte, zeigte eine Rangliste der besten 20 Parlamentarier, die eine südkoreanische Zeitung 1999 aufstellte: Unter diesen 20 waren immerhin drei der neun Parlamentarierinnen!

Chronologie der Beziehungen zwischen Nord- und Südkorea

August 1948	Gründung der Republik Korea im Süden
September 1948	Gründung der Demokratischen Volksrepublik Korea im Norden
Juni 1950	Beginn des Koreakrieges
Juli 1953	Waffenstillstand
Januar 1968	Ein bewaffnetes nordkoreanisches Kommando versucht einen Anschlag auf den südkoreanischen Regierungssitz Chŏngwadae
Juli 1972	Geheimverhandlungen zwischen Nord und Süd führen zur Unterzeichnung einer «Gemeinsamen Erklärung», in dem sich beide Seiten auf die Grundlagen einer friedlichen Wiedervereinigung und konkrete Entspannungsbemühungen verständigten
August 1974	Ein Mordanschlag auf den südkoreanischen Staatspräsidenten scheitert; seine Frau stirbt aber an den Folgen der Schusswunden
November 1974	Entdeckung des ersten von mehreren nordkoreanischen Tunnels, die unter der Demarkationslinie hindurch nach Südkorea führten
August 1976	Nordkoreanische Wachen töten in P'anmunjŏm zwei amerikanische Soldaten und verletzten mehrere südkoreanische Wachen
Oktober 1983	Nordkoreanischer Terroranschlag in Rangun, Burma/Myanmar, bei dem 4 südkoreanische Kabinettsmitglieder und weitere 14 Regierungsbeamte getötet werden
September 1985	Erster Besuch von je 50 Familien, die durch die Teilung des Landes getrennt wurden, in Seoul und P'yŏngyang
November 1987	Nordkoreanischer Terroranschlag auf den Korean Airline Flug 858 von Abu Dhabi nach Seoul (115 Tote)
Oktober 1988	In einer Rede vor der UN-Generalversammlung skizziert der südkoreanische Staatspräsident No die Grundlagen der neuen «Nordpolitik» Südkoreas, die auf eine Normalisierung der Beziehungen des Südens mit der Sowjetunion, Osteuropa und China, aber auch mit Nordkorea zielt
Januar 1989	Ungarn nimmt als erster osteuropäischer Staat diplomatische Beziehungen zu Südkorea auf
Juni 1990	Treffen zwischen dem südkoreanischen Staatspräsidenten No und seinem sowjetischen Kollegen Gorbatschow in San Francisco; im September geben beide Staaten die Aufnahme diplomatischer Beziehungen bekannt

September 1990 –	Erstmals treffen sich die Ministerpräsidenten von Nord
Dezember 1991	und Süd zu mehreren Verhandlungsrunden
September 1991	Beide koreanische Staaten werden Mitglieder der Vereinten Nationen
September 1991/	Im «Abkommen über Aussöhnung, Nichtangriff, Zu-
Januar 1992	sammenarbeit und Austausch zwischen dem Norden und dem Süden» und der «Gemeinsamen Erklärung über die Entnuklearisierung der koreanischen Halbinsel» verständigen sich die beiden Regierungen auf der Grundlage der gegenseitigen Anerkennung auf Prinzipien und die praktische Umsetzung einer umfassenden Normalisierung der Beziehungen, eine schrittweise Vorbereitung der Vereinigung und auf einen Verzicht beider Seiten auf Kernwaffenprogramme
August 1992	Südkorea nimmt im Zuge seiner «Nordpolitik» diplomatische Beziehungen zu China auf
Juni 1994	Der amerikanische Ex-Präsident Jimmy Carter besucht im Zuge der Verhandlungen über das nordkoreanische Atomwaffenprogramm P'yŏngyang
Juli 1994	Der nordkoreanische Führer Kim Ilsŏng stirbt
Oktober 1994	USA und Nordkorea schließen das Genfer Abkommen über die Einstellung des nordkoreanischen Atomprogramms und die Errichtung zweier Leichtwasserreaktoren zur Verbesserung der Energiesituation in Nordkorea
Februar 1997	Der nordkoreanische Parteisekretär Hwang Jangyop setzt sich in die südkoreanische Botschaft in Beijing ab
August 1998	Test einer nordkoreanischen Mittelstreckenrakete, die Japan überfliegt
März 2000	Mit der «Berliner Deklaration» konkretisiert der südkoreanische Präsident Kim Daejung seine «Sonnenscheinpolitik» gegenüber dem Norden
Juni 2000	Erstes innerkoreanisches Gipfeltreffen zwischen dem südkoreanischen Staatspräsidenten Kim Daejung und dem nordkoreanischen Führer Kim Jŏngil
September 2000	Sportler beider Nationen nehmen als gemeinsames Team an den olympischen Spielen in Sydney teil
März 2001	Deutschland nimmt diplomatische Beziehungen zu Nordkorea auf
Juni 2002	Kämpfe zwischen Seestreitkräften der beiden Koreas in umstrittenen Gewässern an der Westküste. Ein südkoreanisches Patrouillenboot wird versenkt. Nordkorea «bedauert» später den «versehentlichen» Zwischenfall

September 2002	Beim Staatsbesuch des japanischen Premierminister Koizumi entschuldigt sich Kim Jŏngil öffentlich für die Entführung mehrerer japanischer Staatsbürger durch den nordkoreanischen Geheimdienst Nord- und Südkorea beginnen mit den Arbeiten für Eisenbahn- und Straßenverbindungen zwischen den beiden Staaten
Oktober 2002	Die amerikanische Regierung gibt bekannt, dass Nordkorea sein Atomwaffenprogramm entgegen dem Genfer Abkommen weiterbetrieben habe
Januar 2003	Nordkorea tritt aus dem Atomwaffensperrvertrag aus.
April 2003	Erste Gespräche zwischen USA, China und Nordkorea zum Atomprogramm. Nordkorea behauptet, bereits im Besitz von Atomwaffen zu sein
Juli 2003	Aus den USA werden Informationen über weitere bis dahin unbekannte Anlagen des nordkoreanischen Kernwaffenprogramms bekannt. China bemüht sich um die Vermittlung von Verhandlungen zwischen den USA und Nordkorea. Die USA bestehen auf multilateralen Verhandlungen unter Einschluss Chinas, Japans und Südkoreas; Nordkorea verlangt bilaterale Verhandlungen mit den USA.
August 2003	Nordkorea akzeptiert multilaterale Verhandlungen unter Einschluss Südkoreas, Chinas, Japans, Russlands und den USA

Quellen: Eigene Zusammenstellung nach Don Oberdorfer, The Two Koreas, London 1999 und The Korea Herald, Jan. 28/29, 2003 S.4 sowie Pacific Connections, A Quarterly E-Journal on East Asian Bilateral Relations (http://www.csis.org/pacfor/ccejournal.html)

Wirtschaftliche Entwicklung und sozialer Wandel Südkoreas nach dem Koreakrieg

Der Aufstieg zur Industrienation

Wie ein Phönix aus der Asche, so entstieg die südkoreanische Wirtschaft den Trümmern des vom Krieg verwüsteten Landes. Das Trauma der kriegerischen Auseinandersetzung mit dem Bruder im Norden war der Nährboden, auf dem Präsident Park und seine Nachfolger im Amt des Staatspräsidenten mit ihrer Wirtschaftspolitik der staatlichen Lenkung das Land innerhalb von gut fünf Jahrzehnten aus dem Armenhaus Asiens zu einer modernen Industrienation führten. Südkorea ist heute im Bau von Infrastruktureinrichtungen in der Welt führend, liefert sich mit Japan ein Kopf-an-Kopf Rennen um die erste Position im Schiffsbau und ist in der Stahlerzeugung, in der Elektronikindustrie und im Automobilbau eine bedeutende Wirtschaftsmacht. Das »Wirtschaftswunderland« Südkorea hat den Entwicklungsprozess der alten Industrienationen wie im Zeitraffer nachvollzogen und gilt mittlerweile als Modell für Entwicklungsländer. Dabei waren die Voraussetzungen denkbar ungünstig: Durch die Teilung des Landes von einem Großteil der Industrie abgeschnitten und vom dreijährigen Bruderkrieg verwüstet, verfügte Südkorea, selbst arm an natürlichen Rohstoffen, nur über eins: eine große Zahl hungriger, lernfähiger und disziplinierter Menschen. Fragt man nach den Ursachen des koreanischen Entwicklungswunders, so sind neben der Bedrohung von außen und der zielorientierten Entwicklungsplanung unter dem straffen Regiment einer autoritären Regierung vor allem der Fleiß und die Anpassungsfähigkeit dieser Menschen zu nennen.

Zwei wichtige Grundsteine für den Entwicklungsprozess auf der südlichen Halbinsel wurden schon früh gelegt. Zum einen begann die Regierung kurz nach dem Koreakrieg eine erfolgreiche Kampagne gegen den Analphabetismus. Noch 1945 betrug der Anteil der Bevölkerung, der weder lesen noch schreiben konnte, 75 %. Zum anderen wurden schon 1948 durch eine Landreform der Großgrundbesitz abgeschafft und die Produktionsanreize für die Bauern verbessert. Dieser Reform war zunächst freilich kein durchschlagender Erfolg beschieden, fehlte es doch an den notwendigen Krediten für den Ausbau des Bewässerungssystems und für Kunstdünger.

Der eigentliche Beginn des unaufhaltsamen Aufstiegs Südkoreas zur Industrienation ist mit dem Jahr 1961 anzusetzen, in dem Präsident Park eine grundlegende Neuorientierung der Wirtschaftspolitik einleitete: Eckpfeiler dieser Politik waren erstens eine exportorientierte Industrialisierung, die zunächst mit Auslandskrediten finanziert wurde; zweitens die Normalisierung der wirtschaftlichen Beziehungen zu Japan; schließlich drittens eine staatliche Entwicklungsplanung, die den jungen Industrien mit Schutzzöllen, zinsgünstigen

Krediten und Steuerstundungen bei der Erfüllung der Planvorgaben zur Seite stand.

Südkorea wurde von seinem politischen Management lange Zeit wie ein Großunternehmen geführt. Kein Risiko wurde gescheut, selbst wenn die Gewinnchancen unsicher waren. So war und ist die südkoreanische Wirtschaft bis heute auf relativ dünnem Eis gebaut. Dem externen Beobachter kommt es manchmal so vor, als fahre da ein Auto mit hoher Geschwindigkeit auf eisglatter Fahrbahn, in der Hoffnung, dass kein anderes Fahrzeug entgegenkommt. Einmal allerdings ging diese risikofreudige Politik schief und das Land erlebte den GAU: Die Asienkrise brachte dem Land den Zusammenbruch mehrerer Großkonzerne (*Chaebol*) und den Verlust der Kreditwürdigkeit mit einer temporären Zahlungsunfähigkeit, die nur durch die Hilfe des Internationalen Währungsfonds (IWF) gelöst werden konnte.

In dem gleichen Tempo, in dem das Land in die Krise geraten ist, hat es sich aber auch wieder erholt. Die rasche wirtschaftliche Erholung nach der Asienkrise hat allerdings bei einigen Koreanern den Gedanken aufkommen lassen, dass man nun bei den notwendigen Strukturreformen etwas kürzer treten könne. Ein Trugschluss, denn die Herausforderungen sind gewaltig: Zum einen sind strukturelle Probleme, wie ein international nicht wettbewerbsfähiges Finanzsystem oder die mangelnde Transparenz der Großkonzerne, nach wie vor nicht gelöst, zum anderen spüren die koreanischen Unternehmen mehr und mehr den Atem der aufstrebenden chinesischen Wirtschaft im Nacken. Eine ähnliche Produktivität bei gleichzeitig viel geringeren Lohnkosten macht auch für koreanische Unternehmen den Produktionsstandort China interessant. Gleichzeitig fordern die Arbeitnehmer zu Hause ihren Anteil am wirtschaftlichen Fortschritt, teilweise begleitet von heftigen Tarifauseinandersetzungen. Die Notwendigkeit von Strukturreformen und die Suche nach seinem Platz in einer globalen Wirtschaft zeigen, dass Südkorea die Adoleszenzphase der wirtschaftlichen Entwicklung noch nicht verlassen hat.

Entwicklungsstrategie und Entwicklungspolitik

Die exportorientierte Entwicklungsstrategie Südkoreas ist durch drei Phasen gekennzeichnet: In der ersten Phase wurde die während der japanischen Kolonialzeit im Süden des Landes entstandene

Leichtindustrie ausgebaut und den Bedingungen des Weltmarktes angepasst. Strategische Bedeutung kam dabei der Textil- und Bekleidungsindustrie zu, da in dieser Branche mit einem beschränkten Kapitaleinsatz eine relativ große Zahl von Arbeitsplätzen geschaffen werden konnte.

In die zweite Phase fällt der Aufbau einer eigenen Grundstoffindustrie. Die Entwicklung von Stahl- und Chemieindustrie – beide kapitalintensiv – wurde zum Großteil durch Auslandskredite finanziert. Ziel dieser Maßnahmen war die Importsubstitution, gleichzeitig wurden jedoch auch nachgelagerte Industrien, wie z. B. Maschinen- und Schiffsbau, Elektro- und Kunststoffindustrie, als zukünftige Exportbereiche gefördert. In dieser Phase sollte der «take-off» der südkoreanischen Wirtschaft endgültig erreicht werden. Die wichtigste Trumpfkarte war in den ersten beiden Phasen eine zunehmend besser ausgebildete Arbeitnehmerschaft, die sich aufgrund des Überangebots an Arbeitskräften und der Einschränkung gewerkschaftlicher Aktivitäten mit Niedriglöhnen zufriedengeben musste.

Vorrangiges Ziel der dritten Phase war es, die industrielle Basis mit Hilfe neuer Industrien zu verbreitern. Mit dem Aufbau einer eigenen Automobil- und Elektronikindustrie sollte der Entwicklungserfolg des Landes langfristig abgesichert und mit dem Einstieg in «High-Tech-Industrien» der technologische Abstand zu den Industrieländern verringert werden. Strategische Technologien wie die Halbleiter, Bio- und Gentechnologie erhielten durch Gründung entsprechender Forschungsinstitute Förderung durch den Staat.

Das wichtigste Instrument der Entwicklungsstrategie Südkoreas waren die jeweils fünfjährigen Entwicklungspläne. Damit sollte zum einen der ordnungspolitische und legale Rahmen für die ökonomische Entwicklung definiert werden, zum anderen die angestrebten Ziele – Wachstum, Stabilität, Gleichmäßigkeit und effiziente Ressourcenallokation – mit entsprechenden politischen Maßnahmen untermauert werden. Zur Umsetzung der fiskalischen, monetären oder ordnungspolitischen Maßnahmen bediente sich die Regierung einer mächtigen Planungsbürokratie.

Der erste Fünfjahresplan wurde 1962 verabschiedet. Mit ihm sollte der Teufelskreis der Armut durchbrochen und die Voraussetzungen für eine eigenständige Entwicklung geschaffen werden. Sein Schwerpunkt lag auf dem Ausbau der Infrastruktur, der Energieversorgung und des Bildungswesens. Im Hinblick auf den Aufbau einer eigenen industriellen Basis galt der im Krieg zerstörten Leichtindustrie (Textil- und holzverarbeitende Industrie) besonderes Augenmerk. In dieser Zeit konnte eine durchschnittliche Wachstumsrate von 7,9 % erzielt werden.

Der zweite Fünfjahresplan (1967–1971) enthielt als vorrangige Aufgaben die Fertigstellung wichtiger Infrastrukturprojekte und die Ausweitung des industriellen Sektors. Reduzierung der Abhängigkeit von Nahrungsmittelimporten, die Verbesserung der Leistungsbilanz und die Erhöhung der Einkommen im landwirtschaftlichen Bereich gehörten ebenso zu den politischen Direktiven wie die Einführung von Maßnahmen zur Einschränkung des Bevölkerungswachstums. Während dieses Zeitraums wurden arbeitsintensive Bereiche wie die Elektro-, Nahrungsmittel-, Kunststoff verarbeitende und feinmechanische Industrie aufgebaut. Die durchschnittliche jährliche Wachstumsrate erhöhte sich auf 9,7 %.

Im Mittelpunkt des dritten und vierten Fünfjahresplans stand der Aufbau einer eigenen Schwerindustrie (Stahlerzeugung, Schiffs- und Maschinenbau) sowie einer petrochemischen Industrie. Dadurch sollte zum einen die Abhängigkeit im Export von bestimmten Märkten (USA, Japan) und Produkten (Textil- und Elektroprodukte) verringert und über Importsubstitution der Anteil der inländischen Wertschöpfung erhöht werden. Da sich die Einkommen und Lebensverhältnisse zwischen den ländlichen und städtischen Gebieten immer stärker unterschieden, wurde 1969 eine Politik der subventionierten Agrarpreise eingeführt. Zusammen mit der Bewegung »Neues Dorf«, die 1971 initiiert wurde, konnte über diese Maßnahmen die ländlichen Lebensverhältnisse entscheidend verbessert werden. Ein weiteres Anliegen des vierten Fünfjahresplanes (1977–1981) war es, den gestiegenen Rohölpreisen Rechnung zu tragen und alternative Energieträger – in erster Linie Atomenergie und Erdgas – zu fördern. Betrug die jährliche Wachstumsrate im Zeitraum zwischen 1972 und 1976 durchschnittlich 10,2 %, so verringerte sie sich während des vierten Fünfjahresplans wegen der Ölkrise und innenpolitischer Unruhen nach der Ermordung von Präsident Park auf durchschnittlich 5,7 %.

Der fünfte Fünfjahresplan (1982–1986) stand ganz unter dem Vorzeichen, den staatlichen Interventionismus zurückzudrängen, um damit marktwirtschaftlichen Kräften ein breiteres Feld einzuräumen und die Effizienz der koreanischen Wirtschaft zu erhöhen. Insbesondere der Bekämpfung der Inflation und der Verbesserung der Wettbewerbsfähigkeit der Unternehmen galt das Augenmerk. Der Abbau der Exportsubventionen, die Privatisierung der Geschäftsbanken, die Liberalisierung des Finanzsystems und der Kapitalmärkte, die Förderung des Wettbewerbs durch eine aktive Mittelstandspolitik und der Aufbau einer binnenmarktorientierteren Produktionsstruktur waren Ausdruck dieser ordnungspolitischen Neuorientierung. Die so dringend notwendige Liberalisierung des Finanzwesens sollte sich am Ende dieses Fünfjahresplanes weitgehend als politisches Lippenbekenntnis herausstellen. Denn nur ungern wollten die südkoreanischen Politiker auf ihr wichtigstes Instrument zur Lenkung der Wirtschaft verzichten. Zu bedeutend war und ist der politische Einfluss auf Kreditvergaben für das Funktionieren der »Korea Inc.« Erstmals wurde in dieser Zeit auch dem Umweltschutz ein wichtiger Stellenwert eingeräumt. Die Wachstumsrate des BIP erreichte von 1982 bis 1986 einen jährlichen Durchschnittswert von 8,7 %.

Als strategische Industrien für die 1990er Jahre sah der sechste Fünfjahresplan die Automobilindustrie, die Elektronikindustrie und den Maschinenbau vor. Mit Hilfe der staatlichen Ordnungspolitik sollte die Liberalisierung der Wirtschaft vorangetrieben werden, wobei die Wettbewerbsintensität durch eine gezielte Förderung des Mittelstandes weiter erhöht wurde. Der Aufbau einer eigenen technologischen Basis sollte ebenso erreicht werden wie die Verringerung der Abhängigkeit vom größten Exportmarkt USA durch Diversifizierung der Exporte. Die Zeit dieses Fünfjahresplanes galt mit einer durchschnittlichen Wachstumsrate von 9,9 % pro Jahr als die »goldenen achtziger Jahre«.

Anfang der 1990er Jahre machten zum Teil heftige Auseinandersetzungen zwischen Management und Arbeitnehmern die Notwendigkeit ausgewogener Regeln der Tarifpartnerschaft deutlich. Aus diesem Grunde sah der siebte Fünfjahresplan (1992–1996) die Reform der Beziehung zwischen Arbeitnehmern und -gebern vor. Die internationale Wettbewerbsfähigkeit der koreanischen Industrie sollte weiter erhöht werden. Ein Ausbau der Infrastruktur, die weitere Öffnung des Landes und die Vorbereitung auf eine friedliche Wiedervereinigung mit dem Norden waren die Hauptziele dieses Plans. Er wurde allerdings bereits im zweiten Jahr seiner Gültigkeit

Das Wirtschaftszentrum von Seoul: Kangnam

durch den Fünfjahresplan »Neue Wirtschaft« (1993–1997) der Regierung von Präsident Kim Yŏngsam ersetzt. Dieser Plan sollte das Land zu den fortgeschrittenen Industriestaaten aufschließen lassen und auf den Fall der Vereinigung mit dem Norden vorbereiten. Zur Stärkung der Position der koreanischen Unternehmen auf den internationalen Märkten sollte der Ausbau des internationalen Marketings beitragen.

Da Südkorea mit der Umsetzung der Fünfjahrespläne und mit der Aufnahme in die OECD im Jahr 1996 den Status einer Industrienation erreicht hatte, wurde dieses Planungsinstrument seit Mitte der 1990er Jahre nicht mehr angewandt. Dies ist auch ein Zeichen dafür, dass die Komplexität und internationale Verflechtung der südkoreanischen Wirtschaft einen Stand erlangt hatte, der diese Art der staatlichen Wirtschaftslenkung nicht mehr nötig machte.

Vom Reislieferanten Japans zum handelspolitischen Problemfall: Die Landwirtschaft

Die koreanische Landwirtschaft, der während der japanischen Kolonialzeit innerhalb des Yen-Blocks (Japan mit seinen Kolonien Korea, Mandschurei, Nordchina und Taiwan) die Aufgabe des Reisproduzenten zukam, entwickelte sich in dieser Zeit stetig. So lag beispielsweise die Getreideproduktion im Jahr 1940 um 25 % über dem Wert von 1910. Maßgeblichen Anteil an dieser Erhöhung hatte das heutige Südkorea, in dem sich aufgrund der besseren klimatischen Bedingungen ein Großteil der Landwirtschaft konzentrierte.

Zwar konnte die Landwirtschaft nach dem Korea-Krieg als erste wieder Fuß fassen, aber der Aufschwung dauerte nicht lange: Schon Anfang der 1960er Jahre verringerten sich die Wachstumsraten, und im Zeitraum zwischen 1966 und 1971 konnte nur noch ein Zuwachs von 10 % erzielt werden. Diese Stagnation war darauf zurückzuführen, dass mit dem Aufbau der Exportindustrien der Agrarsektor zunächst vernachlässigt wurde. Daneben machten die geringe Betriebsgröße – die 1948 durchgeführte Bodenreform beschränkte den Landbesitz auf drei Hektar – und die intensive Nutzung des Bodens eine Erhöhung der Agrarproduktion ohne den massiven Einsatz von künstlicher Düngung unmöglich. Die Vernachlässigung der Landwirtschaft rächte sich bald mit einer Besorgnis erregenden Landflucht und einer Verringerung des Selbstversorgungsgrades bei Reis und Getreide. Deckte sich die Landflucht in gewissem Umfang noch mit den Intentionen der Wirtschaftsplaner, da durch sie die Löhne in den neuen arbeitsintensiven Exportindustrien niedrig gehalten werden konnten, so bedeutete der Rückgang der Selbstversorgung und die dadurch notwendigen Importe von Lebensmitteln eine erhebliche Belastung für die chronisch defizitäre Leistungsbilanz des Landes.

Die Landwirtschaft steckte also zu Beginn der 1970er Jahre in einer Krise: Die Produktion stagnierte, das Gefälle zwischen Stadt und Land wurde immer ausgeprägter. Um diese Probleme in den Griff zu bekommen, rief Präsident Park 1971 die «Neues Dorf»-Bewegung (*Saemaŭl Undong*) ins Leben. Grundidee dieser Bewegung war die Hilfe zur Selbsthilfe. So sollten die dörflichen Lebensbedingungen einerseits durch Verbesserung der Infrastruktur – zum Großteil durch freiwillige Arbeitseinsätze – und andererseits durch Anhebung der ländlichen Einkommen entscheidend verbessert werden. Mit Aufklärungs- und Bildungsarbeit versuchte die *Saemaŭl*-Bewegung zudem, Zusammenarbeit, Selbsthilfe und Selbstverantwortung der Bauern zu fördern. Tatsächlich begannen sich mit der *Saemaŭl*-Bewegung die Lebensverhältnisse auf dem Dorf zu wandeln: Neue Brunnen wurden gebohrt, Flussläufe befestigt, die tradi-

Die Landwirtschaft Südkoreas in Zahlen

	1960	1970	1980	1990	2000	2002
Ländliche Bevölkerung (in Mio.)	14,6	14,4	10,8	6,7	4,0	3,6
Anteil des Primärsektors am BIP	58,3 %	30,0 %	16,6 %	9,4 %	5,2 %	4,3 %
Haushaltseinkommen in der Landwirtschaft im Vergleich zu städtischen Haushalten	n.a.	75 %	96 %	97 %	80 %	73 %
Anteil der landwirtschaftlichen Fläche an der Gesamtfläche	20,6 %	23,3 %	22,2 %	21,1 %	18,8 %	18,6 %
Durchschnittliche Größe eines landwirtschaftlichen Haushalts (Personen)	6,2	5,8	4,7	3,8	2,9	2,8

Quellen: Byung-Nak Song, The Rise of The Korean Economy, Oxford 1997 S.14f, Korea National Statistical Office (www.nso.go.kr)

tionellen Strohdächer durch Ziegel- oder Eternitdächer ersetzt. Zur Selbsthilfe kam die Unterstützung durch den Staat: Neben Infrastrukturprojekten wie Bewässerungsanlagen, Lagerhäusern und Fabriken zur Weiterverarbeitung der landwirtschaftlichen Erzeugnisse wurden genossenschaftliche Produktions- und Vermarktungsgesellschaften gefördert. Durch höhere staatliche Ankaufspreise für Agrarerzeugnisse konnten die landwirtschaftlichen Einkommen deutlich erhöht werden.

Wenngleich es der *Saemaŭl*-Bewegung bis Mitte der 1970er Jahre gelang, die Lebensbedingungen und das Einkommen der Bauern an das städtische Niveau anzupassen, konnte sie doch die Grundprobleme der südkoreanischen Landwirtschaft nicht lösen: die kleinen Betriebsgrößen und die nach internationalem Maßstab geringe Effizienz. Anfang der 1980er Jahre verschlechterte sich dann die Lage der Bauern durch die Antiinflationspolitik der Regierung erneut. Denn die Wirtschaftspolitiker entdeckten bei ihrem Kampf gegen die Geldentwertung bald, dass es viel einfacher war, über die staatlichen Abnahmepreise für Agrarprodukte die Inflation einzudämmen als Lohnerhöhungen in Industrie und Dienstleistungsberei-

Von einer «alternden» zu einer «alten» Nation

Im Jahr 2000 hat der Anteil der Bevölkerung über 65 Jahre erstmals die 7%-Marke überschritten. Damit ist Südkorea in das Stadium einer «alternden» Nation eingetreten. Wenngleich es damit im Vergleich zu den meisten Industrienationen immer noch als junge Gesellschaft gelten kann, steht ein rasanter Wandel bevor. Während beispielsweise Frankreich den Übergang von einer «alternden» zu einer «alten» Nation – dieses Stadium ist erreicht, wenn der Anteil der über 65-jährigen an der Gesamtbevölkerung 14% überschreitet – in 110 Jahren absolviert hat, wird Südkorea auch in diesem Bereich einen neuen Rekord aufstellen. In nur 19 Jahren, d. h. im Jahr 2019 wird das Land das Stadium einer «alten» Nation erreicht haben und damit mit den gleichen Problemen konfrontiert, die heute die etablierten Industriestaaten haben. So mahnte denn auch vorausschauend das renommierte Samsung Economic Research Institute, dass das staatliche Rentensystem diesen Belastungen nicht gewachsen sein werde.

Der Grund für die schnelle Transformation der Altersstruktur liegt im raschen Absinken der Geburtenrate. Konnte das Land 1980 noch 22,7 Geburten pro 1000 Einwohner verzeichnen, hat sich diese Zahl im Jahr 2001 mit 11,6 praktisch halbiert. Zum Teil ist dieser Rückgang auf die Politik der 1960er und 1970er Jahre zurückzuführen, die sich die Beschränkung des Bevölkerungswachstums auf die Fahnen geschrieben hatte.

Aber auch die fehlenden sozialen Einrichtungen, die einer Mutter erlaubt, Beruf und Kinder zu vereinbaren, sind ein wichtiger Grund. Berufstätige Mütter sind heute weitgehend auf sich selbst gestellt und können für die Kinderbetreuung nur auf die eigene Familie – in der Regel Mutter und Schwiegermutter – zurückgreifen. Ganztageskindergärten oder Horte sind noch Ausnahmeerscheinungen. So setzt die Familienpolitik der Regierung genau da an und ermuntert Unternehmen, Beruf und Familie für Frauen vereinbar zu machen, indem entsprechende Einrichtungen in den Firmen bereit gestellt werden. Die Regierung möchte hier zwei Fliegen mit einer Klappe schlagen, denn neben finanziellen Anreizen, die Geburtenrate zu erhöhen – in Diskussion ist ein Mutterschaftsgeld von 250 € pro Monat–, soll auch die Beschäftigungsrate von Frauen von derzeit 48,8% auf 55% im Jahr 2007 angehoben werden. Abzuwarten bleibt, ob sich auch die koreanischen Frauen diesen politischen Zielen verschreiben.

chen zu beschneiden. Und so waren einmal mehr die Bauern die Leidtragenden der Regierungspolitik.

Mit der Liberalisierung des Welthandels und der Reform des Welthandelssystems im Rahmen der GATT- und WTO-Verhandlungen geriet auch der hoch subventionierte Agrarbereich Südkoreas in den Blickpunkt der Diskussion. Hohe Zölle schützen die inländischen Bauern vor der internationalen Konkurrenz und bescheren dem Konsumenten Preise, die beispielsweise beim Grundnahrungsmittel Reis um rd. 300 % über dem Weltmarktpreis liegen. Ähnlich ist die Situation beim Fleisch, das wegen des hohen Preises auch heute noch in Korea nur zu besonderen Gelegenheiten gegessen wird. Noch immer ist die Selbstversorgung mit Grundnahrungsmitteln ein wichtiges (strategisches) Ziel der Agrarpolitik, und der politische Einfluss der Bauern macht es ähnlich wie in Japan der Regierung schwer, dem internationalen Druck nachzugeben. Bisher konnten sich die Verantwortlichen bei den Verhandlungen auf internationale Ebene mit kosmetischen Konzessionen in Einzelbereichen über die Runden retten. Die Gnadenfrist für die südkoreanischen Reisbauern, die mit Hingabe ihre kleinen Felder pflegen, läuft im Jahr 2004 aus. Im Rahmen der WTO-Verhandlungen mit Südkorea war das traditionelle Grundnahrungsmittel mit einer 10-jährigen Übergangsfrist bisher ausgespart worden. Ursprünglich war dieser Zeitraum zur Anpassung der koreanischen Landwirtschaft an den Weltmarkt vorgesehen, doch noch jede Regierung hat dieses innenpolitisch heikle Thema wie eine heiße Kartoffel behandelt, so dass so gut wie keine Fortschritte zu verzeichnen sind.

Industrie und Exporte: Motor des Wirtschaftswunders

In den ersten Nachkriegsjahren erlebte die südkoreanische Industrie zunächst einen raschen Aufschwung. Die Kriegsschäden mussten behoben und die Produkte, die früher aus dem Norden bezogen wurden, durch eigene ersetzt werden. Als dann Anfang der 1960er Jahre dieses Potential weitgehend erschöpft war, verringerte sich auch das Wachstum der Industrie. Eine Trendwende setzte erst ein, als die Textil- und Bekleidungsindustrie sowie andere Leichtindustrien nach der Machtübernahme durch Präsident Park systematisch gefördert wurden. Durch sie konnte eine große Zahl von Arbeitsplätzen für die in

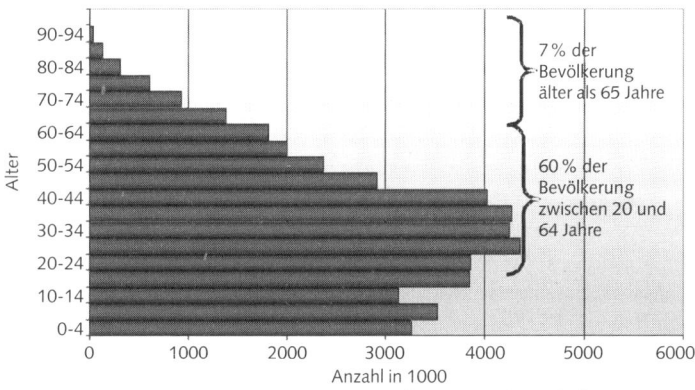

Bevölkerungspyramide Südkorea im Jahr 2000: Gesamt 47 Millionen

7% der Bevölkerung älter als 65 Jahre

60% der Bevölkerung zwischen 20 und 64 Jahre

Alter / Anzahl in 1000

Quelle: Korea National Statistical Office (www.nso.go.kr)

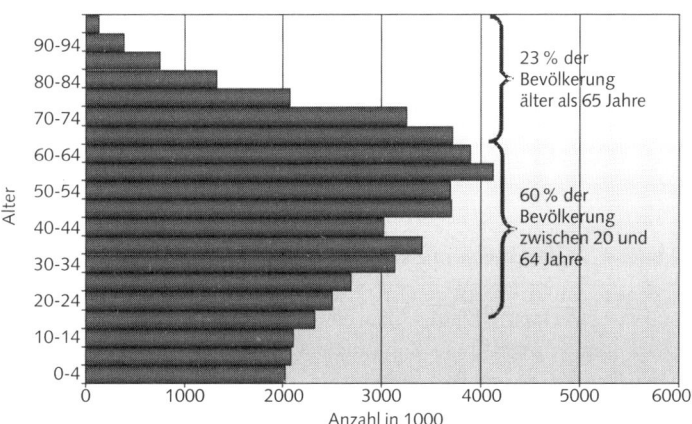

Bevölkerungspyramide Südkorea im Jahr 2030: Gesamt 50,7 Millionen

23% der Bevölkerung älter als 65 Jahre

60% der Bevölkerung zwischen 20 und 64 Jahre

Alter / Anzahl in 1000

Quelle: Korea National Statistical Office (www.nso.go.kr)

die Städte drängenden Menschen geschaffen werden. Die Erlöse aus dem Export dieser Produkte flossen in Maschinen und Anlagen; damit finanzierten sie den weiteren Aufbau des Landes.

In den 1970er und 1980er Jahren wurde eine eigene Grundstoffindustrie (Erdöl verarbeitende Industrie, Chemie- und Stahlindustrie) aufgebaut, die zunächst auf den wachsenden Inlandsbedarf ausgerichtet war. Beispielsweise konnte die südkoreanische petrochemische Industrie Ende der 1970er Jahre bereits drei Viertel der Inlandsnachfrage decken. Ähnlich erfolgreich verlief der Aufbau der Stahlindustrie, die als Zulieferer für Automobil- und Schiffbau sowie die Bauindustrie eine wesentliche Rolle bei der Industrialisierung des Landes spielte. Das einstmals staatliche Stahlwerk in Pohang – es wurde zwischenzeitlich privatisiert – galt lange als eine der modernsten und kostengünstigsten Anlagen der Welt. Die Stahlerzeugung Südkoreas sollte 1990 23 Mio. und im Jahr 2000 43 Mio. Jahrestonnen überschreiten. Die Stahlexporte verbuchten zweistellige Zuwachsraten, wobei die wichtigsten Exportländer Japan und in jüngerer Zeit China sind.

Als nachgelagerte Industrien der Stahlerzeugung haben der Schiffsbau und die Fahrzeugproduktion zwischenzeitlich die ihnen in der Entwicklungsstrategie zugedachte Rolle eingenommen. Beim Schiffsbau liefert sich Korea mit Japan ein Kopf-an-Kopfrennen um die führende Position. Im Jahr 2002 erreichte das Land mit Ablieferungen von insgesamt 12,4 Mio. BRT einen Anteil am Weltmarkt von 40% (Japan 37%). Bei den Neuaufträgen hingegen hatte Japan die Nase vorne. Immer wieder führte die aggressive Preisstrategie der koreanischen Werften zu Klagen der europäischen Industrie. Eine entsprechende Untersuchung der EU-Kommission hat denn auch festgestellt, dass koreanische Werften bereit sind, zwischen 11% und 32% unterhalb der Herstellungskosten anzubieten. Dies hat die Kommission veranlasst, bei der Welthandelsorganisation WTO vorstellig zu werden.

In der Automobilproduktion liegt Südkorea mit über 3,1 Mio. produzierter Fahrzeuge (2002) weltweit auf dem fünften Platz hinter den USA, Japan, Deutschland und Frankreich. Allerdings musste das Land diesen Platz 2003 bereits an China abgeben. Bedenkt man, dass Korea erst Mitte der 1970er Jahre die ersten Schritte zu einer eigenständigen Automobilindustrie legte, so ist diese Aufbauleistung beeindruckend. Allerdings war der Weg dorthin steinig. Nachdem in den 1980er und 1990er Jahren ein heftiger Wettbewerb der *Chaebol* untereinander um die führende Stellung im Lande – ausgedrückt in Umsatz – ausgetragen wurde, beschlossen Hyundai, Samsung, Daewoo und Ssangyong, in das umsatzstarke Automobilgeschäft zu investieren. Allerdings unterschätzten diese Firmen als Neueinsteiger in die Automobilbranche die Risiken und den extrem hohen Kapitalbedarf für den Aufbau der Entwicklung, der Produktion und des Vertriebes. Da die *Chaebol* aufgrund ihrer Wachstumsorientierung nur eine vergleichsweise geringe Eigenkapitalausstattung hatten, wurde dieser Kapitalbedarf weitgehend durch Kredite bei den Banken finanziert. Damit war diese Branche für Krisen besonders anfällig. So waren es gerade die Automobilfirmen, die an der Asienkrise in Korea entscheidenden Anteil hatten. Die Automobilhersteller Kia, Ssangyong und später auch Daewoo mussten Konkurs anmelden. Die Kredite an diese Firmen mussten zum Großteil abgeschrieben werden, was bei den Banken zu einem entsprechenden Wertberichtigungsbedarf führte. Die Asienkrise leitete eine Restrukturierung der noch jungen Branche ein, Kia wurde schließlich von Hyundai Motor Company übernommen, Daewoo von General Motors, und Samsung bildete ein Joint Venture mit Renault. Als einziger koreanischer Hersteller schaffte Hyundai Motor Company den Sprung zur Eigenständigkeit. Mit Werksneubauten in den USA, China und Osteuropa versucht der Konzern, an die Erfolgsgeschichte der japanischen Hersteller anzuknüpfen und seine Unabhängigkeit zu sichern. Gleichzeitig soll dies der Automobilindustrie in Korea, die rd. 10 % zur Industrieproduktion des Landes beiträgt, neue Zukunftsperspektiven eröffnen.

Die 10 bedeutendsten Automobilherstellerländer 2001
in Mio. Einheiten

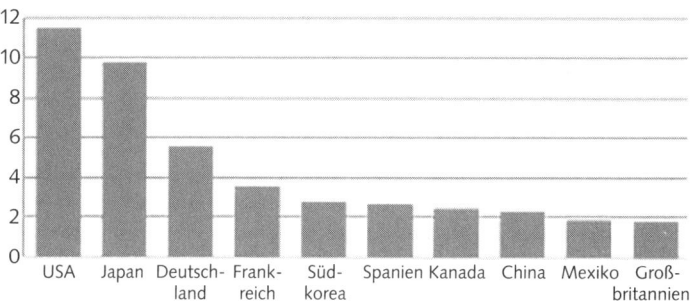

Noch erfolgreicher als die Automobilindustrie war der Aufbau der Elektronikindustrie in Korea, da das Land frühzeitig die Bedeutung der Elektronik für die Zukunft erkannte. War die Elektronikindustrie lange Zeit primär auf die Produktion von elektronischen Komponenten und Konsumgütern ausgerichtet, so wurde Anfang der 1980er Jahre der Übergang von der arbeits- zur technologieintensiven Produktion eingeleitet. Wachstumsraten von 30 % waren eher die Regel als die Ausnahme, und so hat sich Südkorea in einigen Bereichen wie Speicherchips, Flachbildschirmen, Mobiltelefonen, Unterhaltungselektronik und Klimaanlagen zwischenzeitlich in der Spitzengruppe des Weltmarktes etabliert. Interessant ist dabei die Tatsache, dass im Bereich der Mikrochips wertmäßig immer noch mehr Chips importiert als exportiert werden. Denn das Land hat sich primär der Produktion von Speicherchips (**D**ynamic **R**andom **A**ccess **M**emory Chips) verschrieben, während es Spezialchips, wie sie beispielsweise in Mobiltelefonen verbaut werden, importiert. Auch die Elektronikindustrie hätte ihren Aufstieg zum Weltmarktführer bei DRAM Chip mit einem Marktanteil von 47 % (1. Quartal 2002) nicht ohne staatliche Unterstützung beschreiten können. Im Falle des zweitgrößten koreanischen Chipherstellers Hynix hat die staatliche Protektion zu einem handelspolitischen Konflikt mit NAFTA und der EU geführt. Beide Handelsblöcke haben wegen Preisdumpings Strafzölle verhängt, da der chronisch defizitäre Hersteller weder von einem Wettbewerber übernommen werden konnte – eine entsprechende Vereinbarung scheiterte in letzter Minute am Widerstand der koreanischen Seite – noch aus beschäftigungspolitischen Gründen bisher in den Konkurs gehen durfte.

Ein Blick auf die Außenhandelsstatistik Südkoreas zeigt, dass die Exporte des Landes erst zu Beginn der 1970er Jahre nennenswerte Größenordnungen annahmen. Von 1970 bis 1985 konnten die Exporte von 0,8 Mrd. $ auf über 30 Mrd. $ gesteigert werden. In diesem Zeitraum lag ihr Schwerpunkt auf Leichtindustrieprodukten, Textilien, Elektrogeräten und Sportartikeln, und das Land verzeichnete ein konstantes Handelsbilanzdefizit, d. h. die Importe waren stets wertmäßig größer als die Exporte. Die Handelsbilanz wurde erstmals 1986 positiv, der Überschuss verwandelte sich allerdings ab 1990 wieder in ein nachhaltiges Defizit, das bis zu 21 Mrd. $ (1996) betrug. Die Exporte erreichten 1990 65 Mrd. $ und verzeichneten bis zum Jahr 2000 ein dynamisches Wachstum auf 172 Mrd. $. Begünstigt wurde diese Entwicklung dadurch, dass Südkorea vermehrt als Exporteur von höherwertigen und technisch anspruchsvolleren Gütern wie Kraftfahrzeugen, Schiffen, Elektronikprodukten und Maschinen auftrat.

Im Laufe seiner Entwicklung konnte Südkorea seine Handelsstrukturen diversifizieren. Galten lange Zeit die USA als wichtigster

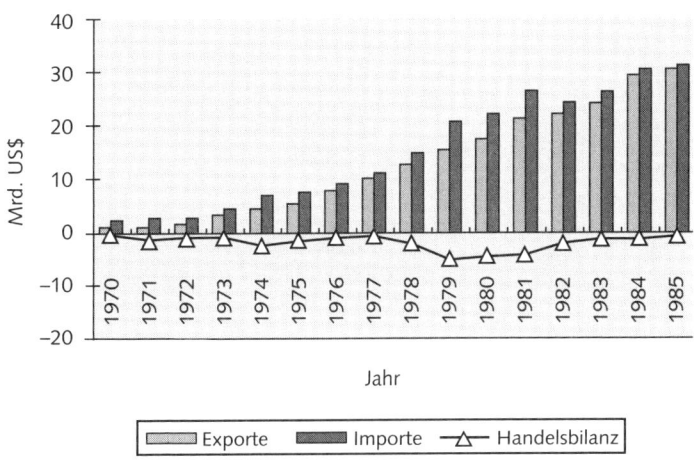

Aussenhandel Südkoreas

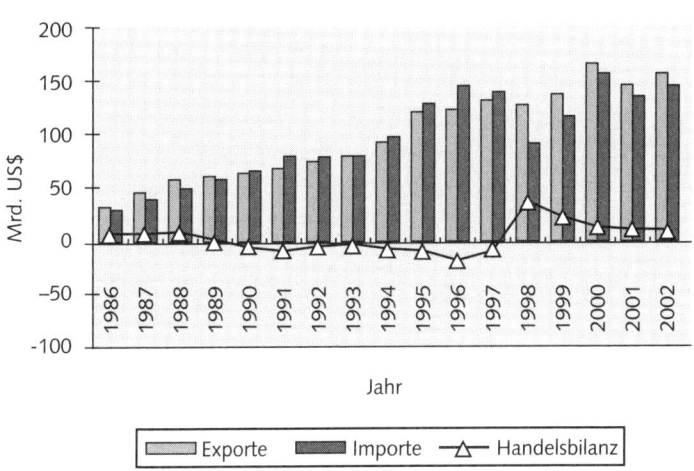

Aussenhandel Südkoreas

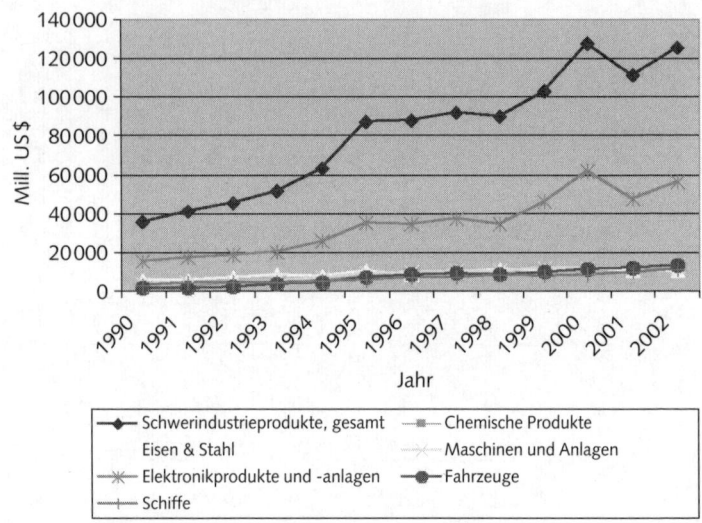

Exporte Schwerindustrie in US$

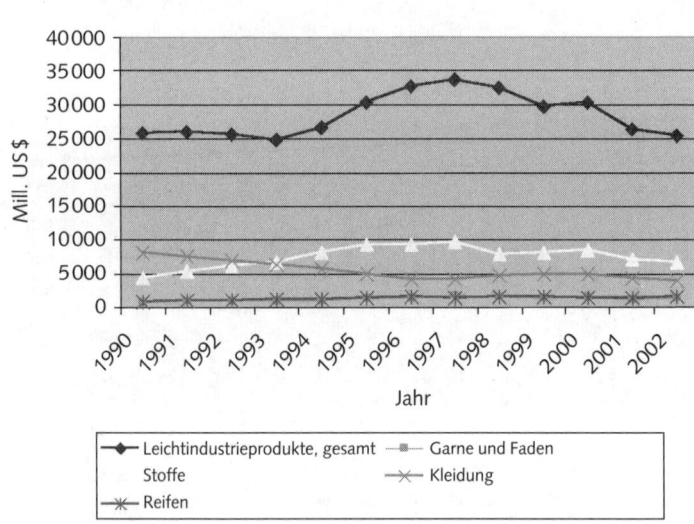

Exporte Leichtindustrie in US$

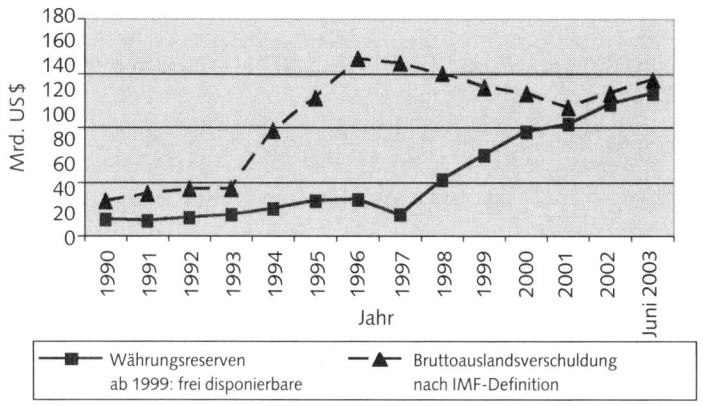

Währungsreserven und Auslandsverschuldung Südkoreas

Mrd. US $

Jahr

- ■ Währungsreserven
  ab 1999: frei disponierbare
- ▲ Bruttoauslandsverschuldung
  nach IMF-Definition

Quelle: Korea National Statistical Office
www.nso.go.kr

Export- und Japan als wichtigster Importmarkt, hat zwischenzeitlich die VR China (einschließlich Hongkong) die USA von Platz eins verdrängt. Im Jahr 2002 entfielen auf China 21 % der südkoreanischen Exporte, auf die USA 20 % und auf Japan 9 %. Die meisten Warenlieferungen nach Korea kommen immer noch aus Japan (20 %), vor USA (15 %) und China (13 %). Elektronikprodukte stellen mit Abstand den wichtigsten Exportzweig Südkoreas dar. Im Jahr 2002 betrug ihr Wert 56,1 Mrd. $ und ihr Anteil am Gesamtexport belief sich damit auf rd. 35 %. Während die Ausfuhren der Leichtindustrie seit 1997 rückläufig sind, verzeichnen diejenigen der Schwerindustrie einen weitgehend stetigen Wachstumstrend.

Der GAU wird Realität: Die Asienkrise

Ein Blick auf die Handelsbilanz und die Auslandsverschuldung Südkoreas Mitte der 1990er Jahre hätte eigentlich ausreichen müssen um zu erahnen, dass sich eine ungesunde Entwicklung abzeichnete. Das Handelsbilanzdefizit erhöhte sich von rd. 10 Mrd. $ 1995 auf rd. 21 Mrd. $ im Folgejahr. Nicht zuletzt deswegen – ein Zeichen, dass die koreanische Währung zu diesem Zeitpunkt überbewertet war – erhöhte sich die Auslandsverschuldung des Landes extrem und stieg von 44 Mrd. $ (1993) auf 163 Mrd. $ (1996). Im glei-

125

chen Jahr wurde Südkorea in die OECD aufgenommen, zu dieser Zeit die elftgrößte Volkswirtschaft der Welt. Doch das Modell der «guided economy», lange Zeit als Erfolgsmodell der Entwicklungspolitik angesehen, sollte in der Asienkrise all seine Schwächen aufgezeigt bekommen.

Anzeichen ernsthafter Probleme stellten sich im Januar 1997 ein, als das erste Großunternehmen, Hanbo Iron&Steel, Konkurs anmeldete und die Gläubiger 6 Mrd. $ abschreiben mussten. Es folgten weitere Konzerne wie Sammi Steel (März) und der Automobilhersteller Kia (September). Das Bankensystem war traditionell Erfüllungsgehilfe für die Politik der Regierung, und so spielten bei der Kreditvergabe an Unternehmen in erster Linie politische Gesichtspunkte eine Rolle. Dementsprechend verfügten die Banken nicht über das Instrumentarium, ihr Kreditportfolio unter Risikoaspekten zu beurteilen. Besonders die Hausbanken der *Chaebol* gingen hohe Engagements mit einzelnen Großkonzernen ein, was sie besonders anfällig für Kreditausfälle machte. Der Zusammenbruch zahlreicher Firmen und Konzerne ließ die uneinbringbaren Kreditforderungen von 3,9 % Ende 1996 auf 6,6 % im September 1997 hochschnellen. Zwei der am schlimmsten betroffenen Banken hatten bis zu 15 % abzuschreibende Forderungen in ihren Büchern. Die Folge davon war, dass mit den Produktionsunternehmen auch einige Finanzinstitute in die Insolvenz getrieben wurden. Das Vertrauen der internationalen Finanzwelt war erschüttert. Gleichzeitig waren die koreanischen Banken angehalten, sich hauptsächlich kurzfristig zu refinanzieren, was sie noch krisenanfälliger machte. Der internationale Vertrauensverlust machte es für sie immer schwieriger, sich im Ausland Geld zu besorgen.

Als eine grundsätzliche Schwäche sollte sich die Tatsache herausstellen, dass das Land aus nationalistischen Gründen stets eine Verschuldung bei Banken oder Regierungen der direkten Investition von ausländischen Unternehmen in Südkorea vorgezogen hatte. Die ausländischen Direktinvestitionen im Land lagen in den 1990er Jahren lediglich bei rd. 1 % der Bruttoinvestitionen (zum Vergleich Malaysia 12 %–26 %). Dadurch ging Korea aber nicht nur ausländisches Kapital, sondern auch entsprechende Expertise und Knowhow verloren. Denn wie sich in der Krise herausstellen sollte, verfügten auch die *Chaebol* weder über die notwendige Transparenz noch über das Zahlenwerk oder die Instrumente, die mittlerweile zu

Großkonzernen herangereiften Unternehmensgruppen effizient zu führen. Immerhin schafften 1997 13 koreanische *Chaebol* den Sprung in die «Fortune»- Liste der 500 größten Unternehmen der Welt, viele aber hatten bei dem Streben nach Größe die Profitabilität auf dem Altar des Wachstums geopfert. Von 570 produzierenden Unternehmen verdienten 73 % Mitte der 1990er Jahre nicht einmal ihre Kapitalkosten. Die undurchsichtigen Strukturen der *Chaebol*, Defizite in der «Corporate Governance» und z. T. unerlaubt kreative bis betrügerische Buchführung (Daewoo Motor Company, SK-Global) zeigten, dass das professionelle Know-how an vielen Ecken fehlte.

Im Zuge der Demokratisierung des Landes Ende der 1980er und Anfang der 1990er Jahre erhielten auch die Gewerkschaften die ihnen zustehenden Freiheiten, die sie dazu nutzten, entsprechende Lohnforderungen durchzusetzen. Von 1992 bis 1996 stiegen die Löhne um 12,8 % pro Jahr, was deutlich über der durchschnittlichen Inflationsrate von 5,3 % lag. Dadurch verschlechterte sich die internationale Wettbewerbsfähigkeit koreanischer Produkte. Die Unternehmen reagierten darauf, indem sie arbeitsintensive Produktionsvorgänge nach Südostasien verlagerten, konnten aber den Prozess nicht aufhalten.

Die letzte Zutat des Krisenszenarios war schließlich die seitens der Regierung verfolgte Wechselkurspolitik. Um die Preisstabilität im Inland zu unterstützen und gleichzeitig die *Chaebol* zu veranlassen, Exportgüter mit hohem koreanischen Wertschöpfungsanteil zu produzieren, befürworteten die Währungspolitiker einen starken Won. Die Zentralbank war aufgerufen, an den Devisenmärkten den Won durch Verkäufe von ausländischen Devisen zu stützen. Als Mitte 1997 in Südostasien die lokalen Währungen erheblich unter Abwertungsdruck gerieten und ausländische Finanzinstitute Kredite nicht mehr prolongierten oder gar fällig stellten, war die Krise auch in Korea nicht mehr weit entfernt. Als dann die Kurse des thailändischen Baht und der indonesischen Rupie unter dem Druck des Marktes freigegeben wurden und diese Währungen daraufhin erheblich an Wert verloren, wurde öffentlich darüber diskutiert, ob nicht auch die Währungen der vier kleinen Tigerstaaten (Hongkong, Singapur, Taiwan und Korea) Anpassungsbedarf hätten.

Die koreanische Zentralbank war ob dieser Spekulationen beunruhigt, konnte aber aufgrund von Kommunikationsproblemen mit

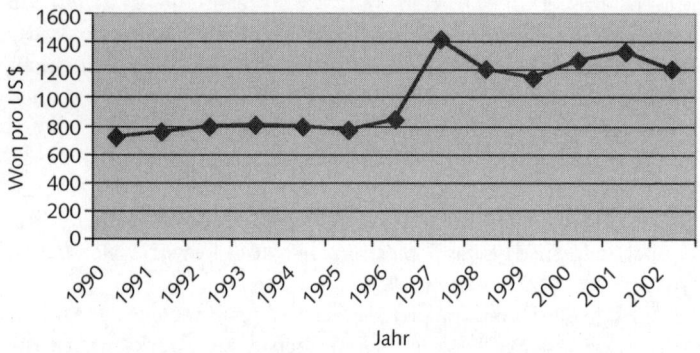

Wechselkurs Won/US$

Jahr

dem »Blue House« keine Änderung der Politik herbeiführen. So war sie angehalten, die Politik der Intervention am Devisenmarkt zu Gunsten des Won weiterzuverfolgen. Als im November 1997 der frei verfügbare Anteil der Währungsreserven auf nur noch 7 Mrd. $ zusammengeschmolzen war, konnte das Land seine Auslandsschulden nicht mehr bedienen. Die koreanische Regierung musste zur Abwendung der Zahlungsunfähigkeit den Internationalen Währungsfond (IWF) anrufen. Im Dezember 1997 gewährte der IWF einen ersten Kredit über 10 Mrd. $, ein Teil eines Gesamtpaketes über insgesamt 57 Mrd. $, der größte Beistandskredit, der jemals für ein Land bereitgestellt wurde. Die koreanische Währung verlor im Laufe der Krise fast die Hälfte ihres Wertes (Kurs 02/97: 864 Won/US$, 02/98 1640 Won/US$), was sich für die Exportindustrie in den Folgejahren als ein unerhofftes Konjunkturprogramm herausstellen sollte und zur schnellen Erholung der koreanischen Wirtschaft beitrug.

Als Ergebnis der Verhandlungen mit dem IWF führte die Regierung Kim Daejung umfassende Reformen durch, die auf eine Beseitigung der erkannten Schwachstellen, die Vermeidung sozialer Spannungen und die Einbeziehung aller gesellschaftlichen Gruppen zielte. Das Hauptaugenmerk galt der Liberalisierung der Märkte, der Reform des Finanzsektors, der Restrukturierung von Firmen, dem Arbeitsmarkt und dem öffentlichen Sektor. Eine Marktliberalisierung wurde durch Aufhebung der Beschränkungen für ausländische Direkt- und Finanzinvestitionen erreicht. Im Finanzsektor

Das «Bermudadreieck der Korea Inc.»

Der südkoreanische Staatspräsident agierte lange Zeit wie ein Konzernchef. Die Entwicklungsstrategie wurde ihm von professionellen Instituten erarbeitet. Zu ihrer Umsetzung bediente sich die Politik der Großunternehmen. Sie erhielten für das Erreichen der politisch gesetzten Ziele Steuervergünstigungen und zinsgünstige Kredite. Da die *Chaebol* stets an Eigenkapital knapp waren, waren Kredite die Grundvoraussetzung für das schnelle Wachstum. Die lange Zeit unter staatlichem Einfluss stehenden Banken fungierten primär als Erfüllungsgehilfen der Politik. Die Unternehmen zeigten sich ihrerseits den Politikern für ihre Unterstützung erkenntlich und finanzierten Wahlkämpfe und immer wieder auch einzelne Politiker.

Die *Chaebol* wussten natürlich das Bermudadreieck auch in ihrem Sinne zu nutzen, d. h. wenn sie ein bestimmtes Anliegen hatten, dann war es ratsam, die Politiker entsprechend zu «unterstützen». Die Präsidenten Chǒn Duhwan und No Tae-u wurden wegen Vorteilnahme im Amt rechtskräftig verurteilt, ebenso Spitzenbeamte der Regierung Kim Yŏngsam und die beiden Söhne von Kim Daejung. Interessanterweise verschwanden immer wieder größere Summen, deren Verbleib nicht geklärt werden konnte. Ein prominenter Fall war ein Kredit von 500 Mio. $, der über die Firma Hyundai Asan an Nordkorea für die Durchführung des innerkoreanischen Gipfels im Jahr 2000 weitergereicht werden sollte. Einige Millionen sind bei der Transaktion abhanden gekommen: 12,6 Mio. $ sollen nach Angaben der Staatsanwaltschaft in den Taschen von Park Jiwon, Kulturminister in der Regierung Kim Daejungs, gelandet sein. Das Bermudadreieck der Korea Inc. scheint also bis heute trotz der Bekämpfung der Korruption durch die Justiz und der riesigen Fehlallokation von Ressourcen nichts von seiner Attraktivität verloren zu haben.

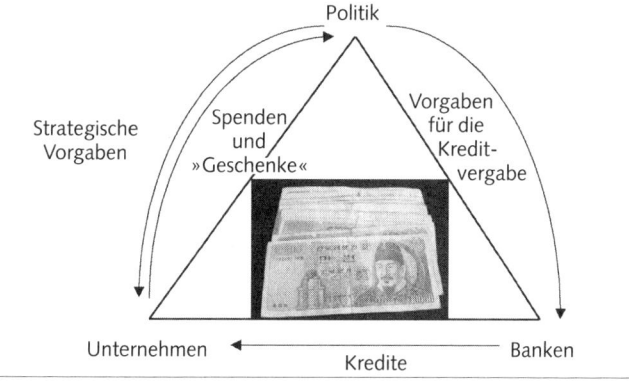

wurden insgesamt 86 Finanzinstitute geschlossen, darunter 16 Handelsbanken, 6 Investmentbanken und 4 Versicherungen. Die neu eingerichtete Korea Asset Management Corporation (KAMCO) kaufte in großem Umfang abzuschreibende Forderungen von den Banken. Insgesamt betrugen diese schätzungsweise 135 Mrd. $. Mit den *Chaebols* verständigte sich die Regierung auf grundsätzliche Strukturreformen.

Im staatlichen Bereich wurde die Anzahl der Beamten von 162 000 auf 144 000 verringert und ein Programm zur Privatisierung von Staatsunternehmen aufgelegt. Um die Flexibilität des Arbeitsmarktes zu verbessern, traf eine Kommission, bestehend aus Unternehmens-, Gewerkschafts- und Regierungsvertretern, entsprechende Vereinbarungen für Entlassungen von Mitarbeitern, eine Reform der Rechte der Arbeitnehmervertreter und Sozialversicherungsbelange. Die mittel- bis langfristige Umschuldung der bisher kurzfristigen Auslandsverbindlichkeiten sowie der Verzicht auf währungspolitische Interventionen am Devisenmarkt waren wichtige makroökonomische Maßnahmen zur Stabilisierung der Wirtschaft.

Durch das schnelle und umfassende Handeln der Regierung gelang es Südkorea nach einem Krisenjahr 1998, in dem das Bruttosozialprodukt um 6,7 % schrumpfte und die Arbeitslosigkeit auf 8 % stieg, bereits im Folgejahr, die Wende einzuleiten und mit einer Wachstumsrate von 10,9 %, einem Rückgang der Arbeitslosigkeit auf 4,8 % und einem Handelsbilanzüberschuss von 24 Mrd. $ wieder an alte Tugenden anzuknüpfen.

Vom Handwerksbetrieb zum multinationalen Familienkonzern: Die «Chaebol»

Als Südkorea Anfang der 1960er Jahre mit einer grundlegenden Neuorientierung seiner Wirtschaftspolitik den Anstoß für das Entwicklungswunder gab, wandte sich die Regierung zur Verwirklichung ihrer Politik an die wenigen Unternehmerpersönlichkeiten, die das Land damals besaß. Begünstigt durch billige Kredite, Steuergeschenke und Exportsubventionen bauten diese «Unternehmer der ersten Stunde» eine Reihe von Familienkonzernen auf.

An der Spitze der *Chaebol* steht in aller Regel ein patriarchalischer Konzernchef, der alle wichtigen Entscheidungen selbst trifft und sich dabei auf die tatkräftige Unterstützung seiner Söhne sowie weiterer naher Verwandter verlassen kann. So herrschte z. B. der Präsident der Hyundai-Gruppe, Chŏng Juyŏng, der sich vom Maurer zum Konzernchef hochgearbeitet hatte, über ein Imperium von mehr als 30 Firmen. Die Geschäftsinteressen von Hyundai reichten dabei von der Baubranche über Zementproduktion, Schiffbau und Schwerindustrie bis hin zur Herstellung von Automobilen und Mikro-Chips. Die Zielstrebigkeit und Cleverness, mit der Chŏng die Hyundai-Gruppe aufgebaut hatte, illustriert folgende Episode: Als Hyundai die erste Schiffswerft des Landes errichtete, reiste Chŏng nach London, um Aufträge für die erst halbfertige Werft zu akquirieren. In Verhandlungen mit einem potentiellen Kunden wurde Chŏng gefragt, ob sein Land denn bereits Erfahrungen im Schiffsbau habe. Chŏng zögerte einige Augenblicke, nahm einen 500 Won-Schein aus seiner Brieftasche und legte ihn auf den Tisch. Er deutete auf den Geldschein, der ein *Kŏbukson*, ein Schiff in Form einer Schildkröte, zeigte, und sagte: «Wir haben dieses Schiff vor vierhundert Jahren gebaut und damit die japanische Seearmada be-

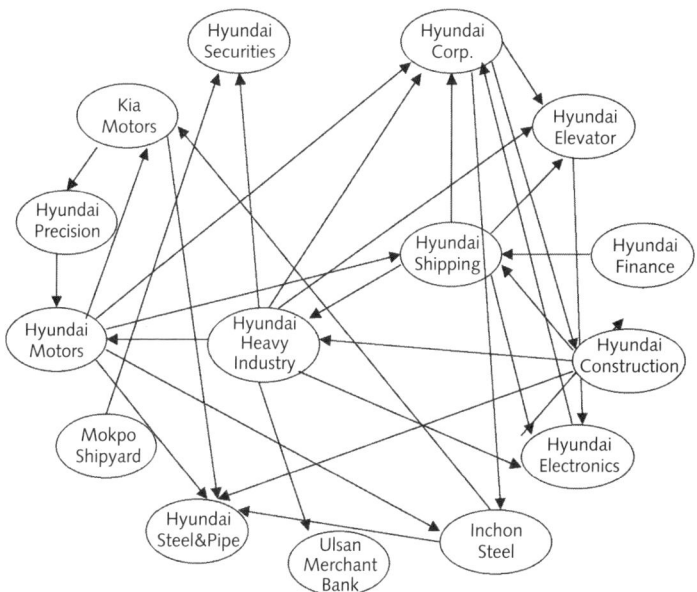

Ringbeteiligung in der Hyundai-Gruppe (Jahr 2000)

siegt; jetzt können wir noch bessere Schiffe bauen.» Hyundai erhielt den Auftrag.

Das Verhältnis der Südkoreaner zu ihren Großkonzernen ist gespalten. Auf der einen Seite sind sie bevorzugter Arbeitgeber, weil sie im Vergleich zur mittelständischen Industrie höhere Löhne, einen sichereren Arbeitsplatz und größeres Ansehen garantieren. Auf der anderen Seite werden sie von Bürgerrechtsgruppen wegen ihrer Marktstellung, mangelnder Transparenz ihrer «Corporate Governance» und ihrer traditionellen Nähe zur Politik heftig kritisiert. Spätestens in der Asienkrise zeigten sich einige fundamentale Schwachstellen, wie z. B. ein z. T. fahrlässiges Management, einseitige Wachstums- und Marktanteilsorientierung sowie fehlende interne und externe Transparenz. Die Krise veranlasste die Regierung zu Reformen: Mit den *Chaebol* wurden Verbesserungen ihrer Finanzierungsstruktur, die Fokussierung der Geschäftsaktivitäten auf die Kernbereiche, die Förderung der klein- und mittelständischen Industrie, die Stärkung der Aktionärsrechte, das Verbot von Kreditgarantien durch verbundene Unternehmen sowie die Erstellung eines Geschäftsberichts für die gesamte Gruppe vereinbart.

Obgleich die Anzahl der Tochtergesellschaften von durchschnittlich 27,3 pro *Chaebol* (1997) auf 18,1 (2000) zurückging, konnte die ursprüngliche Absicht, die *Chaebol* auf einige wenige Kerngeschäfte zu beschränken, nicht erreicht werden. Gemessen am Aktienanteil haben die Gründerfamilien Einfluss verloren – der von ihnen oder ihren Familien direkt gehaltene Aktienanteil ging von 7,6 % (1997) auf 3,8 % (2000) zurück –, aber durch die Strategie von Ringbeteiligungen konnten sie de facto ihren Einfluss sogar noch ausbauen.

Obwohl die *Chaebol* viel zur Verbesserung ihrer finanziellen Strukturen unternahmen, z. B. wurden Kredite bei Banken durch Ausgabe von Aktien in Eigenkapital umgewandelt oder ausländische Aktionäre am Unternehmen beteiligt, belasteten die Finanzierungskosten mit einem Anteil von 7,4 % (1999) an den Gesamtkosten die Unternehmen überproportional (1990 lag der Wert noch bei 5,0 %). Die Verschuldungsquote, die 1997 mit 396 % vom Eigenkapital den Höchststand erreichte, konnte durch Vergrößerung der Eigenkapitalbasis 1999 auf 180 % zurückgeführt werden, die Gesamtverschuldung der *Chaebol* blieb in diesem Zeitraum praktisch unverändert. Wenige Fortschritte gab es auch im Bereich der Transparenz sowie der verbesserten «Corporate Governance». Zwar sind die *Chaebol* nun verpflichtet, einen Jahresabschluss für die ganze Gruppe zu erstellen, aber nur drei von ihnen machten bisher von der neu geschaffenen Möglichkeit Gebrauch, mit einer Holdingstruktur die Transparenz zu erhöhen.

Wie der Fall der Firma SK Global zeigte, die im Jahr 2003 mit Bilanzmanipulationen von 1,7 Mrd. $ einmal mehr auf die nach wie vor bestehenden Systemdefizite in Südkorea aufmerksam machte, ist der Versuch des Präsidenten No Muhyŏn, das Thema der Transparenz der *Chaebol* wieder auf die politische Tagesordnung zu setzen, mehr als berechtigt.

Kultur

Eingangstor zum Kyŏngbokkung
(Palast des strahlenden Glücks) in Seoul

Geistige Fundamente der weltlichen Dynamik

Leben und Lehre von Konfuzius

Die politische und gesellschaftliche Situation zur Zeit K'ung-fu-tzŏ (551–475 v. Chr.), des Meisters aus dem Geschlecht der K'ung, war durch die Auflösung des zentral verwalteten chinesischen Staates und den Verfall der Sitten gekennzeichnet. Es war deshalb nur natürlich, dass Konfuzius – so sein latinisierter Name –, der selbst als junger Mann einen Posten als Regierungsbeamter in der Regionalverwaltung bekleidete, sein Hauptaugenmerk der Reform der Gesellschaft widmete. Die Antwort auf die Frage, wie Stabilität und Harmonie in der Gesellschaft erreicht werden könnten, war seine humanistische Sozialphilosophie.

Grundlegend für den Aufbau der Gesellschaft sind die «fünf menschlichen Beziehungen»: Treue zwischen Herrscher und Untertan, Ehrfurcht zwischen Eltern und Kindern, Gehorsam zwischen Mann und Frau, Respekt zwischen Älteren und Jüngeren, Vertrauen unter Freunden. Diese Beziehungen sind aber nicht einseitig definiert – etwa so, dass der Untertan dem Herrscher uneingeschränkte Treue entgegenbringen müsse –, sondern als reziproke Verpflichtung aufzufassen; denn nach dem konfuzianischen Konzept der «Richtigstellung der Namen und Begriffe» muß ein Monarch auch die Verantwortung und Pflichten eines Herrschers übernehmen, damit ihm in der Beziehung zu seinen Untertanen Treue gebührt.

Konfuzius war dabei der Ansicht, dass Gesetze allein das Zusammenleben in einer Gesellschaft nicht regeln könnten, sondern dass es vielmehr die Aufgabe des Monarchen sei, durch sein tugendhaftes Vorbild ein moralisches Klima zu schaffen, in dem jeder seinem Status nach leben könne. Der Idealtypus des Konfuzianismus ist der «Gentleman», der durch Verinnerlichung der konfuzianischen Tugenden zur Weisheit gelangt ist und dadurch über moralische Qualitäten verfügt, die ihn zum Vorbild prädestinieren. Grundlage der konfuzianischen Ethik sind dabei folgende vier Grundtugenden: *Jen* verkörpert die Menschlichkeit, Liebe und

Güte, das Moralgefühl. Es ist die ultima ratio jeder menschlichen Handlung. *Jen* ist die Tugend, die den Menschen einzigartig macht. Definiert *Jen* den Ursprung der Menschlichkeit, so umfasst *Li* alle Formen der Konkretisierung und Realisierung von *Jen*. *Li* ist der Sinn für Richtigkeit, für die moralische Angemessenheit des Verhaltens, für Schicklichkeit. Bezog sich *Li* ursprünglich auf die traditionellen religiösen Riten, dann auch auf weltliche Zeremonien und Rituale, so erweiterte sich der Begriff später auf die ethischen und sozialen Verhaltensregeln, die in den fünf menschlichen Beziehungen zur Anwendung gelangen. In der weitesten Auslegung umfasst *Li* alle Verhaltensweisen, die im Einklang mit den Normen der Menschlichkeit (*Jen*) stehen. *Yi,* die Tugend der Aufrichtigkeit und Rechtschaffenheit, ist die Voraussetzung für die Entwicklung von *Jen*; denn *Yi* bedeutet zum einen die Fähigkeit, zu erkennen, was richtig ist, und zum anderen die Fähigkeit, sein Verhalten an ethischen und sittlichen Grundforderungen auszurichten. *Yi* bildet zusammen mit *Li* den Verhaltenskodex der Menschen. Die vierte Grundtugend ist *Chih,* die Einsicht oder sittliche Erkenntnis.

Da diese Tugenden nicht angeboren, sondern lehr- und erlernbar sind, kommt der Erziehung und Bildung im Konfuzianismus überragende Bedeutung zu. Die Entwicklung zu einem moralischen Vorbild vollzieht sich dabei in drei Stufen: Auf der ersten wird durch eingehendes Studium Wissen erworben; Wissen gilt als Voraussetzung für Erkenntnis und ethisch-moralische Rechtschaffenheit. Diese Erkenntnis führt nach konfuzianischer Vorstellung zu einer starken Ausstrahlung, die es dem Betreffenden erlaubt, auch seine Familie zu ordnen. Auf der zweiten Stufe wird der weitere Lebenskreis und letztlich der ganze Staat von diesem ethisch-moralischen Einfluss erfasst. Auf der höchsten Stufe schließlich ruht der von Tugend und Weisheit erfüllte Mensch in seiner Erkenntnis.

Das konfuzianischste Land Asiens?

Gemäß dem *Samguksagi,* der Chronik der drei Königreiche, wurde die erste konfuzianische Hochschule auf der Halbinsel 372 n. Chr. im Königreich *Koguryŏ* gegründet. Anfang des 5. Jh. gelangte der Konfuzianismus dann über Korea auch nach Japan. Obwohl zur Zeit des Einheitsstaates *Silla* und der *Koryŏ*-Dynastie der Buddhismus Staatsreligion war, wurde auch der Konfuzianismus von einzelnen Königen immer wieder gefördert. Im Laufe der Zeit entwickelte sich die Lehre neben dem Buddhismus zum zweiten Pfeiler im geistigen Leben der Koreaner.

Seine Blütezeit erlebte der Konfuzianismus in Korea während der *Yi*-Dynastie (1392–1910), als er mit Übernahme neokonfuzianischer Ideen des chinesischen Gelehrten Chu Hsi (1130–1200) neue Kraft entfaltete und den zu dieser Zeit weitgehend korrumpierten Buddhismus zurückdrängte. Der Gründer der *Yi*-Dynastie, General Yi Sŏnggye, proklamierte nach seiner Machtübernahme eine Politik der «Vertreibung des Buddhismus und Verehrung des Konfuzianismus» und verhalf letzterem damit zum Durchbruch.

Die erste Periode des Konfuzianismus in der *Yi*-Dynastie bis etwa Anfang des 16. Jh. war durch Grundsatzdiskussionen und methodologische Auseinandersetzungen geprägt. In der zweiten Periode, die mit dem Auftreten des herausragenden koreanischen Neokonfuzianers Yi T'oegye (1501–1570) begann, erreichte der Konfuzianismus in Korea dann seinen absoluten Höhepunkt. Der brillante Philosoph Yi T'oegye, der auch bei japanischen und chinesischen Konfuzianern höchstes Ansehen genießt, entwickelte die neokonfuzianische Philosophie weiter und ergründete als erster ihre Metaphysik. Nach Yi T'oegye besteht die menschliche Natur aus zwei Aspekten: zum einen aus der vom Himmel verliehenen Natur, die ausschließlich gut ist und kein böses Element enthält, und zum anderen aus der Gefühlsnatur, die in der menschlichen Leidenschaft begründet ist und keine Unterscheidung zwischen gut und böse trifft. Entsprechend war er der Ansicht, dass die vier Grundtugenden, Menschlichkeit, Rechtschaffenheit, Schicklichkeit und Einsicht, aus dem sittlichen Urprinzip *Li* hervorgehen, während die sieben Empfindungen (Freude, Zorn, Schmerz, Furcht, Liebe, Haß und Begierde) dem physischen Urprinzip *Chi* entstammen. Der Dualismus von *Li* und *Chi*, die getrennt im Menschen wirken, wurde von seinen Widersachern, die die beiden Urprinzipien als eine untrennbare Einheit im Herzen des Menschen betrachteten, scharf kritisiert. Denn jede Empfindung entstehe gerade aus dem Zusammenspiel von *Li* und *Chi*; dominierten dabei die vier Grundtugenden, so trete das Gute in den Herzensregungen hervor.

So kam es zunächst zu heftigen Disputen zwischen den Vertretern dieser unterschiedlichen Meinungen, die später in Fraktionismus und Parteienstreit ausarteten. Da die Fraktionskämpfe vom

17. Jh. an auch zu zahlreichen politischen Krisen führten und die Stabilität des Landes in Frage stellten, galt der Konfuzianismus in den Augen fortschrittsorientierter Koreaner lange Zeit als destabilisierender Faktor und Hemmnis bei der Modernisierung des Landes.

Dieses sehr pauschale und einseitige Urteil vernachlässigt nicht nur die Errungenschaften des Konfuzianismus als Philosophie und bestimmende Kraft der sittlichen und ethischen Wertvorstellungen der koreanischen Gesellschaft, sondern auch, dass es innerhalb des Konfuzianismus Strömungen gab, die sich eingehend mit der Verbesserung der Lebensgrundlage der Bevölkerung befassten. Beispielhaft sei hier die *Sirhak*-Philosophie («wirkliches Lernen») angeführt, die, vom vorherrschenden Konservatismus und den akademischen Streitereien abgestoßen, ihr Interesse auf wirtschaftliche und soziale Reformen verlegte, mit denen der Lebensstandard der Bevölkerung verbessert werden sollte. Aufgrund ihrer intensiven Beschäftigung mit den gesellschaftlichen Problemen gelangten Vertreter der *Sirhak*-Philosophie zu fortschrittlichen Theorien, die weit über den Rahmen des Konfuzianismus im engeren Sinne hinausgingen. Auch ihr Interesse für Naturwissenschaften und ihre Haltung zum aufkommenden Christentum, die von Skepsis bis Sympathie reichte, sprengten die Grenzen der konfuzianischen Lehre.

Auch in einer Zeit, in der der Süden der Halbinsel mit westlichem Materialismus und der Norden mit der kommunistischen Doktrin konfrontiert werden, ist das konfuzianische Erbe im Leben der Koreaner noch tief verwurzelt. So sind auch heute noch die grundlegenden sittlichen und ethischen Wertvorstellungen durch die Lehre des Konfuzius bestimmt.

Aber auch im politischen Bereich spielt der Konfuzianismus eine Rolle: So ist die Mystifizierung des «geliebten Führers» Kim Ilsŏng und die Fortsetzung dieses Führerkultes durch seinen Sohn Kim Jŏngil nur vor dem Hintergrund der traditionellen konfuzianischen Ethik verständlich, die gerade den Respekt und die Loyalität gegenüber dem Herrscher als eine der Grundbeziehungen zwischen Menschen definiert.

Darüber hinaus hat der Konfuzianismus auch die außerordentlichen wirtschaftlichen Erfolge Südkoreas und anderer ostasiatischer Staaten begünstigt. Zum einen hat die konfuzianische Tradition, die dem Lernen und der Bildung einen überaus hohen Stellenwert einräumt, in der Bevölkerung ein Bildungsethos erzeugt, das die Grundlage für eine gut ausgebildete Bevölkerung war und ist. Gerade im rohstoffarmen Korea kommt dem Aufbau eines eigenen Know-how eine überragende Bedeutung zu. Zum zweiten hat das konfuzianische Wertesystem in der Zeit des sozialen Umbruchs, die durch den Niedergang der traditionellen Herrscherschichten und durch die Auflösung ökonomischer Oligarchien gekennzeichnet war, das Entstehen einer risikofreudigen Unternehmerschicht begünstigt. Und drittens schließlich richteten sich die soziale Loyalität und Gruppenorientierung der Angestellten schnell auf die neu entstandenen Unternehmen, die damit in den Genuss der ehemals dem Monarchen entgegengebrachten Loyalität kamen. Die Unterordnung unter das Gruppeninteresse, selbst wenn sie vom einzelnen Opfer verlangt, und die dadurch begünstigte innerbetriebliche Harmonie sind wesentliche, kulturell bedingte Zutaten zum koreanischen Erfolgsrezept.

Geschichte des Buddhismus auf der Halbinsel

Auch heute gehört der buddhistische Mönch oder die Nonne im grauen Gewand und mit kahl geschorenem Haupt zum alltäglichen Straßenbild in Südkorea. Zum Buddhismus bekennt sich rd. ein Viertel der Bevölkerung. Obwohl der Zahl der Gläubigen nach noch größte Religion, steht er in seiner Bedeutung als intellektuelle, gesellschaftliche und soziale Kraft hinter dem Christentum zurück.

Der Buddhismus kam im Laufe des 4. Jh. n. Chr. über China auf die koreanische Halbinsel, wo er zunächst in den Königreichen *Koguryŏ* und *Paekche* Verbreitung fand. Zusammen mit der Religion kamen auch wichtige chinesische Kulturelemente – wie z. B. die chinesische Schrift – nach Korea. Zunächst als eine Art Magie zum Schutze des Landes und zur Abwehr von Unglück verstanden, drängte der Buddhismus in den beiden Königreichen bald Ahnenkult und Animismus zurück und wurde zur Staatsreligion erhoben. Zwar wurde der Buddhismus im Königreich *Silla* erst Anfang des 6. Jh. zur Staatsreligion erhoben, erlebte dort aber schon im 7. und 8. Jh. eine Blüteperiode, von der noch heute der Höhlentempel Sokkuram und die Tempelanlage Pulguksa in Kyŏngju, der Hauptstadt *Sillas*, zeugen.

Auch während der *Koryŏ*-Dynastie wurde das intellektuelle und geistige Leben vom Buddhismus geprägt, der als Staatsreligion besondere Förderung durch das Königshaus und den Adel genoss. Durch zahlreiche Tempelneubauten und staatliche Schenkungen von Ländereien und Sklaven an die Klöster erlangte der Klerus eine Machtfülle, die bisweilen sogar eine Gefahr für die Stabilität des Staates darzustellen drohte. Damals wurde auch das religions- und kulturgeschichtlich bedeutsame *Tripitaka koreana*, eine Sammlung buddhistischer Texte, herausgegeben. Während eine erste Edition – sie entstand in der ersten Hälfte des 11. Jh. – von Mongolen zerstört wurde, können die Druckstöcke der zweiten, aus den Jahren 1237–1251 stammenden Edition noch heute im Haein-Tempel nahe der Stadt Taegu besichtigt werden.

Der Machtmissbrauch des Klerus während der *Koryŏ*-Dynastie führte zunehmend zum Verfall der Religion. Zu Beginn der *Yi*-Dynastie kam es deshalb zur Entmachtung des buddhistischen Klerus. Die Steuerfreiheit der Klöster wurde aufgehoben, ihre Ländereien wurden verstaatlicht, die Zahl der Tempel limitiert. Mit der systematischen Trennung von Staat und Kirche sowie der Einführung der konfuzianischen Staatsethik verlor der Buddhismus seine über 800 Jahre andauernde Vormachtstellung; von dieser nachhaltigen Schwächung sollte er sich bis heute nicht mehr erholen.

Buddha und seine Lehre

Buddha wurde ca. 563 v. Chr. als Prinz Gautama Siddhartha nahe der heutigen indisch-nepalesischen Grenze geboren. Seinem Vater, Herrscher über ein Königreich, wurde prophezeit, dass sein Sohn beim Anblick des Leides in der Welt sich vom Königreich abwenden und zu einem berühmten Asketen und Lehrer der Menschheit aufsteigen würde. Da er seinen Sohn nicht auf diese Weise verlieren wollte, beschloss er, alles daran zu setzen, ihn vom Übel dieser Welt fern zu halten. Um ihm das Leid zu ersparen, versah er ihn mit allem Prunk und allen Freuden des Lebens. Aber als Gautama Siddhartha bei Ausflügen aus seinem Palast einem Greis, einem Kranken, einem Toten und einem Asketen begegnete, wurde ihm die Leere seines bisherigen Lebens bewusst. Er verließ deshalb den Palast seines Vaters, um den Weg zur Erlösung zu suchen. Nach Jahren strenger Askese, in denen er sich den härtesten Kasteiungen unterzog, kam er zum Schluss, dass weder die volle Hingabe an die Freuden des Lebens noch exzessive Askese das Leid besiegen könne. Deshalb

Buddhastatue vor dem
Kyŏngbok-Palast in Seoul

wählte er einen mittleren Weg zwischen dem Befrieden der Sinne und strenger Askese und legte seine Kraft in die Aufdeckung der Ursachen des Leids. Entschlossen, von nun an dem mittleren Weg zu folgen, erkannte Gautama bald die Ursachen des Leids und erlangte allwissende Erleuchtung. Während der nächsten 40 Jahre seines Lebens zog Buddha («der Erleuchtete») in Indien umher und lehrte die «Vier Edlen Wahrheiten vom Leid» und den «Edlen Achtfachen Pfad». In diesen Jahren seines Wirkens gewann er viele Anhänger, die nach seinem Tod (ca. 480 v. Chr.) die Lehre weiterverbreiteten.

Die Lehre des Buddhismus setzt sich zum einen aus der systematischen Analyse der Natur und des Ursprungs des Leids und zum anderen aus Wegen zur Überwindung dieses Leids zusammen.

Der Weg zur Erleuchtung besteht in seiner einfachsten Form aus den «Vier Edlen Wahrheiten» und aus dem «Achtfachen Edlen Pfad». Die erste Wahrheit besagt, dass das ganze Leben Leid ist: Geburt, Krankheit, Tod, Trennung von Geliebtem, Verschließung von Ersehntem. Das Leid eines Anderen aber ist nicht ohne Rückwirkung auf einen selbst. Die zweite Wahrheit besagt, dass alles Leid der Begierde entstammt. Man möchte verhindern, was nicht zu verhindern ist, und man möchte haben, was nicht zu haben ist. Es ist die Begierde, der blinde Zwang, ein «Selbst» zu haben, die das Leid verursachen. Denn nicht die Dinge selbst, sondern erst deren Verbindung zu einem «Selbst» rufen das Leid hervor. So ist die Wahrheit über den Ursprung des Leids, dass es die Begierde eines «Selbst» ist, die das Leid auslöst. Aus der Analyse der Ursachen des Leids folgt die dritte Wahrheit, dass das Leid mit Aufhebung seiner Ursachen verschwindet. Wenn der Durst der Begierde überwunden wird, dann endet auch das Leid.

Aber da es von der Erkenntnis, wie das Leid beendet werden kann, zur Realisierung dieses Zustands ein weiter Weg ist, fasst die vierte Wahrheit im «Achtfachen Edlen Pfad» Vorschriften zusammen, wie dieses Ziel erreicht werden kann. Der mittlere Weg, die praktische Philosophie des Buddhismus, ist auf folgenden acht Prinzipien aufgebaut:

1. Rechtes Glauben	
2. Rechtes Entscheiden	Weisheit
3. Rechtes Reden	
4. Rechtes Handeln	Disziplin
5. Rechtes Leben	
6. Rechtes Streben	
7. Rechtes Denken	Meditation
8. Rechtes Sichversenken	

Obwohl diese acht Prinzipien auch als Stufenleiter auf dem Weg zur Erleuchtung interpretiert werden können, muss der nach Erleuchtung Strebende doch alle Prinzipien gleichzeitig verfolgen. Die acht Prinzipien des Lebens entstammen wiederum drei Grundaxiomen, die die Basis für ein rechtes Leben bilden. Die Prinzipien des rechten Redens, Handelns und Lebens entspringen der Disziplin, deren Aufgabe es ist, das Entstehen neuer Begierden zu kontrollieren bzw. zu verhindern. Das Axiom der Meditation, welches rechtes Streben, Denken und sich Versenken umfasst, zielt darauf ab, den bestehenden Durst der Begierde aufzulösen. Das Axiom der Weisheit schließlich, das rechtes Glauben und Entscheiden beinhaltet, sichert ein Leben ohne Leid.

Der achtfache Pfad als praktische Anweisung zur Erleuchtung zielt darauf ab, die größte menschliche Illusion, die Vorstellung eines beständigen «Selbst», zu zerstören. Denn diese Illusion führt

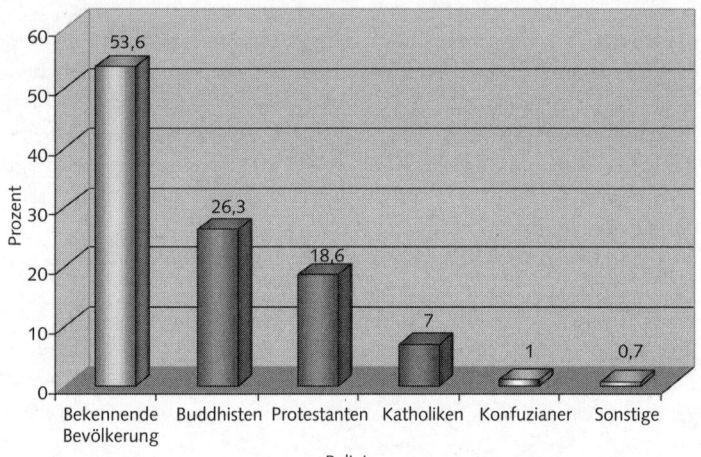

Religionen in Südkorea

Quelle: National Statistics Office, Social Statistic Survey 1995

zu einem Verhaften an allem Irdischen und ist die Ursache für Begierden und Lebensdurst. Nach der buddhistischen Lehre besteht das Selbst des Menschen aus einer Vermengung von fünf Daseinsfaktoren (Körperlichkeit, Empfindung, Wahrnehmung, Triebkräfte und Bewusstsein), wobei im *Karma*gesetz die Vorstellung von der Nichtbeständigkeit des Selbst mit der einer endlichen Zahl von Wiedergeburten verbunden wird. Das *Karma*, die Summe der in einer Existenz erzeugten, moralisch bedeutsamen Willensregungen, bildet eine Kausalitätenkette, bei der jede Tat mit der nächsten verbunden ist. Aus den Konsequenzen der Taten des letzten Lebens folgt so die Fortsetzung der Kette im nächsten Leben. Der Geburtenkreislauf wird erst mit Erreichen des *Nirvana* («das Erlöschen») durchbrochen. Der Buddhismus kennt dabei zwei Arten von *Nirvana*: einmal das diesseitige, das von dem nach Erlösung Strebenden schon in diesem Dasein erreicht werden kann und bei dem noch ein Restbestand der fünf Daseinsfaktoren existiert; zum anderen das jenseitige *Nirvana*, das Erlöschen des individuellen Bewusstseins und des Lebensdurstes, das mit Lösung aus dem Geburtenkreislauf das Ende allen Leidens verheißt.

Gut 100 Jahre nach dem Tod Buddhas kam es auf dem zweiten

Konzil nach Uneinigkeit über die Auslegung der Schriften und das Wesen Buddhas zur Herausbildung zweier Hauptrichtungen der Lehre: Die *Theravada*-Schule, die sich aus Vertretern der «Lehre der Ältesten» rekrutierte, legt bei Verfolgung des mittleren Weges großes Gewicht auf Selbstdisziplin und eigene Anstrengung. Erlösung ist nur für den möglich, der sich einem buddhistischen Orden anschließt. Ziel jeden Mönches ist es, den Zustand des *Arhat*, des diesseitigen *Nirvana*, zu erreichen, der beim Tod den sofortigen Übergang in das jenseitige *Nirvana* erlaubt. Da die *Theravada*-Schule nur wenigen die Erlösung verheißt, wurde sie von ihren Kritikern mit dem Begriff *Hinayana* («kleines Fahrzeug») belegt. Die *Hinayana*-Richtung des Buddhismus ist heute in Sri Lanka, Myanmar und Kambodscha verbreitet.

Als Pendant zur *Theravada*-Schule und Antwort auf die religiösen Bedürfnisse des Volkes entstand die *Mahayana*-Richtung («großes Fahrzeug»), die zum einen die Vorstellung eines transzendentalen Buddhas entwickelte, der allmächtig den Menschen helfend beisteht, und zum anderen allen Menschen den Weg ins *Nirvana* ermöglicht.

Der Wandel des *Mahayana*-Buddhismus, der heute vor allem in China, Korea und Japan verbreitet ist, zur Erlöserreligion wird durch die Tatsache deutlich, dass der Sehnsucht des Volkes nach Erlösung durch eine Reihe von Erlösergestalten (*Bodhisattva*) Rechnung getragen wird. Die *Bodhisattva*, die die Stufe der Erleuchtung bereits erreicht, den Eintritt ins Nirvana aber verschoben haben, um den Menschen beizustehen, machen die Erleuchtung nicht nur durch eigene Anstrengung wie im *Hinayana*, sondern auch durch den Glauben möglich. Neben den *Bodhisattva* gibt es eine Reihe weiterer Gestalten, die dem Menschen auf dem Weg zur Erleuchtung beistehen, wie z. B. den kommenden Buddha, Maitreya (kor. *Mirŏk*) oder Amithābā (kor. *Amida*), der im reinen Land residiert und jeden zu sich aufnimmt, der in der Stunde des Todes seinen Namen ruft.

Das Christentum: Die heimliche Opposition?

Sonntags in Seoul. Es ist halbfünf Uhr morgens. Menschen mit ledergebundener Bibel und Gesangbuch unter dem Arm beleben die noch dunklen Straßen. Sie sind die Vorhut eines bis in die späten

Abendstunden nicht abreißenden Stromes von Gläubigen auf dem Weg in die Kirchen der Hauptstadt. Und Kirche, das ist in Seoul überall dort, wo sich Menschen zum Gebet versammeln können: ein Platz im Freien, ein Armeezelt, der zweite Stock eines Bürogebäudes oder eines der über 2000 Kirchenhäuser der Hauptstadt. 3,2 Mio. Katholiken, 8,7 Mio. Protestanten – das sind die statistischen Zahlen, die hinter dem sonntäglichen Straßenbild in Südkorea stehen.

Jeder, der einmal dieses «lebendige Christentum» an einem Sonntag in Korea miterlebt hat, wird sich fragen, was eigentlich die Gründe für die außergewöhnliche Popularität der christlichen Kirchen in dem doch so tief im Konfuzianismus verwurzelten Land sind. Ein Grund mag sicherlich sein, dass es nicht «langnasige» Missionare waren, die das Christentum im Land eingeführt haben, sondern die Koreaner selbst, die im 18. Jh. die christliche Lehre für sich entdeckten. Vom Neokonfuzianismus mit seinen endlosen Disputen abgestoßen, wendeten sich die Mitglieder einer der zahlreichen konfuzianischen Schulen zu dieser Zeit dem Katholizismus zu. Dabei war ihr Interesse eher intellektuell als religiös: Als sie am Hof in Peking zum ersten Mal mit westlichen Schriften in Berührung kamen, studierten sie diese meist christlichen Bücher mit großem Eifer in der Hoffnung, eine Alternative zum rigiden Neokonfuzianismus ihrer Zeit zu finden. Und nach ausgiebigen Studien kamen sie zu dem Schluss, im Katholizismus in der Tat das gefunden zu haben, wonach sie suchten. So dauerte es nicht lange, bis sich einer der Gelehrten, Yi Sunghun, 1784 in Peking taufen ließ und nach seiner Rückkehr die erste katholische Kirchengemeinde in Korea gründete.

Obwohl der Katholizismus von Gelehrten nach Korea gebracht worden war, fand er die meisten Anhänger zunächst bei den unteren Schichten und bei den Bauern, die mit ihm die Hoffnung auf einen Ausweg aus der feudalen Unterdrückung verbanden. Allerdings sah die Regierung dieser regen Missionstätigkeit der neuen Kirche nur kurze Zeit untätig zu. Bereits 1786 wurde die «westliche Lehre» wegen Nichtbeachtung der Ahnenverehrung ebenso verboten wie das Studium westlicher Schriften. Während der folgenden 100 Jahre waren die Christen immer wieder das Ziel von Verfolgungen. Obwohl bei den vier größten Verfolgungswellen in den Jahren 1801, 1839, 1846 und 1866 Tausende von Gläubigen ihr Leben lassen mussten und der Katholizismus auf den Status einer Untergrundkirche zurückgedrängt wurde, stieg die Zahl der Gläubigen stetig an. Erst

Gospelkirche in Yoŭido

mit der Öffnung des Landes stellte die koreanische Regierung die Christenverfolgung ein und sicherte den Katholiken religiöse Freizügigkeit zu.

Mit der Ankunft von drei amerikanischen Missionaren im Jahr 1885 gelang es, gut 100 Jahre nach dem Katholizismus, auch dem Protestantismus, auf der Halbinsel Fuß zu fassen. Es waren zunächst die Presbyterianer, in geringerem Maße auch Methodisten und Anglikaner, die in Korea tätig wurden und mit der Errichtung von Schulen, Krankenhäusern und Universitäten die Modernisierung des Landes vorantrieben. Die Annexion Koreas durch Japan zeigte, dass das Engagement des Protestantismus nicht nur auf soziale Fragen beschränkt bleiben sollte: 15 der 33 Unterzeichner der Unabhängigkeitserklärung von 1919 bekannten sich zum Protestantismus.

Dennoch wäre es falsch anzunehmen, dass sich alle Protestanten jener Zeit dem antijapanischen Widerstand verschrieben hätten. Vielmehr übernahm die protestantische Kirche eine Rolle als mäßigende Kraft und als Zufluchtsort für alle Unterdrückten und Verfolgten. Obwohl ihre Gläubigen häufig politisch aktiv waren, versuchte die Kirche als Institution, sich der Politik gegenüber neutral zu verhalten, soweit nicht christliche Grundwerte beeinträchtigt waren. Fakt jedoch bleibt, dass mit dem Protestantismus die amerikanisch-liberale Tradition nach Korea kam; sie stellt auch heute noch einen wichtigen Faktor für die Popularität des Protestantismus dar.

Eine weitere Ursache für die Verbreitung des Christentums in diesem ostasiatischen Land war das große Leid der Bevölkerung während des Koreakrieges, die mit der Hinwendung zum Christentum auch neue Hoffnung suchte.

In den 1960er und 1970er Jahren konnten die christlichen Kirchen ihre Anhängerschaft vor allem bei den landflüchtigen Bauern und Landarbeitern vergrößern. Die Industrialisierung des Landes, die in weniger als zwei Dekaden die traditionelle Agrar- in eine moderne Industriegesellschaft verwandelte, erforderte eine soziale Mobilität nicht gekannten Ausmaßes. Millionen von Landbewohnern verließen das engmaschige Netz ihrer Dorfgemeinschaft und ertranken förmlich in der Unpersönlichkeit und Anonymität der Großstädte. In dieser «Gesellschaft des Aufbruchs» war das Christentum das Einzige, was Stabilität, Kontinuität und Hoffnung verhieß. So engagierten sich die Kirchen immer häufiger für die Belange der Schwachen und Hoffnungslosen.

Mit Einführung der *Yusin*-Verfassung im Jahre 1972, mit deren Hilfe Präsident Park alle Kräfte des Landes auf die weitere wirtschaftliche Entwicklung konzentrieren wollte und dabei bewusst eine Einschränkung der bürgerlichen und politischen Freiheiten in Kauf nahm, ersetzten die Kirchen immer häufiger die in ihrer Handlungsfreiheit beeinträchtigte Opposition. So zählte beispielsweise Kardinal Stephen Kim zu den herausragenden Kritikern der *Yusin*-Verfassung. Diese Haltung der Kirchen und das offene Bekenntnis wichtiger Persönlichkeiten des öffentlichen Lebens zum Christentum vergrößerten seine Popularität.

Die Kirchen bemühen sich auch selbst, mittels aggressiver Missionstätigkeit ihre Anhängerschaft stetig zu vermehren. Der Missionseifer geht dabei sogar so weit, dass die verschiedenen Glaubensrichtungen und Sekten versuchen, sich gegenseitig Anhänger abzuwerben. Dahinter steht weniger ein religiöses als vielmehr ein wirtschaftliches Interesse: Wetteifern die offiziellen Kirchen darum, welche Gemeinde das größte und schönste Gotteshaus, finanziert aus den Spenden der Gläubigen, vorweisen kann, so sind bei den zahlreichen Sekten die wirtschaftlichen Interessen noch offenkundiger. Als Beispiel sei hier nur die auch in Deutschland tätige «Vereinigungskirche» des koreanischen Sektengründers Mun Sŏnmyŏng angeführt, die nach eigenen Angaben in Korea 500 000 und weltweit 3 Mio. Anhänger zählt. Ihre wirtschaftlichen Interessen reichen vom Handel mit Ginseng-Tee über Pharmazeutika, Textilien, Maschinenbau bis hin zum eigenen Hotel. Finanzielle und familiäre Schwierigkeiten sowie die ungelöste Nachfolgefrage – Mun feierte im Jahr 2000 seinen achtzigsten Geburtstag – haben Ende der 1990er Jahre dazu geführt, dass die «Family Federation for World Peace and Unification» als Dachorganisation für alle Aktivitäten des Mun-Imperiums gegründet wurde.

Obwohl seit der Einführung des Christentums in Korea viele Menschen gerade deshalb von der «westlichen Lehre» angezogen wurden, weil sie dem hierarchischen System des Konfuzianismus entfliehen wollten, herrscht doch innerhalb des christlichen Klerus und der kirchlichen Institutionen eine strikte konfuzianische Hierarchie. So trifft denn ein koreanischer Theologieprofessor den Nagel auf den Kopf, wenn er bemerkt: «Die Christen in Südkorea sind weder liberal noch progressiv, es sind Konfuzianer in christlichem Gewand».

Schamanismus und Volksglaube

Es ist ein Ausdruck kultureller Eigenständigkeit und Kontinuität, dass der Schamanismus auch in einer Zeit, in der das westliche rationale Denken das wirtschaftliche und politische Leben bestimmt, seinen Stellenwert in der südkoreanischen Gesellschaft bewahrt hat. So ist es durchaus alltäglich, dass ein Geschäftsmann den Umzug in neue Räumlichkeiten im Kreise seiner Freunde und Bekannten mit einem schamanistischen Ritual begeht, um die Geister günstig zu stimmen. Ebenso häufig vertraut man bei Konflikten, z. B. innerhalb der Familie, auf die spirituellen Fähigkeiten der Schamanin.

Die *Mudang* – bzw. ihr männliches Pendant, der *Paksu* –, die das schamanistische Ritual (*Kut*) vollziehen, stellen in spiritistischer Trance den Kontakt zu Göttern und Geistern her. W. Gundert gibt folgende anschauliche Beschreibung der *Kut*, die für gewöhnlich innerhalb eines Schreines abgehalten wird:

«Die *Mudang* tritt stets mit zwei Gehilfinnen auf, welche Trommel und Gong bedienen und ihr geisterbannende Gewänder überwerfen. Mit Schellen, Fächer, Spiegel oder Messer ausgerüstet, leiert sie Beschwörungsformeln, macht Gebärden des Angriffs, wiegt, schnellt und dreht sich in berauschendem Tanze, der auf seinem Höhepunkt unter höllischem Lärm in völlige Ekstase, ja bei Unbotmäßigkeit des Geistes in Szenen von wildester Heftigkeit mit Schweißtriefen, Selbstverwundung, Wälzen am Boden bis zu äußerster Erschöpfung übergeht. Reichliche Naturalopfer vor und Geldspenden während der Handlungen sind unerlässlich.»
(W. Gundert, Die Religionen der Koreaner, Stuttgart 1935, S. 190f.)

Die Vorbereitung eines *Kut* – das Hersagen von Beschwörungsformeln und das Aufführen spezieller Tänze – erfolgt nach traditionellen, strengen Regeln. Anlass für ein schamanistisches Ritual können Krankheit, Konflikte, Kinderlosigkeit, das Bitten um eine reiche Ernte oder das Begleiten der Seele eines Verstorbenen in die Welt der Toten sein. Wenn ein Mensch stirbt, heißt es, dass er zum Ort seiner Herkunft hinübergegangen sei. In Korea wird der Tod als Quelle und Ursprung des Lebens betrachtet. Die Ahnen haben auch nach ihrem Tod regen Anteil am Leben und beeinflussen die Existenz der Lebenden. So werden Krankheit oder Unglück als Ergebnis einer falschen Lage des Ahnengrabs oder eines nicht durchgeführten *Kut* interpretiert. Der Toten-*Kut* (*Nŏckkut*) hat deshalb eine ganz besondere Bedeutung. Er beginnt mit der Einladung der Seelen der Verstorbenen. Die *Mudang* nimmt die Rolle des Verstorbenen an und vermittelt zwischen der diesseitigen und jenseitigen Welt:

«Jeder Mensch hängt stark an seinem Leben. Da der Tod jedoch unvermeidlich ist, lastet das Festhalten am Leben schwer auf dem Verstorbenen. Seine unbefriedigten Wünsche werden als sprachliche Äußerungen von der *Mudang* wiedergegeben, da sie ihr von der Seele des Verstorbenen eingegeben werden. Solche Äußerungen sind eine Art Botschaft, die den Lebenden all die Wünsche mitteilt, die im Leben des Verstorbenen unerfüllt geblieben sind.»
(S. Y. Chun: Kultur des koreanischen Schamanismus, München 2001, S. 59)

Aus diesen Äußerungen können die Hinterbliebenen Erklärungen über die Vergangenheit des Verstorbenen erhalten und damit sein Leben nachträglich besser verstehen. Der Tote erhält während des *Kut* die Gelegenheit zur Reue, was ihm den Abschied von der diesseitigen Welt erleichtert. Zudem bietet sich die Möglichkeit für die Hinterbliebenen, ihre komplexe Gefühlswelt zu bewältigen.

Im Allgemeinen wird die Tradition von Generation zu Generation innerhalb der Verwandtschaftsgruppe weitergegeben, doch können auch besondere Ereignisse zu einer Berufung führen. Zwar bieten reichliche Geldspenden während des *Kut* einen nicht unbeträchtlichen Anreiz, doch ist die Entscheidung keineswegs leicht, die Initiation eher belastend.

Für den «Lebensunterhalt» der rd. 60 000 Schamanen in Korea sorgen eine Großzahl von *Kwisin* – Götter, Geister und Dämonen –, die das Leben der Menschen beeinflussen. Es gibt ca. 300 Geister, die in der Vorstellung der Koreaner zwar unsichtbar sind, aber menschenähnliche Gestalt haben. Da die *Kwisin* sehr unterschiedliche Neigungen und Temperamente haben, die nur die *Mudang* oder der *Paksu* richtig beurteilen können, bleibt es den Schamanen vorbehalten, zwischen Menschen und Geistern zu vermitteln. *Kwisin* können einerseits von Natur aus Geister sein, andererseits diesen Status aufgrund eines bestimmten Faktums erworben haben. Neben Himmelsgöttern gibt es irdische Götter, meist historische Heldengestalten, Haus- und Erdgeister sowie Kobolde und Tiere.

Zu den Erdgeistern zählt auch *Changsŏng*, Schutzgott zur Abwehr böser Geister, der in grell bemalten, menschenähnlichen Holzpfählen mit fratzenhaftem Gesicht am Dorfeingang oder an Wegrändern verehrt wird. Diese Holzpfähle, die meist paarweise vorkommen, wobei auf der rot bemalten männlichen Figur gewöhnlich in chinesischen Schriftzeichen «Oberkommandierender der Welt» und auf der blaugrün bemalten weiblichen Figur «Herrscherin der Unterwelt» geschrieben steht, dienen auch als Wegweiser. Ihre eigentliche Funktion aber ist es, ein bestimmtes Gebiet abzustecken und seine Bewohner vor Unheil zu schützen.

Jedes Dorf hat darüber hinaus seinen individuellen Berggott, der meist in einem nördlich gelegenen Berg residiert. Er soll für gute Ernten sorgen und Unheil vom Dorf fern halten. Sollte es aber einem der zahlreichen Krankheitsgötter doch gelingen, sein Unwesen zu treiben, so ist die *Mudang* zur Abwehr der Krankheit und als Vermittlerin zwischen dem Befallenen und dem *Kwisin* zu konsultieren.

Künstlerische Ausdrucksformen

Lebendige Traditionen

Tanz und Musik Trommeln schlagen, der Gong erklingt, Tänzer wirbeln in ihren farbenfrohen Kostümen, die Zuschauer lachen, applaudieren und sprechen eifrig dem *Makkölli* zu. Das ist die Szene eines Bauerntanzes in Korea, der die Lebensfreude der ländlichen Bevölkerung ausdrückt. Der Bauerntanz, der so alt ist wie die Geschichte der Halbinsel, vereint viele schamanistische Elemente in sich und diente ursprünglich zur Vertreibung böser Geister und zur Wohlstimmung der guten. Er wird von einzelnen Tänzern oder Tanzgruppen, die von Dorf zu Dorf ziehen, vorgeführt, wobei der Tänzer den Rhythmus durch Schläge mit der Hand oder einem Bambusstock auf die um den Körper gebundene *Changgu*, eine eieruhrförmige Trommel mit beidseitiger Fellbespannung, erzeugt. Der improvisierte Rhythmus unterstreicht die Schritte der Tänzer, deren Tempo sich steigert und schließlich die Tänzer in eine ekstatische Stimmung versetzt.

Neben den Bauerntänzen zählt auch der Maskentanz, der sich während der *Yi*-Dynastie vom Hofdrama zum Schauspiel der Massen entwickelte, zu den Volkstänzen. Er thematisiert seit dieser Zeit mit beißender Satire die Ausschweifungen buddhistischer Priester und der führenden konfuzianischen Klasse. Einer gewissen Deftigkeit nicht entbehrend, erfreuen sich die Massen an dem auch heute noch häufig thematisierten Dreiecksverhältnis eines *Yangban* (Aristokraten), seiner Konkubine und seiner hysterisch eifersüchtigen Frau. Neben den Volkstänzen gibt es den klassischen Tanz, der am Königshof aufgeführt wurde. Diese stilisierten rituellen Tänze, die sich aus alten chinesischen Tänzen entwickelten und von Gruppen aufgeführt werden, sind durch langsame Bewegungen und einen hohen Formalismus gekennzeichnet.

Wie der Tanz, so hat auch die Musik in Korea eine lange Tradition. Chinesische Quellen der Frühgeschichte Koreas berichten über die koreanische Vorliebe für Feste, Tanz und Musik. Und auch heute geht kaum ein Fest vorüber, ohne dass nicht jeder der Gäste aufgefordert würde, ein Lied zum Besten zu geben.

Die traditionelle koreanische Musik lässt sich in die getragene

Ritual- und Zeremonienmusik und die ausdrucksstarke und vitale Volksmusik unterteilen. Spezielle Arten der Volksmusik sind *P'ansori*, ein rezitativer Gesang, bei dem die begleitende Trommel die tragikomischen Gesten und die vokale Akrobatik der Sängerin unterstreicht, und *Sanjo*, ein improvisiertes Zusammenspiel von Flöte oder koreanischer Zither mit der *Changgu*. Neben der *Changgu* gehören u. a. *Kayagŭm*, eine zwölfsaitige Wölbbrettzither, *Kŏmungo*, eine sechssaitige Zither mit beweglichen Stegen, *P'iri* (Oboe), *Tanso* (Bambusquerflöte) und *Haegŭm*, eine zweisaitige Geige, zu den traditionellen koreanischen Musikinstrumenten.

Malerei Wie in vielen anderen kulturellen Bereichen war Korea auch in der Malerei die Brücke zwischen China und Japan, wenngleich die koreanische Malerei nie den Stellenwert und die Raffinesse der koreanischen Töpferkunst erreichte. Aus der Periode der drei Reiche sind nur wenige Malereien – meist in den Königsgräbern – erhalten, erst aus der Zeit der *Koryŏ*-Dynastie gibt es zahlreichere Nachweise. Aus historischen Quellen ist aber zu entnehmen, dass in der *Silla*-Zeit der Kalligraph Kim Saeng Berühmtheit erlangte. In der *Koryŏ*-Dynastie war die buddhistische Tempelmalerei bedeutend, wobei drei verschiedene Formate unterschieden werden können. Neben der Illustration der Manuskripte gab es Wandmalereien und Rollbilder. Bedeutsam für die Tempelmalerei dieser Zeit ist die Darstellung der buddhistischen Gottheiten in kostbaren Seidengewändern und mit reichhaltigem Schmuck (Ohrringen, Armreifen, Halsketten und Broschen). In der *Yi*-Dynastie fokussierte sich die religiöse Malerei auf überdimensionale Buddhadarstellungen (*T'aenghwa*, 14 x 8 m), die anlässlich hoher Festtage, wie z. B. dem Laternenfest, ausgerollt wurden. Gemalt wurden diese Bilder entweder auf Baumwoll- oder Hanfstoffen. Im Innenraum der buddhistischen Tempel fanden die *T'aenghwa* als Altarbilder Verwendung.

Neben der religiösen Malerei entstand in dieser Zeit die höfische Malerei. Die Bilder wurden in der Regel als Gemeinschaftsarbeit von mehreren Malern hergestellt, ihr Stil war ziemlich archaisch, mit einer beschränkten Anzahl von Themen und mit bestimmten Farben: rot, gelb, blaugrün, schwarz und weiß. Die Könige und andere gesellschaftlich herausgestellte Persönlichkeiten der *Yi*-Dynastie wurden von Porträtmalern dargestellt. Leider ist ein Großteil dieser Bilder während der japanischen Kolonialzeit und durch den

Koreakrieg vernichtet worden. Als weitere Stilrichtung bildeten sich in diesem Zeitraum die Pflanzen- und Blumenmalerei, die Landschaftsmalerei und die Genremalerei heraus. Traditionelles Thema der Pflanzenmalerei war der Bambus, wobei es zwei unterschiedliche Techniken gibt: die traditionelle Bambusmalerei, die mit dem Pinsel skizziert und dann verwäscht, und die kalligraphische Technik, bei der der Bambus mit dem einzelnen Pinselstrich detailgetreu wiedergegeben wird. Die Tuschmalerei ist bis heute eine der beliebtesten Techniken geblieben, und moderne Künstler wie z.B. Park Naehyon oder Yi Ungno haben mit abstrakten oder kubistischen Motiven experimentiert und eine neue Ausdrucksform gefunden.

Die Volksmalerei in Korea hat ihren Ursprung im traditionellen Jahresablauf mit seinen verschiedenen Festen, für die es spezielle Kalligraphien oder sonstige Malereien anzufertigen galt. So war es beispielsweise üblich, dass jede Familie, unabhängig von ihrem Status, für das Neujahrsfest einen neuen Wandschirm mit den Symbolen für «Glück» und «Langes Leben» bemalte. Zur Feier des Frühlingsanfangs wurden Rollbilder mit Kalligraphien gefertigt. Oftmals lud dabei eine wohlhabende Familie im Ort einen bekannten Künstler zu sich ein, der ihnen selbst und der weniger begüterten Nachbarschaft neue Kalligraphien malen sollte. Für Buddhas Geburtstag fertigt man prächtig bemalte und beschriebene Laternen, die den Hof der buddhistischen Tempel schmücken und ein Symbol für die Erleuchtung Buddhas darstellen. Die Volksmalerei spielt nicht nur bei diesen Festtagen, sondern auch bei Hochzeiten, Begräbnissen und vielen weiteren Zeremonien eine wichtige Rolle.

Keramik Obwohl der kulturelle Einfluss Chinas auch in der koreanischen Keramik seinen Niederschlag fand, entwickelte sich auf der Halbinsel mit der Zeit doch eine eigenständige Keramikkunst. Während des ersten nachchristlichen Jahrtausends beherrschte die Silla-Keramik die Szene. Diese Keramik, die in zahlreichen Gräbern der damaligen Hauptstadt Kyŏngju gefunden wurde, wurde bei hohen Temperaturen gebrannt, was ihr eine dunkelgraue bis schwarze Farbe verlieh. Gelegentlich resultierten aus dem Oxidationsprozess beim Brennen auch Brauntöne. Das Dekor der *Silla*-Keramik ist relativ einfach, bisweilen auch mit schamanistischen Symbolen verziert. Die aus spontaner Kreativität heraus geschaffenen freien Formen wichen mit Einführung des Buddhismus als Staatsreligion (Ende des 6. Jh.)

ruhigeren und stilistisch strengeren Formen. Mit Beginn der *Koryŏ*-Dynastie, in der der Kulturaustausch mit China einen Höhepunkt erlebte, erhielt auch die Entwicklung der Keramik durch die *Yueh*-*Töpfer*, deren grünlichblaue oder olivefarbenen Glasuren hinsichtlich ihrer Schönheit epochemachend waren, einen neuen Anstoß. Bisweilen wurden diese Glasuren sogar mit dem Jadestein, dem Symbol für Unsterblichkeit, verglichen. Das chinesische Seladon der *Yueh*-Töpfer war denn auch Vorbild für das koreanische Seladon mit seiner graugrünen Farbschattierung. Da die Glasur beim koreanischen Seladon dünner ist als beim chinesischen Vorbild, verstärkt die durchscheinende natürliche Tonfarbe das Grau in der Glasur.

Die Blütezeit des koreanischen Seladons reichte von Mitte des 12. bis Anfang des 14. Jh., in der es sich mehr und mehr vom chinesischen Einfluss löste. Neben einer schwungvolleren Form ist hierfür vor allem die Entwicklung der Einlegetechnik bezeichnend. Besonders die frühen Stücke der mittels dieser neuen Technik dekorierten Seladone sind von hoher Vollendung und bezaubernder Schönheit. Anfang des 14. Jh. waren die Künstler dann so besessen von der Einlegetechnik, dass das ursprünglich schlichte Seladon mit barockem Dekor verunziert wurde. Das Ende der Blütezeit des koreanischen Seladons kam mit den Mongoleneinfällen, die nicht nur das politische, sondern auch das kulturelle Leben zum Darniederliegen brachten. Zwar entstand zu Beginn der *Yi*-Dynastie wieder eine Töpferkultur, die jedoch nie mehr an die vollendete Schönheit und die Eleganz eines *Koryŏ*-Seladons anschließen konnte. Die Keramik der *Yi*-Dynastie, die einfache, schwere Formen bevorzugte, erscheint bisweilen grobschlächtig und rauh. Aber gerade diese Formen wurden von den Teezeremonienmeistern in Japan besonders geschätzt, weshalb während der Hideyoshi-Invasion ganze Dörfer koreanischer Töpfer nach Japan verschleppt wurden. Diese waren sozusagen der «Grundstock» für eine eigene japanische Keramikindustrie. Noch heute können viele Töpfer auf der Insel Kyŭshŭ auf koreanische Vorfahren verweisen.

Aktuelle Kunstszene

Literatur   Die moderne koreanische Literatur ist ein Spiegelbild der historischen und gesellschaftlichen Entwicklung Südkoreas. Nach 1953 konzentrierten sich die Schriftsteller mit ihren Themen auf die Aufarbeitung der Wunden, die der Krieg hinterlassen hatte. In ihren Werken beklagen Autoren wie Kim Dongri oder Hwang Sunwŏn nicht nur ihre persönliche Familientragödie, sondern auch den Zerfall ethischer und humanistischer Werte. Es ist die Zeit der Reise nach innen. Erst die nachfolgende Autorengeneration – stellvertretend sei hier Ch'oi Inhun genannt – interpretierte den Koreakrieg aus einer übergreifenden Perspektive als die Auseinandersetzung zweier gegensätzlicher Ideologien. Damit stellte sich auch die Frage nach dem Ursprung dieses ideologischen Konfliktes, den einige Schriftsteller bis auf die Anfänge der Moderne in Korea zurückführten. So entstanden in den 1970er, 1980er und 1990er Jahren eine Anzahl von historischen Romanen, die den Weg des Landes von der Öffnung bis zu dem Moment beschreiben, da die Halbinsel ein Schlachtfeld verschiedener innerer und äußerer Kräfte wurde. Im Mittelpunkt stand dabei immer wieder die Frage, wieso das Land versagte, sein Schicksal selbst zu bestimmen.

Die mit der Industrialisierung des Landes verbundenen Prozesse der Entwurzelung von Menschen, Landflucht, eine zunehmende Kluft zwischen armen und (neuen) reichen Bevölkerungsschichten bildeten den Stoff für sozialkritisch orientierte Autoren wie Hwang Sŏkyŏng («Das fremde Land», 1970) oder Lee Ch'ŏngjun («Die grausame Stadt», 1978). Sie beschreiben die Alltagsrealität von arbeitslosen Arbeitern oder die Lebenssituation von ehemaligen Bauern, die in den Slums um die neu entstandenen Fabriken ihr Leben fristen mussten.

Mit steigendem Wohlstand und dem Entstehen einer neuen Mittelschicht wendet sich die koreanische Literatur wieder den inneren Werten zu: Der Verlust der eigenen Identität und der ursprünglichen, durch das ländliche Leben geprägten Werte werden ebenso thematisiert wie die Inhaltsleere und Oberflächlichkeit der modernen Industriegesellschaft. Aber auch die koreanische Teilung und die Frage der Wiedervereinigung rückt in den Mittelpunkt des Interesses. Der koreanische «Grenzgänger» Lee Ho-chul, der in Nordkorea aufwuchs und in seinem Roman «Südkoreaner, Nordkoreaner» den Unterschied der beiden Gesellschaften thematisiert, meint denn auch, dass eine Wiedervereinigung den Austausch vieler Menschen voraussetze, um erneut ein Gefühl der nationalen Identität entstehen zu lassen.

Mit dem wirtschaftlichen Wohlstand wandelte sich auch das Medium: Die junge Generation fühlt sich mehr von visuellen Darstellung auf Computermonitoren oder Fernsehbildschirmen angesprochen als vom gedruckten Wort. Dies führte dazu, dass sich auch der gesellschaftliche Stellenwert der Schriftsteller veränderte. Wurden zu Zeiten Präsident Parks die Werke gesellschaftskritischer Autoren wie Kim Chiha als Untergrundliteratur heimlich verbreitet, so machte der gleiche Autor jüngst durch eine dreibändige Autobiographie auf sich aufmerksam, die in einer führenden Tageszeitung zum Teil als Vorabdruck einem breiten Publikum zugänglich gemacht wurde. Auf die Frage nach dem Motiv für die 1300-seitige Biographie («Der Weg des weißen Schattens», 2003) antwortete der Autor, «er habe das Werk verfasst, damit seine beiden Söhne später sein Leben verstehen können». Offensichtlich unterliegt auch der literarische Anspruch im Laufe eines Dichterlebens einem Wandel.

Die Bestsellerlisten der jüngeren Zeit führen Unterhaltungsliteratur wie Thriller, Detektivgeschichten oder Science Fiction an. Nur selten gelingt es Autoren wie Ch'oi Yun oder Kim Hyŏngkyŏng mit der schriftstellerischen Auseinandersetzung mit ihrer Studentenzeit der Sprung auf diese Liste. So scheint denn der einstmals literarische koreanische Buchmarkt inmitten tief greifender Veränderungen zu stecken. Bezeichnend hierfür ist der «Kyobo Book Store», eine große Buchhandlung im Zentrum von Seoul, in der nicht mehr Romane, sondern Fachbücher den Verkauf dominieren. So verwundert es auch nicht, dass bei einer Fotoporträtausstellung 2003, die das Lebenswerk und den kulturellen Beitrag von 28 koreanischen Künstlern herausstellte, mit dem Theaterautor Ch'a Bŏmsŏk und dem Dichter Kim Namcho nur zwei Schriftsteller vertreten waren.

Film   Der Grundstein für den koreanischen Nachkriegsfilm wurde mit Darstellungen über das Leben zweier Frauen gelegt. Der Regisseur Yi Kyuhwan zeigte in «Die Geschichte von Chunhyan» eine bekannte konfuzianische Erzählung über Liebe und weibliche Zuneigung, und Han Hyŏngmo porträtierte in «Madame Freiheit» eine moderne, westlich orientierte Frau. Der Film entfachte unter den Kunstschaffenden wegen der für die damalige Zeit skandalösen Rolle der Ehefrau eines Professors, die sich immer wieder zu Seitensprüngen hinreißen lässt, eine heftige Debatte. Beide Filme wurden Kassenschlager und legten die Basis für den Erfolg des modernen koreanischen Films. Einer der einflussreichsten Regisseure war Kim Kiyŏng, der in seinem Leben 31 Filme drehte. Sein bedeutendstes

Zwei Gedichte

Nacht

Die Nacht,
ein See, gehüllt in blauen Nebel
Ich,
auf des Schlafes Dschunke
ein Fischer,
der nach Träumen angelt.

Kim Dongmyŏng, aus: Korea's Golden Poems, Seoul, 2002, S.24

Gehorsam

Andere sagen, sie lieben die Freiheit, aber ich bevorzuge
den Gehorsam
Nicht dass mir die Freiheit unbekannt wäre, aber Dir möchte ich nur
Gehorsam leisten.
Dir will ich folgsam sein, denn verglichen mit der schönen Freiheit ist
Gehorsam süß.
Das ist mein Glück.
Willst Du aber, dass ich einem anderen Menschen folge,
kann ich Dir nicht gehorsam sein.
Einem anderen Menschen folgsam zu sein bedeutet,
dass ich dir nicht mehr Gehorsam leisten kann.

Han Yongwoon, aus: Korea's Golden Poems, Seoul, 2002, S.108

(Übersetzung aus dem Koreanischen: Ivo Maull)

Opus ist «Das Dienstmädchen». In Deutschland eher bekannt sein dürfte Im Kwŏntaek, dessen Film «Mandala» (1980) einer der ersten koreanischen Filme war, der in deutschen Filmkunstkinos gezeigt wurde und mit dem eine Epoche der «New Wave» begann, die dem koreanischen Film auch internationale Geltung verschaffen sollte.

Der Trend zur visualisierten Kunstform der «Computergeneration» machte sich seit Anfang der 1990er Jahre bemerkbar, in denen die koreanische Jugend von einem Cineastenfieber heimgesucht wurde und Seoul sich zu einem Zentrum der Filmaktivitäten in Ostasien wandelte. Seit dem Jahr 2000 nehmen koreanische Filme regel-

Kino in Seoul

mäßig an den bekannten internationalen Filmfestivals teil, so beispielsweise die Filme «Die Insel» (2000) oder «Adresse unbekannt»
(2001) von Kim Kidŏk in Venedig. Der Marktanteil des koreanischen
Films im eigenen Land lag 2003 bei knapp 50%. Vom Publikum bevorzugt werden Komödien, nicht zuletzt deshalb, weil koreanischer
Humor mit seinen zahlreichen Zwischentönen viel lustiger ist als
beispielsweise amerikanische Komödien. Wohl auch aus diesem
Grund hat der koreanische Film sich zwischenzeitlich sein Publikum erworben. Vor allem in Taiwan, China und Vietnam erfreut er
sich hoher Beliebtheit. Einen großen Anteil daran hatten Fernsehse-
rien, die beispielsweise in China eine Einschaltquote von bis zu
43% erreichten. Selbst in Japan gelang mit Filmen wie Swiri oder
dem Thriller JSA (Joint Security Area), der in der gemeinsamen
Sicherheitszone zwischen Nord- und Südkorea spielt, ein Ach-
tungserfolg. Auch die Japaner sind ob der originellen Themen und
des hohen Unterhaltungswertes dieser Filme begeistert, und so verzeichnete JSA von Park Chanwuk in Japan in nur zwci Monaten
über 800 000 Besucher. In Korea selbst war er der Film des Jahres
2000 mit 2,5 Mio. verkauften Tickets.

Malerei   Um 1968 begann die moderne Malerei in Korea eine neue Richtung einzuschlagen. Die Künstler begannen sich für geometrische Abstraktion und optische Trends zu interessieren. Es galt, den originären Wert der Formen wiederzuentdecken. Am Ende der 1970er Jahre führte dieser Trend zum koreanischen Minimalismus, in dem die moderne Kunst auf traditionelle Formen zurückgeführt wurde. Monochrome Bilder spielten dabei eine wichtige Rolle.

Parallel zu den schreibenden Kollegen nahmen sich Anfang der 1980er Jahre die koreanischen Maler vermehrt sozialkritischer Themen an. Die Künstler dieser Zeit verstanden es als ihre Aufgabe, zu den gesellschaftlichen Problemen in Südkorea ihre Stimme im Bild zu erheben. Malerei wurde zu einer Ausdrucksform von Gesellschaftskritik. Im Zuge der stärkeren Öffnung und Außenorientierung vor und nach den Olympischen Spielen 1988 in Seoul gab es einen regen Austausch mit der internationalen Kunstszene, und die Zahl bedeutender westlicher Ausstellungen in Korea stieg sprunghaft an. Mitverantwortlich für diesen Trend war das Entstehen einer Galerieszene im Stadtteil Insadong in Seoul. So zeigte die Hyundai-Galerie bekannte Künstler wie Joan Miró, Marc Chagall oder Henry Moore. Die Besitzerin, Park Myŏngja, gehört zwischenzeitlich zu den führenden Kunsthändlern in Korea. Noch erfolgreicher war Lee Hojae, Gründer der Galerie Gana, der mit der Galerie Beau Bourg auch in Paris tätig ist und von der französischen Regierung mit einem Kulturorden geehrt wurde.

Anfang der 1990er Jahre war die Zeit der Rückbesinnung auf die Einzigartigkeit der traditionellen Kultur. Einheimische Künstler begannen zu realisieren, dass die koreanische Kultur auch im Ausland Anklang fand. Durch die Nutzung moderner Techniken und Formen kam es zur Neuinterpretation traditioneller Kunst. Ein Beispiel hierfür ist das Gemälde von Yuk Gŏnbyŏng «Überleben ist Geschichte», das 1992 auf der IX. Dokumenta in Kassel gezeigt wurde. Sŏ Se-ok, ein Vertreter der modernen Interpretation traditioneller Tuchtechnik, arbeitete in seinen Bildern meist mit schwarzer Tusche. Seine Werke scheinen aus einem einzigen Pinselstrich zu bestehen, wie wenn er mit dem Pinsel schreiben würde. Generell ist die koreanische Malerei durch das Konzept der *Maejae* geprägt, der Kombination aus verwendetem Material und Methode. *Maejae* steht nicht nur für den Ausdruck, sondern auch für die spirituelle Kraft eines Oeuvres.

Stahlplastik vor dem POSCO Gebäude (Sitz des größten Stahlproduzenten in Korea)

Installationskunst Die Ursprünge der koreanischen Installations-kunst können bis zur «Exhibition of Youth Artists Alliance 1967» zurückverfolgt werden. Mitte der 1980er Jahre erhielt sie durch Multimedia-Anwendungen und den Pluralismus der Postmoderne zusätzliche Impulse. Auf den einschlägigen internationalen Kunst-festivals in Korea, wie der Biennale in Kwangju oder dem Busan Internatioanl Art Festival, hat sich mittlerweile die Installation als Kunstform fest etabliert. Jheon Soo-cheon (Chŏn Suchŏn) kriti-sierte mit seinem Werk «T'ou» auf der Biennale 1995 in Vendig – erstmals nahm Korea mit einem eigenen Pavillon teil – die exzessiv materialistische Ausrichtung der modernen Zivilisation. *T'ou* sind Tonfiguren, die im Königreich *Silla* (57 v. Chr. bis 935 n. Chr.) als Grabbeigaben Verwendung fanden. Jheon möchte die Wunden der modernen Industriegesellschaft durch die große Ausstrahlung, Schönheit und Spiritualität der *T'ou* heilen. Gesellschaftskritik macht sich auch Lee Bul zu Eigen, die in ihrer Installation «Mister

Paik Nam June (Paek Namjun): Videokünstler

Der bekannteste koreanische Künstler, Paik Nam June (Paek Namjun), ist ein Kosmopolit und Weltbürger. Er wurde 1932 in Korea als fünftes Kind eines Textilfabrikanten geboren. Mit 15 erhielt er Klavierunterricht und interessierte sich schon bald für das Werk von Arnold Schönberg. Während des Koreakriegs zog seine Familie nach Tokio, wo er 1953–1956 Musikgeschichte, Kunstgeschichte und Philosophie studierte. Sein Interesse für moderne Musik führte ihn nach München und Freiburg, wo er sein Studium der Musikgeschichte und Komposition vertiefte. Von 1958 bis 1963 arbeitete er mit Karl-Heinz Stockhausen im WDR-Studio für elektronische Musik. 1958 begegnete er John Cage, der ihn nachhaltig beeinflussen sollte. Erste Arbeiten, die das damals neue Medium Fernsehen einbezogen, entstanden 1962. 1964 ging Paik nach New York und traf die Cellistin Charlotte Moormann, mit der er verschiedene Projekte machte, u.a. die «Opera sextronique». 1965 erwarb er eine der ersten tragbaren Videokameras und wurde mit seinen Arbeiten zum Vorreiter der Videokunst. In den 1970er Jahren entstand die Werkserie «Closed Circuit», beispielsweise 1974 eine seiner bekanntesten Videoinstallationen «TV Buddha», von der es mehrere Varianten gibt. Immer sitzt eine antike Buddhastatue einem Monitor gegenüber. Eine Kamera nimmt die Statue aus einer frontalen Perspektive auf, so dass der Buddha mit sich selbst als Gegenüber meditiert. 1977 heiratete Paik die Videokünstlerin Shigeko Kubota, 1979 wurde er als Professor an die Kunstakademie in Düsseldorf berufen. Auf der Documenta 1987 ehrte er seinen verstorbenen Freund Joseph Beuys mit dem Triptychon «Beuys-Voice». Für die Olympischen Spiele 1988 in Seoul stellte er einen Medienturm aus 1003 Bildschirmen zusammen (Titel: «The more the better»). Auf der Biennale in Venedig 1995 bereicherte er den deutschen Pavillon mit der Installation «Liegender Buddha» und «Sixtinische Kapelle». Paik Nam June erhielt zahlreiche Auszeichnungen und Preise und lebt heute in New York.

Pink» die ambivalente Haltung der Gesellschaft gegenüber Frauen anprangert. Auf der einen Seite fordert die koreanische Gesellschaft, dass Frauen durch ihr Auftreten Sexappeal ausstrahlen, auf der anderen Seite nimmt sie Frauen aber immer noch als Menschen zweiter Klasse wahr. «Mister Pink» hat als neutrales Wesen den Vorteil, die Vorurteile der Geschlechter in Frage stellen zu können. In «Sewing into Walking» inszeniert Kim Soo-ja (Kim Suja), 1957 in Taegu geboren, eine Interaktion des inneren und äußeren Raumes: Videobildschirme vor einem Gemälde, das sie selbst vor einer Landschaft zeigt, inmitten eines Berges bunter Einschlagtücher. Kim arbeitet bevorzugt mit Stoffen, da diese das Material sind, das den Menschen am nächsten steht.

Zu den weltweit bekanntesten koreanischen Kunstwerken des 20. Jahrhunderts gehören die Videoinstallationen und Performances von Paik Nam June (Paek Namjun), der lange Zeit auch in Deutschland gearbeitet und gewirkt hat (siehe Kasten). Insgesamt betrachtet ist die koreanische Installationskunst eine bemerkenswert aktive und vielfältige Kunstform. Sie ist nicht an Raum und Zeit gebunden, kann auch interaktiv den Zuschauer mit einbeziehen und erschließt sich somit neue Freiheitsgrade. Koreanische Künstler machen davon regen Gebrauch, gehen neue Wege und erlauben dem Betrachter einen Blick in eine andersartige Welt.

Musik   Obwohl westliche klassische Musik erst im späten 19. Jahrhundert im Zuge der Öffnung des Landes nach Korea kam, gehören heute viele koreanische Musiker zu den weltweit führenden Interpreten. Seit Anfang der 1950er Jahre machen auch Komponisten aus Korea von sich reden, so beispielsweise Yun Isang oder Na Unyŏng, der mit der 12-Tontechnik experimentierte. Anfang der 1980er Jahre interessierten sich westliche Komponisten für die traditionelle koreanische Musik, und auch einheimische Künstler besannen sich auf ihre kulturellen Wurzeln. Komponisten wie Lee Kŏnyong oder Park Jŏngsŏng führten traditionelle Musikelemente in ihre westlichen Kompositionen ein.

Koreanische Interpreten haben mittlerweile alle großen Bühnen der Welt erobert. Im Instrumentalbereich am bekanntesten ist die Familie Chung (Chŏng) mit der Geigerin Chung Kyunghwa (Chŏng Kyŏnghwa), dem Cellisten Chung Myung-hwa (Chŏng Myŏnghwa) und dem Dirigenten Chung Myung-whun (Chŏng Myŏnghun).

Nicht nur im Bereich klassischer Musik sind koreanische Künstler ein feste Größe bei Festivals, sondern auch in der Popmusik. «Clon» war das erste Pop-Duo, das Ende der 1990er Jahre über Korea hinaus auch in Taiwan sehr populär wurde. Diesem Trend folgten weitere Gruppen wie «H.O.T», «NGR», «Baby V.O.X» oder «Papaya». Nach einem Konzert in Peking stand die Gruppe «I I.O.T» fünf Monate lang auf Platz eins der Charts in einer großen chinesischen Musikzeitschrift. Die Bewunderung einiger chinesischer Fans geht sogar so weit, dass sie sich von den bekannten Schönheitschirurgen im vornehmen Seouler Stadtteil Apguchŏndong die Gesichtszüge ihres Lieblingsstars modellieren lassen. Der Grund für den Erfolg koreanischer Popmusik auf dem chinesischen Markt ist darin zu sehen, dass junge Chinesen damit ein Stück Rebellion gegen das System zum Ausdruck bringen können. Koreanische Popsongs sind darüber hinaus dynamischer und unkonventioneller als die üblichen chinesischen Balladen. Auch in Vietnam ist koreanischer Pop erfolgreich, und viele vietnamesische Schüler tragen heute T-Shirts mit dem Abbild koreanischer Popstars, obgleich aufgrund der Beteiligung koreanischer Soldaten am Vietnamkrieg grundsätzliche Vorbehalte bestanden.

In Korea hat sich mittlerweile eine rege Jazzszene entwickelt, in der Hauptstadt Seoul gibt es über ein Dutzend Jazzclubs, die täglich Live-Musik bieten. Der Nachwuchs an Jazzmusikern wird durch die Seoul Jazz Academy, eine lokale Niederlassung der Berklee School of Music, ausgebildet und gefördert. Daneben gibt es unzählige Cafés und Bars, in denen Jazzmusik als Video gezeigt oder vom Tonträger gespielt wird.

Nordkorea

Entstehung und Entwicklung der Demokratischen Volksrepublik

*Erzwungene Öffnung, japanische Kolonialherrschaft
und koreanischer Nationalismus*

Nordkorea – offiziell: die Demokratische Volksrepublik Korea (DVRK) – erscheint in vieler Hinsicht geradezu als Kontrastprogramm zum Süden: Hier Glanz und Talmi einer rasch wohlhabend, ja reich gewordenen Gesellschaft mit allen Attributen der Überflussgesellschaft (hinter der sich freilich tiefe soziale Zerklüftungen verbergen), dort reglementierte und uniformierte Kargheit (hinter deren Fassaden sich freilich durchaus auch Inseln des Luxus ausbreiten, die auf Korruption und Selbstbereicherung der Elite beruhen); hier alle ruppigen Erscheinungsformen demokratischer Politik, in der erbittert und mit gewaltigem Aufwand um Mehrheiten gerungen, um Macht und Einfluss gekämpft wird, dort die glatte Betonfassade einer scheinbar vollendet geeinten Machtpyramide, an deren Spitze der längst verstorbene Gründer bzw. sein Sohn stehen; hier eine Zwangsgesellschaft, in der Individualisierung und Modernisierung die alten konfuzianischen Traditionen des Landes immer mehr zu verdrängen scheinen, dort eine geradezu perfektionistisch kollektivierte Gesellschaft, in der der Einzelne nichts, das Volk und sein «geliebter Führer» alles zu sein scheinen.

Und doch: Die beiden Koreas verbindet viel mehr, als das der erste Anschein nahe legen könnte. Vor allem natürlich mehr als tausend Jahre einer gemeinsamen Staatsgeschichte, die Grundlage und Nährboden für den modernen koreanischen Nationalismus bildet. Auf diese Geschichte beruft sich der Norden ebenso wie der Süden: Keineswegs von ungefähr ehrt man inzwischen auch im oft als letzter stalinistischer Staat der Welt apostrophierten Norden den legendären Begründer der koreanischen Kultur, König Tangun (2333 v. Chr.), dessen Grab und Gebeine man vor einigen Jahren identifiziert haben will und der nun mit einer Gedenkstätte Teil der nordkoreanischen Staatsreligion geworden ist.

Die koreanische Teilung war – wie diejenige Deutschlands – ein

Ergebnis des Kalten Krieges, das so niemand beabsichtigt hatte. Sie ist allerdings auch Folge einer überaus schwierigen und schmerzhaften Auseinandersetzung Koreas mit der modernen Welt, der sich das Land zunächst zu verschließen suchte. Wie China und Japan suchte sich auch die koreanische *Yi*-Dynastie vor den Begehrlichkeiten der europäischen Kolonialmächte, die zunächst die nichteuropäischen Märkte für die Produkte der industriellen Revolution in Europa und Amerika öffnen und dann diese Gebiete kolonialisieren wollten, durch Abschottung zu schützen. In Korea, das weniger verlockend schien als China oder auch Japan, gelang dies zunächst auch: Mehrere Versuche insbesondere der USA, Korea zu «öffnen», scheiterten in der zweiten Hälfte des 19. Jh. Dann aber geriet das Land unter den Einfluss Japans, das sich als erste nichtwestliche Kolonialmacht zu etablieren suchte und in diesem Zusammenhang das Land annektierte und es damit gewaltsam in die Welt des Industriezeitalters stieß.

Der koreanische Nationalismus entwickelte sich in der Auseinandersetzung mit Japan zu einer Bewegung, in der das Ziel der politischen Selbstbestimmung eng mit der Idee der Abgrenzung nach außen, aber auch mit der Einsicht in die Notwendigkeit fundamentalen Wandels verknüpft war. So finden wir auch unter den koreanischen Reformern des 19. und 20. Jh. (wie unter denjenigen Chinas und Japans) den Slogan «reiches Land, starke Armee» als Quintessenz der Ziele der Nationalisten. Die kommunistische Bewegung in Korea und die herrschende Staatsideologie des Kim Ilsŏngismus sind diesen Ideen bis heute zutiefst verpflichtet. Darin steckt freilich ein unter den Rahmenbedingungen der Globalisierung immer akuteres Dilemma: Wie soll sich ein Land nach außen abgrenzen und seine Unabhängigkeit bewahren, wenn die wesentliche Voraussetzung von Wohlstand gerade darin besteht, sich auf wirtschaftliche Öffnung, auf globale Waren- und Kapitalmärkte hin zu orientieren? Dieses Dilemma ist heute das zentrale Problem des nordkoreanischen Staates. Es ist abzusehen, dass er an diesem Dilemma scheitern wird.

Zweiter Weltkrieg und Koreakrieg

Während der japanischen Kolonialzeit organisierte sich der nationale Widerstand aufgrund der brutalen Unterdrückung jeglicher Opposition im Land selbst vor allem im Ausland. Die linke Opposition orientierte sich dabei an der Sowjetunion (in der eine zahlenmäßig bedeutsame koreanische Minderheit lebte) und an den chinesischen Kommunisten, die bürgerliche Opposition am China der Kuomintang von Chiang Kai-shek und an Amerika. Im Verlauf des chinesischen Bürgerkrieges und dann des Zweiten Weltkrieges wurden die Gegensätze zwischen den einzelnen Gruppierungen trotz der Kriegsallianz von Amerika, der Sowjetunion und der chinesischen Volksfront gegen Japan zunehmend ausgeprägter, obwohl sich Roosevelt und Stalin 1943 darauf verständigt hatten, Korea nach der japanischen Kapitulation gemeinsam zu verwalten, um es dann in die Unabhängigkeit zu entlassen. Die Sowjetunion sollte dazu im Norden, die USA im Süden des 38. Breitengrades als administrative Ordnungsmacht fungieren.

Beide Seiten hielten sich zunächst an diese Vereinbarungen. Die ungeschickte amerikanische Besatzungspolitik zerstörte allerdings im Süden die Chance für eine eigenständige, aus dem Land selbst hervorgehende nationale politische Führung; so gelang es den Exilgruppen, politischen Einfluss zu gewinnen. Dabei wurden die alten Gegensätze zwischen bürgerlichen und kommunistischen Nationalisten durch den bereits 1946 einsetzenden Kalten Krieg zwischen den USA und der Sowjetunion angeheizt und eskalierten schließlich zum offenen Bürgerkrieg, bei dem jede Seite Unterstützung von der jeweiligen Besatzungsmacht erhielt. Allerdings verwahrten sich sowohl Moskau wie auch Washington zunächst gegen die Bestrebungen ihrer Schützlinge, die Vereinigung Koreas durch eine Invasion der anderen Landeshälfte gewaltsam zu erzwingen. Im Frühjahr 1950 gelang es dem nordkoreanischen Kommunistenführer Kim Ilsŏng jedoch, sowohl von Stalin als auch von Mao Zedong grünes Licht für eine Invasion zu erhalten. Am 25.Juni 1950 überschritten nordkoreanische Verbände den 38. Breitengrad: Der Bürgerkrieg wurde zum Krieg zwischen den zwei koreanischen Staaten und rasch auch zur Weltkrise.

Der Koreakrieg endete 1953 ohne Friedensvertrag mit einem prekären Waffenstillstand, der zunächst von Südkorea nicht einmal unterzeichnet wurde. Die Koreakrise war damit also keineswegs beendet, aber doch in den Ost-West-Gegensatz des Kalten Krieges eingebettet und dadurch auch gewissermaßen auf Eis gelegt: Keiner der beiden Blöcke war bereit, um Korea einen womöglich atomar ausgetragenen Weltkrieg zu riskieren, und so wurden die jeweiligen

Verbündeten in Korea, so gut es ging, an die Kandare gelegt. Aus dem heißen wurde so auch auf der koreanischen Halbinsel ein Kalter Krieg, ein Konkurrenzkampf der wirtschaftlichen und politischen Systeme der beiden verfeindeten Staaten um die Frage, welche Seite sich auf Dauer als überlegen erweisen würde.

Aufbau der Wirtschaft nach sowjetisch-chinesischen Vorbildern

Als Nordkorea nach den immensen Zerstörungen des Koreakrieges damit begann, seine Volkswirtschaft nach sowjetischen und chinesischen Vorbildern als zentral gelenkte Planwirtschaft aufzubauen, konnte es an Voraussetzungen anknüpfen, die zur Zeit der japanischen Kolonialherrschaft entstanden waren. Denn bei aller Brutalität der Ausbeutung und Unterdrückung hatten die japanischen Kolonialherren mit dem Aufbau des Yen-Blocks (Japan mit seinen Kolonien Korea, Mandschurei, Nordchina und Taiwan) doch Grundlagen für eine nachhaltige Industrialisierung geschaffen. Nordkorea war aufgrund seines Rohstoffreichtums ein wichtiger Standort für die japanische Schwerindustrie, und so entstand im Norden des Landes eine umfangreiche Rohstoff- und Industrieproduktion sowie eine moderne Infrastruktur. Dagegen war dem Süden, der günstigere natürliche Voraussetzungen für die landwirtschaftliche Nutzung bot, die Rolle der Reiskammer des japanischen Kolonialreiches zugedacht.

Natürlich orientierte sich die Industrialisierung des Nordens an den Bedürfnissen der Kolonialmacht und führte so zu gewichtigen Verzerrungen etwa in der Ausrichtung der Straßen und Eisenbahnlinien und in der Industriestruktur. Dennoch wurden in dieser Zeit die Voraussetzungen für die Entwicklung des Landes nach 1945 bzw. 1953 geschaffen.

Kim Ilsŏng stützte sich bei der Industrialisierung des Landes vor allem auf das Vorbild und die Hilfestellung der Sowjetunion. Von 1949 bis 1990 half Moskau Nordkorea beim Aufbau von 170 großen Schwerindustrieanlagen, die in diesem Zeitraum allein beispielsweise rund 60 % der Stromerzeugung und etwa 40 % der Eisenerz- und Stahlproduktion des Landes stellten. Bis Anfang der 1960er Jahre erzielte Nordkorea damit bemerkenswerte Erfolge: Das Pro-Kopf-Einkommen lag zu dieser Zeit noch deutlich über demjenigen

Mutwillige Zahlen- und Planspiele

Die überaus spärlichen und oft problematischen Zahlen und Daten, die Nordkorea über seine Wirtschaftsentwicklung vorlegt, veranlassten den ehemaligen amerikanischen Vizepräsidenten Walter Mondale einmal zu der bissigen Bemerkung, wer sich für einen Nordkorea-Experten halte, sei entweder ein Lügner oder ein Narr. Dies gilt noch immer: Jede Darstellung, jede Analyse der nordkoreanischen Wirtschaft und Gesellschaft bewegt sich auf einer in aller Regel unzureichenden und unsicheren faktischen Basis.

Diese Einschätzung trifft auch auf die Jahrespläne zu. So verwandelte sich der erste Sieben-Jahres-Plan (1961–1967) schließlich in einen Zehn-Jahres-Plan, und selbst 1970 waren die ursprünglichen Planziele offenkundig in etlichen Bereichen noch nicht erreicht. Der folgende Sechs-Jahres-Plan (1971–1976) war angeblich bereits 1975 erfüllt, der nächste Plan (1978–1984) wurde aber erst 1978 aufgenommen. Der dritte Sechs-Jahres-Plan begann wiederum verspätet, nämlich 1986.

des Südens. Grundlage dieser Entwicklung war vor allem die extensive Mobilisierung von Ressourcen, insbesondere von Arbeitskräften, sowie umfangreiche materielle Hilfe insbesondere der Sowjetunion: Auf die UdSSR entfiel knapp die Hälfte (46 %) der für den Zeitraum 1946 bis 1984 auf insgesamt 4,75 Mrd. $ geschätzten Entwicklungshilfe – etwa 18 % stellte China, den Rest osteuropäische Staaten.

Die Entwicklung der Landwirtschaft begann 1945/46 mit einer umfassenden Zwangskollektivierung, die zunächst zu erheblichen Schwierigkeiten in der Nahrungsmittelversorgung führte. Nach dem Koreakrieg wurde die Wirtschaft insgesamt rasch verstaatlicht, wobei in der Landwirtschaft die Kollektivfarmen nach chinesischem Modell dominierten, in der Industrie dagegen sowjetisch inspirierte Staatsbetriebe. Bereits 1958 war die Überführung der Produktionsmittel in Kollektiveigentum abgeschlossen; Privateigentum spielte seitdem nur noch eine völlig untergeordnete Rolle in der Volkswirtschaft (Ausnahme: die Bauernmärkte, auf denen Nordkoreaner Produkte aus ihrem – flächenmäßig strikt begrenzten – Eigenanbau verkaufen können). Kennzeichen der nordkoreanischen Planwirtschaft sind neben der Sozialisierung aller Produktionsmittel und der staatlichen Lenkung fast sämtlicher Wirtschaftsaktivitäten staatliche

Entwicklungspläne mit dem Ziel, dem Land möglichst rasch und umfassend eine eigenständige industrielle Basis zu verschaffen. Die ersten beiden Pläne nach dem Koreakrieg brachten erhebliche Fortschritte; bereits Ende 1957 war das Produktionsniveau von 1949 erreicht und damit die Schäden des Krieges überwunden. Danach allerdings misslang die Umstellung von extensiven auf intensive Wachstumsprozesse, und es mehrten sich die Engpässe und Verknappungen. Die Zahlen, die Nordkoreas Wirtschaftsstatistiker vorlegten, wurden nun immer spärlicher, und die Planvorgaben und ihre Realisierung immer verwirrender.

Ein Musterbeispiel der Planwirtschaft und ihrer Mängel

Nordkoreas Volkswirtschaft ist in vieler Hinsicht das Musterbeispiel einer staatlich gelenkten Planwirtschaft, in der Marktmechanismen fast keine Rolle spielen. Diese Wirtschaftsform konnte zwar durch extensive Ressourcennutzung rasche Aufbauleistungen erzielen, die inzwischen allerdings massiv aufgetretenen Probleme haben Nordkoreas Volkswirtschaft fast vollständig ruiniert. So stellt sich für eine derartige Volkswirtschaft nach den Anfangserfolgen die Herausforderung, von extensiven auf intensive Wachstumsprozesse umzustellen, in denen Wachstum nicht mehr durch gesteigerten Ressourceneinsatz (wie Arbeitskraft und Investitionskapital), sondern primär durch Produktivitätsgewinne infolge technologischen Fortschritts erreicht wird. Dies setzt jedoch die Öffnung für Wettbewerb und internationale Arbeitsteilung voraus, was wiederum den Zielen einer weitgehend binnenorientierten, selbstgenügsamen («autarken») Wirtschaft widerspricht.

Da die staatliche Planwirtschaft zudem nur begrenzt materielle Anreize und Konsummöglichkeiten bieten kann, muss die Motivation der Arbeiter auf anderen Wegen erfolgen. In Nordkorea waren und sind dies vor allem quasi-militärische «Arbeitsschlachten» und immer neue Kampagnen, die die Beschäftigten in einem permanenten Ausnahmezustand halten. Und schließlich überfordert die mit fortschreitendem Produktionsniveau wachsende Komplexität der Volkswirtschaft bald auch die Fähigkeit der Planungsbürokratie, die Produktion insgesamt angemessen zu steuern. Das Ergebnis sind Produktionsengpässe, die Ausbildung einer Schattenwirtschaft, wachsende Korruption und schließlich sinkender Lebensstandard.

Zwar können Kommandowirtschaften in begrenzten Bereichen – wie die sowjetische und auch die nordkoreanische Rüstungsindustrie zeigen – durch die Konzentration von Ressourcen durchaus beachtliche Erfolge erzielen, doch gehen diese zu Lasten der volkswirtschaftlichen Leistungsfähigkeit insgesamt.

Die Reaktionen der nordkoreanischen Wirtschaftspolitik waren in der Ablehnung jeder Marktlogik konsequent, sie verschlimmerten auf Dauer freilich die Situation nur. Bei der Suche nach Möglichkeiten, die Strukturprobleme erlahmender Wachstumskräfte und zunehmender Engpässe zu bewältigen, verfiel die Führung auf Techniken zur Mobilisierung der Arbeitskräfte und zur Umgehung bürokratischer Verkrustungen. Die erste große Massenkampagne war die 1958 ausgerufene *Ch'ŏlima*-Bewegung – benannt nach einem fliegenden Pferd der koreanischen Mythologie. 1960 wurde in der Landwirtschaft die *Chŏngsanni*-Methode eingeführt, die die Leistungsfähigkeit der Kollektivfarmen durch verbesserte Zusammenarbeit zwischen Management und Arbeitern steigern sollte. Ähnliche Bemühungen kennzeichneten die so genannte «Methode von Taean», die seit Herbst 1961 für Industrieunternehmen propagiert wird. Beide Methoden sollen auf zehn- bzw. fünfzehntägige Vor-Ort-Einweisungen von Musterbetrieben durch Kim Ilsŏng selbst zurückgehen. Im Kern geht es bei diesen Techniken darum, die Defizite bürokratischer Planwirtschaft auf der Ebene des Betriebs durch gemeinsame Bemühungen von Leitung und Belegschaft zu umschiffen.

In der Praxis bedeutet dies vor allem die ständig neue Mobilisierung der Bevölkerung für wirtschaftliche Produktionsziele in Form von Kampagnen, die ausgeprägt militärischen Charakter aufweisen. Durch anspornende Parolen und Gesänge aus Lautsprecherwagen sowie durch das Propagieren von Vorbildern sollen die Nordkoreaner ermahnt werden, die gerade aktuelle «Temposchlacht» (zumeist geht es dabei um Hundert-Tage-Schlachten) erfolgreich zu bestehen. Die militärische Bedrohung von außen bilde so, wie Rüdiger Frank feststellt, eine wichtige Komponente der Wirtschaftspolitik. Arbeit wird zum Frontdienst ohne Waffe, die Gesellschaft insgesamt somit umfassend militarisiert.

Dieser permanente Kriegszustand hält die Menschen in einem Zustand der ständigen Anspannung und Belastung und erleichtert es somit dem System, sie politisch zu lenken.

Besonders katastrophal wirkten sich die Versuche der Wirtschaftspolitik, die sich häufenden Probleme zu lösen, in der Landwirtschaft aus. In den 1960er Jahren rief Kim Ilsŏng die «vier Modernisierungsprogramme» für den Agrarsektor aus. Daraufhin wurde das ländliche Nordkorea durch systematische Mechanisierung, forcierte Elektrifizierung (insbesondere für die Bewässerungsanlagen) und «Chemikalisierung» (d. h. durch massive Steigerung des Kunstdünger-Einsatzes) durchgreifend umgestaltet. 1976 verkündete Kim Ilsŏng dann ein weiteres, noch drastischeres Ziel für den ländlichen Raum unter dem Stichwort: «Die Natur neu schaffen». Das Ergebnis dieser Maßnahmen waren übersäuerte Böden, massive Bodenerosion, größere Anfälligkeit der Pflanzen für Krankheiten durch die Verringerung der Artenvielfalt und katastrophale Überschwemmungen. Die landwirtschaftliche Erzeugung stagnierte deshalb schon in den 1980er Jahren; in den 1990er Jahren brach sie ganz ein.

Seit Mitte der 1990er Jahre kam es in Nordkorea deshalb im Gefolge von verheerenden Überschwemmungen zu einer Hungerkatastrophe. Selbst die Führung räumte ein, dass dabei mindestens 200000 Menschen ums Leben kamen, und unabhängige Schätzungen gehen für den Zeitraum von 1995 bis 1999 von 600000 bis zu einer Million Opfern aus, also etwa drei bis fünf Prozent der Bevölkerung. Nur umfangreiche Nahrungsmitteleinfuhren – die Nordkorea inzwischen vor allem durch die internationale Gemeinschaft erreichen – konnten Schlimmeres verhindern.

Der Zusammenbruch der Sowjetunion:
Zuspitzung der Systemkrise

Was sich in der Landwirtschaft besonders dramatisch zeigte, gilt freilich auch für die gesamte Wirtschaft des Landes: Trotz oder gerade wegen seines hartnäckigen Festhaltens am Ziel der Selbstversorgung ist Nordkorea heute wirtschaftlich faktisch zusammengebrochen – es hängt am Tropf subventionierter chinesischer Energielieferungen und internationaler Nahrungsmittelhilfe und ist aus eigenen Kräften wirtschaftlich nicht mehr lebensfähig. Die Auslastung der Industriekapazität liegt generell bei nur 10 % bis 15 %, die Energieversorgung mit Benzin und Strom bricht immer wieder zusammen, die gesamte Infrastruktur des Landes ist marode oder bereits zerfallen. Selbst in der Hauptstadt P'yŏngyang bedeutet dies ungeheizte Räume, tägliche Stromausfälle, kaum Straßenverkehr. Satellitenaufnahmen des nächtlichen Nordostasiens zeigen das Ausmaß der Rückständigkeit und des Verfalls: Während Japan, Südkorea und die Wirtschaftszentren Chinas, ja selbst der vergleichsweise noch wenig entwickelte Nordwesten Chinas von den Lichtern der Städte und Dörfer und des Straßen- und Schienenverkehrs erhellt werden, liegt Nordkorea im Dunkeln – ein schwarzes Loch im Universum der Globalisierung.

Die Ursache für diese Entwicklungen war letztlich eine völlig verfehlte Wirtschaftspolitik; der Auslöser der Krise war der Zusammenbruch des Sowjetreichs Ende der 1980er Jahre. Seit 1987 hatte Moskau seine umfangreiche Hilfe für Nordkorea immer stärker zurückgefahren und dann schließlich eingestellt; die Volksrepublik China begann, für einen Großteil ihrer Lieferungen Weltmarktpreise zu berechnen und Devisen zu verlangen. Zugleich brachen Nordkoreas gesicherte Absatzmärkte in den sozialistischen Staaten weitgehend zusammen.

Diesem schweren Schock und den damit verbundenen Anpassungs- und Reformzwängen waren weder Wirtschaft noch Politik des Landes gewachsen. Außenhandel und Wirtschaftsaktivität schrumpften seit 1991 Jahr um Jahr; die Talsohle wurde dabei erst Ende der 1990er Jahre erreicht. Seither verzeichnen die Schätzungen über die Wirtschaftsentwicklung zwar wieder Wachstumsraten, doch der Schein trügt: Von einer nachhaltigen Erholung kann keine Rede sein.

Das Regime reagierte auf diese krisenhafte Zuspitzung auf seine Weise. Um das eigene Überleben zu sichern, wurden Ressourcen von der Bevölkerung auf die privilegierten Schichten und die Pfeiler des Herrschaftssystems umgeleitet. Die dazu erforderlichen Deviseneinnahmen verschaffte man sich durch eine drastische Ausweitung der Rüstungsexporte und «unorthodoxe» Einnahmequellen wie Drogenhandel sowie Herstellung und Handel mit gefälschten Dollarnoten. Mit z. T. eindeutig erpresserischen Methoden wurde die internationale Gemeinschaft zudem dazu veranlasst, Nordkorea materiell und finanziell zu unterstützen.

Und schließlich versuchte das Regime daneben auch immer verzweifelter, wirtschaftspolitische Reformen einzuleiten, die das Überleben des Staates langfristig sichern konnten. Dazu zählten

Nordkoreas «unorthodoxe» Außenwirtschaftsaktivitäten

Am 16. April 2003 näherte sich der nordkoreanische Frachter Pong Su in einem schweren Sturm der australischen Küste und ließ ein Beiboot zu Wasser, das sich durch hohe See und strömenden Regen an die Küste kämpfte. Dort wartete allerdings bereits die australische Polizei auf die Ankömmlinge, die sie seit beinahe einem Monat beschattet hatte. Der Fang lohnte sich – rund 110 Pfund reinsten Heroins aus südostasiatischen Laboratorien fielen den Fahndern in die Hände. Vier Tage später konnte der Frachter von australischen Kommandoeinheiten aufgebracht werden.

Diese spektakuläre Aktion war keineswegs das einzige Beispiel für eine Verwicklung Nordkoreas in den internationalen Drogenhandel und andere derartige Geschäfte. Seit 1976 wurden insgesamt mindestens 50 Verhaftungen in mehr als 20 Ländern im Zusammenhang mit Drogendelikten vorgenommen, an denen Nordkoreaner beteiligt waren. Seit den 1980er Jahren ist das Land offenbar darum bemüht, seine Deviseneinnahmen durch kriminelle Aktivitäten aufzubessern. Dazu zählte der Schmuggel von Zigaretten, Gold, Spirituosen, gefährdeten Tier- und Pflanzenarten und Elfenbein durch nordkoreanische Diplomaten sowie die Herstellung und der Vertrieb gefälschter Hundert-Dollar-Noten. Inzwischen aber hat es Nordkorea vor allem der Drogenhandel angetan, obwohl Handel und Gebrauch von Drogen im Land selbst offenbar streng verfolgt und bestraft werden. Seit Mitte der 1980er Jahre steigerte P'yŏngyang massiv den Anbau von Mohn. Im Verlauf der 1990er Jahre erschloss sich das Land – wohl nicht zuletzt unter dem Eindruck der auch im Opium-Anbau spürbaren Engpässe in der Landwirtschaft – zudem neue, synthetische Drogenmärkte, etwa durch die Herstellung und den Vertrieb von Amphetaminen. Nach Schätzungen der US-Streitkräfte in Korea und des südkoreanischen Militärs aus dem Jahr 2002 ist Nordkorea der drittgrößte Exporteur von Opium und der sechsgrößte Lieferant von Heroin weltweit.

Japanische Behörden machen Nordkorea für mindestens die Hälfte der illegalen Drogeneinfuhren nach Japan verantwortlich, wobei es Querverbindungen zu den japanischen Yakuza, der russischen Mafia und anderen kriminellen Organisationen geben soll. Die Verwicklung des nordkoreanischen Regimes in diese kriminellen Aktivitäten ist naturgemäß schwer zu beweisen, angesichts der perfekten Reglementierung und Überwachung der koreanischen Gesellschaft aber sehr wahrscheinlich.

Bemühungen, ausländische Direktinvestitionen bzw. ausländische Unternehmen ins Land zu locken. Nach chinesischem Vorbild sollte dies durch die Schaffung von Wirtschafts-Sonderzonen an der chinesisch-nordkoreanischen Grenze (Sonderzonen-Projekte Rajin-Sŏbong und Sinŭiju) und in der Nähe der Waffenstillstandslinie (Sonderzonen-Projekt Kaesong), aber auch mittels Lohnfertigung insbesondere durch südkoreanische Firmen im Norden geschehen.

Daneben experimentierten die Wirtschaftsplaner mit zusehends radikaleren Maßnahmen, die inzwischen die gesamte Volkswirtschaft erfasst haben und damit auch die Bevölkerung insgesamt betreffen: Im Jahr 2002 etwa wurden Preise und Löhne drastisch erhöht (Getreide z. B. um 4000 % bis 6000 %!!) und der Won (von 2,1 Won auf 150 Won für einen US-Dollar) deutlich abgewertet, bevor ein flexibles Wechselkurssystem eingeführt wurde. Zielsetzung war, den Schwarzmarkthandel mit US-Dollar einzudämmen. Aber auch diese Schritte tasteten die Grundzüge des Wirtschaftssystems nicht an: Preise und Löhne werden auch weiterhin vom Staat festgelegt, nicht dem freien Spiel von Angebot und Nachfrage überlassen. (Das änderte allerdings nichts daran, dass sich in der zerfallenen nordkoreanischen Wirtschaft Korruption und Schattenwirtschaft einnisteten und sich spontan entstehende, oft aber auch stillschweigend geduldete Märkte breit machten).

Das Ergebnis ist ein Zombie-Staat, dem die wirtschaftlichen Grundlagen zum Überleben fehlen, der aber von einem Regime über Wasser gehalten wird, das die Bevölkerung in kaum vorstellbarer Weise indoktriniert, ausbeutet und kujoniert sowie jede Form abweichenden Verhaltens brutal bestraft. Um diesen Zombie-Staat zu erlösen, müsste die Wirtschaft des Landes von Grund auf neu aufgebaut und geöffnet und dazu auch das erstarrte politische System revolutionär verändert werden. Das ist das Dilemma von Nordkorea: Es hat auf Dauer nur dann eine Überlebenschance, wenn es seine Wirtschaft völlig umkrempelte – doch damit würde sich das Regime aller Wahrscheinlichkeit nach das eigene Grab und wohl auch das des unabhängigen Staates Nordkorea schaufeln.

Das Regime von Kim Ilsŏng und Kim Jŏngil

Der Weg an die Macht

Die tiefe Wirtschaftskrise Nordkoreas seit Beginn der 1990er Jahre ist Ausdruck des absoluten Primats der Politik und des Erhalts der politischen Ordnung. Solange das Regime überleben kann, spielen die Opfer der Bevölkerung keine Rolle. Dabei standen bzw. stehen die beiden Kim, Vater Kim Ilsŏng und sein Sohn und Erbe Kim Jŏngil, nicht nur an der Spitze einer zentralistischen Machthierarchie, sondern verkörpern dieses System geradezu.

Kim Ilsŏng war der eigentliche Architekt dieses einzigartigen Machtsystems. Dabei kam ihm in den ersten Jahren die Unterstützung Stalins zugute, die er geschickt zu kultivieren verstand. Vor allem aber waren es seine Reputation als Widerstandskämpfer gegen Japan, seine Entschlossenheit, die Unabhängigkeit Nordkoreas gegen alle Versuche der Einflussnahme von außen zu verteidigen, und nicht zuletzt sein Machtinstinkt und seine Fähigkeit, Konkurrenten ebenso geschickt wie brutal auszumanövrieren, die ihm schließlich eine überragende Machtposition verschafften, deren Folgen weit über seinen Tod hinaus spürbar sind.

Nach der Kapitulation Japans konkurrierten in Korea drei große Gruppen um die Macht: die Exponenten des koreanischen Nationalismus, die in Korea selbst überlebt und Japans Kapitulation entgegengenommen hatten; die von den USA unterstützten Vertreter des antikommunistischen Nationalismus um Yi Sŭngman, der bereits 1919 zum Präsidenten einer provisorischen koreanischen Regierung gewählt worden war und die japanische Besatzungszeit in China und in den USA verbracht hatte; und Angehörige des koreanischen Widerstandes, die in die Sowjetunion bzw. nach China geflohen waren, von dort einen Partisanenkrieg gegen die japanischen Invasoren führten und dann 1945 mit der Roten Armee nach Korea zurückkehrten.

Im Süden sorgten die USA als Besatzungsmacht dafür, dass die angesehenen Vertreter des internen Widerstandes gegen die Japaner von ihrem Favoriten Yi Sŭngman verdrängt werden konnten. Parallel dazu setzte sich im Norden eine Koalition der mit der Roten Armee aus der Sowjetunion und China zurückgekehrten Kommunis-

Chuch´e – die Staatsideologie

Die *Chuch'e*-Ideologie ist das wichtigste Element des nordkoreanischen Kommunismus und bedeutet soviel wie «Unabhängigkeit», «Souveränität». In nordkoreanischen Wörterbüchern wird der Begriff nicht übersetzt, sondern mit einem Zitat von Kim Ilsŏng erläutert:

«*Chuch´e* aufzubauen heißt: Die Haltung eines Herrn (master) über Revolution und Aufbau einzunehmen. Da die Herren von Revolution und Neuaufbau die Massen sind, sollten sie die Haltung eines verantwortlichen Herren über Revolution und Aufbau einnehmen. Diese Haltung ... findet ihren Ausdruck in einer unabhängigen und schöpferischen Einstellung (stand)». (zit. nach Frank, S.299)

Seit 1955 wurde diese Ideologie von Kim Ilsŏng immer systematischer entfaltet, dann in den 1970er Jahren kodifiziert und als Normengefüge für die gesamte Gesellschaft verbindlich gemacht. Sie stand zunächst für den eigenen, koreanischen Weg zum Kommunismus in Abgrenzung zum sowjetischen und zum chinesischen – und damit für die ideologische wie politische Unabhängigkeit Nordkoreas und den Anspruch, die Lösung aller Probleme aus eigener Kraft zu bewerkstelligen.

Die Ideologie der *Chuch'e*, deren Wurzeln Nationalismus und Autarkiestreben bilden, wird übertragen in das Leitprinzip der Unabhängigkeit in der Politik, des Selbstvertrauens in der Wirtschaft und der Selbstverteidigung in militärischer Hinsicht. Ihrem Anspruch nach stellt sie den Menschen als Herren der Schöpfung und der Revolution in den Mittelpunkt. Wie aber rechtfertigt dann der Kim Ilsŏngismus den Herrschaftsanspruch des Begründers und seines Sohnes? Weil der Mensch ein soziales Wesen ist, so die Wende der Ideologie ins Totalitäre, seien nicht das Individuum, sondern die Volksmassen die eigentlichen Träger und Herren der Geschichte. Die Volksmassen müssen jedoch geführt werden – die Existenz des Führers ist demnach «...die Bedingung für die souveräne Entfaltung des Einzelnen ... Wer für die (eigene) Freiheit kämpft, ist somit ein Gegner der Freiheit (aller)». (Frank, S.302, Hervorhebung im Original)

ten gegen die Nationalisten durch. Die siegreiche Koalition wandte sich dann gegen die südkoreanischen Kommunisten, deren starken Rückhalt in der Bevölkerung man fürchtete. Indem man ihnen die Schuld für die Niederlage des Nordens im Koreakrieg zuschob, konnten auch sie als Konkurrenten beseitigt werden. Danach brachen jedoch innerhalb der Koalition aus sowjetischen und chinesi-

schen Rückkehrern (der so genannten *Yenan*-Gruppe) Rivalitäten
auf: Die prosowjetische Fraktion spaltete sich in eine Gruppe von
Koreanern, die aus der Sowjetunion selbst stammten, und die Parti-
sanen-Gruppe um Kim Ilsŏng (*Kapsan*-Gruppe). In diesen Auseinandersetzungen, die 1956 in einem misslungenen Putschversuch
gegen Kim Ilsŏng gipfelten, setzten sich schließlich Kim und seine
Anhänger der *Kapsan*-Gruppe durch.

Das politische System, das Kim Ilsŏng errichtete, spiegelte zum
einen den Einfluss der Sowjetunion und auch der Volksrepublik
China wider. Doch Kim Ilsŏng ging auf der Suche nach vollständiger Unabhängigkeit schon bald eigene Wege: Bereits Mitte der
1950er Jahre verbat er sich jeden Führungsanspruch sozialistischer
«Bruderparteien» und begann eine geschickte Schaukelpolitik zwischen Moskau und Peking.

Dieses Unabhängigkeitsstreben hatte stets auch eine innenpolitische Seite: Kim wollte ein ganz auf seine Bedürfnisse zugeschnitte-
nes Herrschaftssystem. So entstand in Nordkorea eine politische
Ordnung, die auf die spezifische neo-konfuzianische Kultur des
Landes geradezu perfekt zugeschnitten wirkt. In dieser Tradition
geht es vor allem um gesellschaftliche Ordnung: soziale Beziehungen, die durch strikte Hierarchisierung in allen Bereichen, durch
unbedingten Zusammenhalt des Kollektivs, insbesondere der Familie, und die peinlich genaue Beachtung von Riten gewährleistet werden sollte. Der ausgeprägte Personenkult um die beiden Kim nimmt
diese Traditionen ebenso auf wie die Vorstellung, der Führer ver-
körpere als Oberhaupt der Gemeinschaft absolute Autorität. Sogar
der Anspruch der strikten Wissenschaftlichkeit, der sich angesichts
der oft geradezu grotesken Blüten des Personenkultes und der Ideologie seltsam ausnimmt, verbindet sich mit der Tradition – in diesem Falle mit der Wertschätzung für Bildung.

Der Einfluss des Marxismus-Leninismus

Ist das nordkoreanische Herrschaftssystem in seinem Kern der neo-
konfuzianischen Tradition des Landes verpflichtet, so ähnelt es im
Aufbau dem sowjetischen bzw. dem volkschinesischen Regierungs-
system. Die politische Ordnung beruht auf den Prinzipien des «demokratischen Zentralismus» und der «Diktatur des Proletariats»
bzw. der Volksmassen, die in der Praxis durch den obersten Führer

ausgeübt wird. Wie in der Sowjetunion und in China ruht die Herrschaftsordnung auch in Nordkorea auf den drei tragenden Säulen von Partei, Staatsapparat und Militär. Die derzeit gültige Verfassung der DVRK aus dem Jahr 1998, die sich allerdings von der Verfassung von 1972 nicht wesentlich unterscheidet, stellt an die Spitze des Staates den verstorbenen Staatsgründer Kim Ilsŏng als ewigen Präsidenten; der Staatsapparat gliedert sich in eine Legislative, die Oberste Volksversammlung, eine Recht sprechende Gewalt und die Exekutive, an deren Spitze bezeichnenderweise das Nationale Verteidigungskomitee steht (Vorsitzender: Kim Jŏngil).

Hierin spiegelt sich die Verschiebung der Gewichte zugunsten des Militärs wider, dessen Einfluss unter Kim Jŏngil deutlich zugenommen zu haben scheint. Dagegen ist die Bedeutung der Partei, an deren Spitze seit 1997 ebenfalls Kim Jŏngil steht, in den letzten Jahren zurückgegangen – ablesbar etwa an der Tatsache, dass weder das Zentralkomitee noch ein Parteitag der Koreanischen Arbeiterpartei zusammengetreten ist, um Kim Jŏngil offiziell an die Spitze der Partei zu wählen. Auch das in marxistisch-leninistischen Systemen gewöhnlich entscheidende Machtzentrum Politbüro stirbt in Nordkorea allmählich aus: Von den ehemals 20 Mitgliedern waren 2002 nur noch sieben am Leben; Nachfolger für die Verstorbenen wurden nicht bestimmt. Das Politbüro wird von einem Präsidium geleitet, das inzwischen allerdings nur noch aus Kim Jŏngil besteht.

Insgesamt ist das Herrschaftssystem Nordkoreas heute also durch die überragende Stellung von Kim Jŏngil geprägt, der letztlich alle wichtigen Entscheidungen trifft oder doch ratifizieren muss. Ob Kim dies tatsächlich ausschließlich selbst tut oder ob er eher unter dem Einfluss, ja vielleicht sogar als Marionette einer im Schatten stehenden Clique von Militärs und engen Vertrauten agiert, ist schwer zu beurteilen; wahrscheinlicher erscheint, dass Kim allein das Heft in der Hand hält, sich dabei allerdings in ein System eingebunden findet, das er von seinem Vater übernommen hat. Dafür sprechen etwa die umfangreichen personellen Umbesetzungen in der Führungsriege der Streitkräfte und der Nationalen Verteidigungskommission, die allem Anschein nach dazu dienten, alte Weggefährten seines Vaters durch jüngere, Kim Jŏngil persönlich verpflichtete Generäle abzulösen. Auch die Konkurrenten aus der Familie seines Vaters, wie seine Stiefmutter Kim Sŏngae, seinen Onkel Kim Jŏngju und seinen Stiefbruder Kim P'yŏngil, hat Kim

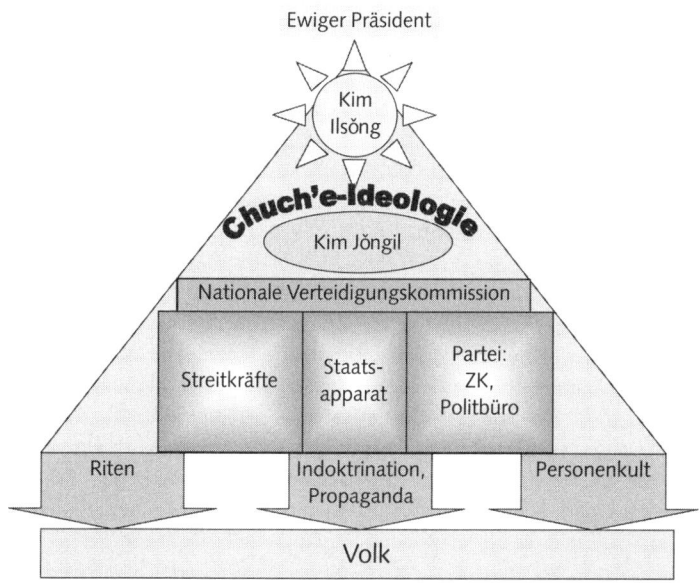

Ewiger Präsident

Kim
Ilsŏng

Chuch'e-Ideologie

Kim Jŏngil

Nationale Verteidigungskommission

| Streitkräfte | Staats-apparat | Partei: ZK, Politbüro |

| Riten | Indoktrination, Propaganda | Personenkult |

Volk

Jŏngil offensichtlich wirksam kalt gestellt. Diese stark personalisierte Machtstruktur ruht in erster Linie auf zwei Säulen: auf den Streitkräften sowie dem Polizei- und Überwachungsapparat einerseits und auf dem trotz aller Erosionsprozesse nach wie vor bedeutsamen Einfluss der Staatsideologie und des Charismas von Kim Ilsŏng.

Der «geliebte Führer» Kim Jŏngil: Ein Portrait

Kim Jŏngil, den «geliebten Führer», Sohn und unangefochtenen Erben des Staatsgründers Kim Ilsŏng, umgibt eine Aura der Unnahbarkeit und Unberechenbarkeit. Obwohl ihn sein Vater schon 1980 offiziell zum Nachfolger bestimmt hatte und ihm seither systematisch einen immer größeren Teil der politischen Leitungsaufgaben übertrug, war er bis vor wenigen Jahren weitgehend unbekannt geblieben. Erst seit 1997, drei Jahre nach dem Tod seines Vaters (und damit nach Ablauf der traditionellen neo-konfuzianischen Trauerphase), mehren sich die Aussagen und persönlich gefärbten Berichte über Kim Jŏngil, die auf eigener, unmittelbarer Anschauung beruhen. So erschienen in den letzten Jahren etwa Bücher seiner Nichte, eines ehemaligen Leibwächters und seines japanischen Kochs, und bei dem spektakulären Gipfeltreffen mit dem südkoreanischen Staatspräsidenten im Juni 2000 in P'yŏngyang präsentierte sich der nordkoreanische Führer selbst der Weltöffentlichkeit als charmanter, selbstironischer Plauderer, als wohl informierter, geschickter Unterhändler und als weitsichtiger Staatsmann, der sich der großen Linien der Politik annimmt und die Details seinen Untergebenen überlässt.

Zugleich ist Kim jedoch auch Mittelpunkt eines byzantinisch anmutenden Herrschaftssystems und Gegenstand eines überbordenden Personenkultes. So vermeldeten nordkoreanische Medien etwa, dass zum Zeitpunkt seines 60.Geburtstags auf dem «heiligen Berg» Koreas, dem Paektu, wundersamerweise für genau 60 Tage genau 60 cm blütenweißer Schnee gelegen habe. Auch sein Geburtsort ist Teil dieses Personenkultes: Kim wurde am 16. Februar 1942 keineswegs in einem geheimen Guerilla-Stützpunkt auf dem heiligen Berg geboren, wie es in der offiziellen Propaganda heißt, sondern in dem Dorf Vyatkino in der russischen Fernostprovinz Khabarowsk. (Kim hätte dadurch Anrecht auf die russische Staatsbürgerschaft, was sich noch einmal als nützlich erweisen könnte). Seine von ihm offenbar sehr geliebte Mutter Kim Jŏngsuk starb, als er sieben Jahre alt war. Wie es heißt, konnte er zu seiner Stiefmutter Kim Sŏngae und seinem Stiefbruder Kim P'yŏngil niemals ein engeres Verhältnis aufbauen.

1961 schloss sich Kim der kommunistischen Regierungspartei des Landes an, und nach Abschluss seines Studiums an der volkswirtschaftlichen Fakultät der Universität P'yŏngyang 1964 begann er seine Tätigkeit im Zentralkomitee der Koreanischen Arbeiterpartei. Sein Vater setzte ihn 1980 über die Köpfe seines Onkels Kim Jŏngju und seines jüngeren Stiefbruders hinweg als Nachfolger ein. Seit Kim die Zügel nach dem Tode seines Vaters 1994 endgültig alleine in die Hand nahm, dürfte sein Sinnen und Trachten vor allem darauf zielen, das Vermächtnis seines Vaters zu erfüllen. Dabei mag er sich durchaus auch als Gefangener eines Systems empfinden, dem er sich nicht entziehen kann und darf. In jedem Falle aber hat er es mit großem Geschick und Rücksichtslosigkeit verstanden, sich an der Macht zu halten, sich dazu die beiden wichtigsten Stützen des Herrschaftssystems (das Militär und die Partei) systematisch gefügig zu machen und alle tatsächlichen oder auch nur mutmaßlichen Konkurrenten und Rivalen skrupellos auszuschalten. Hierin zeigte er sich ebenso als talentierter Sohn wie als gelehriger Schüler seines Vaters.

Viele Anzeichen sprechen dafür, dass sich Kim über den desolaten Zustand des nordkoreanischen Systems nicht nur im Klaren ist, sondern auch geradezu verzweifelt nach Möglichkeiten sucht, dieses nachhaltig zu reformieren. Zwar hält er sich aus Einzelheiten der Tagespolitik nicht zuletzt auf den Rat seines Vaters hin heraus, um so andere für Fehler und Fehlentwicklungen verantwortlich machen zu können. Ohne Zweifel hat Kim jedoch höchstpersönlich die Politik der Wirtschaftsreformen und der Öffnung legitimiert und wohl auch angestoßen. Allerdings hat auch er noch keinen Weg gefunden, um Nordkoreas existenzielles Dilemma aufzubrechen: Durchgreifende Wirtschaftsreformen erscheinen unumgänglich, um dem Regime langfristige Wachstumsmöglichkeiten und damit echte, eigenständige Überlebensperspektiven zu verschaffen – aber sie bedrohen zugleich durch die mit ihnen verbundene, unvermeidliche Öffnung von Wirtschaft und Gesellschaft die Fundamente des politischen Zwangsregimentes und damit das Überleben des Systems.

Kim wurde in der Vergangenheit eine Vorliebe für schnelle Autos und schöne Frauen nachgesagt. Gesichert ist sein leidenschaftliches Interesse für den Film: Er besitzt eine Sammlung von rd. 20 000 Spielfilmen, darunter alle Filme, die je mit einem Oskar ausgezeichnet wurden. Er hat sich persönlich intensiv um den Ausbau der nordkoreanischen Filmindustrie gekümmert, deren propagandistische Produkte – mit nach Aussagen westlicher Beobachter deutlich steigendem Unterhaltungswert und Raffinement – die Bevölkerung regelmäßig vorgeführt bekommt. Anscheinend hat Kim selbst auch schon bei solchen Filmen Regie geführt.

Außerdem surft er täglich ausgiebig im Internet. Nach eigenen Aussagen schätzt er zudem gute Rotweine, am liebsten französische (Bordeaux oder Burgund), von denen er aber heute, so Kim selbst, auf Anraten seiner Ärzte niemals mehr als eine halbe Flasche pro Tag trinke.

In bester neo-konfuzianischer Tradition wird die nordkoreanische Gesellschaft seit etlichen Jahren von ihrer Herrscherdynastie in P'yŏngyang systematisch ausgelaugt und ausgesaugt. Die «koreanischen Massen» haben in dieser Ordnung ihren festen Platz: Sie haben zu dienen und zu dulden. Die durchschnittliche Lebenserwartung lag im Jahr 2000 mit 61 Jahren niedriger als in Indien oder Pakistan und kaum höher als in der Gruppe der ärmsten Entwicklungsländer (die Lebenserwartung in Südkorea lag dagegen um 12 Jahre höher). Die Kindersterblichkeit war im Jahr 2000 in Nordkorea neunmal so hoch wie in Südkorea; das Land stand damit kaum besser da als Eritrea oder die Republik Kongo. Die Versorgung der Bevölkerung mit Nahrungsmitteln ist dauerhaft prekär: Seit 1995 musste Nordkorea Jahr für Jahr ein bis zwei Millionen Tonnen Getreide einführen, also rd. 15% bis 30% des Bedarfs. Nach einer Untersuchung mehrerer internationaler Organisationen, darunter UNICEF, an 1800 nordkoreanischen Kindern wurde bei 16% der Untersuchten akute und bei 62% chronische Unterernährung festgestellt.

Die Verantwortung für diese Lage trägt der nordkoreanische Staat. Denn zu den Merkmalen der Allmacht dieses Systems gehört auch, dass mehr als zwei Drittel der Bevölkerung auf öffentliche Lebensmittelzuteilung angewiesen sind. Nur Funktionäre verfügen darüber hinaus über andere Bezugsmöglichkeiten, Militär wird bei den Zuteilungen bevorzugt behandelt. Die chronische Unterversorgung breiter Bevölkerungsschichten hat nicht nur kurzfristig schreckliche Folgen bis hin zum Hungertod, sondern sie verursacht auch langfristige Entwicklungsschäden bei Kindern. Die Führungsschicht dagegen leidet keinen Mangel, sie hat sogar durchaus Zugang zu westlichen Luxusgütern. Es ist unter diesen Umständen kaum überraschend, dass die ehemals vollständige Kontrolle des Systems über die Bevölkerung inzwischen zu bröckeln beginnt: Überall im Lande ziehen hungernde Menschen auf der Suche nach Nahrungsmitteln umher, und Hunderttausende versuchten zu fliehen, zumeist über die lange und relativ offene Grenze nach China, wo sich bis zu 300 000 Nordkoreaner aufhalten sollen.

Indoktrination, Führerkult und die Militarisierung der Gesellschaft

Die nordkoreanische Propaganda zieht alle Register, um die Verantwortung für diese Situation anderen bzw. den Naturgewalten anzulasten und die Bevölkerung darauf einzuschwören, Opfer zu bringen. So wurde Mitte der 1990er Jahre eine Kampagne unter dem Slogan «Zwei Mahlzeiten sind genug» durchgeführt, die die Bevölkerung mit allerlei pseudowissenschaftlichen Argumenten und leuchtenden Vorbildern dazu bringen sollte, ihre kärgliche Ernährung weiter einzuschränken. Generell werden die Nordkoreaner in beispielloser Intensität indoktriniert und darauf eingestellt, sich ganz in den Dienst des Kollektivs und seines «geliebten Führers» zu stellen. Der Staat tritt dabei an die Stelle der Familie: Schon ab dem dritten Lebensjahr werden Kinder in staatlichen Einrichtungen erzogen und somit dem Einfluss der Eltern entzogen. Dennoch zeigen Umfragen unter Flüchtlingen, dass die massive Staatspropaganda inzwischen von vielen Nordkoreanern nicht mehr ohne Weiteres geglaubt wird. Deutlich erkennbar ist auch, dass Kim Jŏngil im Vergleich zu seinem charismatischen Vater weit weniger aufrichtig und inbrünstig verehrt und geschätzt wird.

Eine wesentliche Komponente der Indoktrination besteht darin, die gesamte Bevölkerung auf den Kampf gegen den äußeren Feind einzuschwören und sie dafür zu mobilisieren. In der Verfassung heißt es dazu: «… das gesamte Volk bewaffnen, das Land in eine Festung verwandeln, die Armee zur Kaderarmee ausbilden» (Art. 60).

In der Praxis zeigt sich dies etwa an den Anforderungen des Militärdienstes: Die Dienstpflicht beträgt offiziell dreieinhalb bis vier Jahre, sie wird jedoch faktisch regelmäßig verlängert; acht, neun oder mehr Jahre sind deshalb durchaus normal. Hinzu kommen umfangreiche militärische Ausbildungsverpflichtungen ab dem 14. Lebensjahr und nach dem aktiven Militärdienst in den Reserve-Einheiten. Mindestens jeder sechste Nordkoreaner zwischen 17 und 54 dient in den Streitkräften.

Die ausgeprägte Militarisierung der Gesellschaft zeigt sich darüber hinaus in vielfältigen anderen Formen – etwa einer breit ausgerichteten militärischen Ausbildung der gesamten Bevölkerung oder dem Bau von Bunkern und unterirdischen Anlagen im ganzen Land. Auch in der Diktion der Propaganda Nordkoreas schlägt sich die Militarisierung der Gesellschaft nieder. So steht die Politik des Landes seit einigen Jahren unter dem Slogan «Das Militär zuerst».

Im gemeinsamen Leitartikel der nordkoreanischen Zeitungen zum Neujahrstag 2003 heißt es beispielsweise unter der Überschrift «Lasst uns die Würde und Macht der DVRK unter dem Banner der großen streitkräftebezogenen Politiklinie ganz demonstrieren» unter anderem:

«All die Siege, die unsere Streitkräfte und unser Volk im Dienste des Sozialismus im vergangenen Jahr erkämpft haben, sind wertvolle Früchte der streitkräftebezogenen Politik des Führers Kim Jŏngil und seiner dynamischen Anleitungen... Das Streben, in diesem Jahr den 55. Geburtstag der DVRK prachtvoll auszuschmücken, ist ein wertvoller Beitrag zur umfassenden Anwendung der Idee der *chuch'e* und der Politiklinie, die den Streitkräften in allen Bereichen der Politik, der Wirtschaft und der Kultur absolute Priorität gibt. Wir sollten den Marsch vorwärts auf dem Weg zur Errichtung einer machtvollen Nation nun unter dem Slogan energisch beschleunigen: ‹Lasst uns mit der Macht der streitkräftebezogenen Politik in diesem Jahr, das den 55. Geburtstag der DVRK markiert, einen großen Sieg erringen›. Um die Macht der DVRK zu vergrößern, ist es wichtig, die unverbrüchliche Einheit von Partei, Streitkräften und Volk auf der Grundlage der Idee, den Streitkräften die oberste Priorität einzuräumen, felsenfest zu konsolidieren.»

Unterdrückung

Zur Kontrolle der nordkoreanischen Gesellschaft durch den Staat gehört ihre Einteilung in Gruppen, die sich an der Loyalität zum Regime orientiert. Insgesamt gibt es 51 Gruppen, die folgendermaßen zusammengefasst sind: Hauptschicht (12 Gruppen), unsichere Schicht (9 Gruppen) und feindliche Schicht (30 Gruppen). Die Gruppenzugehörigkeit entscheidet in erheblichem Maße über Karrierechancen und den Verlauf des gesamten Lebens. Auch die öffentliche Lebensmittelzuteilung orientiert sich daran.

Zu den Traditionen der koreanischen Monarchie gehörte es, dass jede Form des Widerstandes und der Opposition, ja sogar geringes Fehlverhalten grausame Bestrafung nach sich ziehen konnte. Dabei wurden nicht nur die Schuldigen, sondern auch ihre Familien nach dem Prinzip der Sippenhaftung zur Rechenschaft gezogen. Ähnliche Praktiken finden sich auch unter der Dynastie der beiden Kim. David Hawk, einem amerikanischen Wissenschaftler der *U. S. Co-*

mittee for Human Rights in North Korea, gelang es, aus Aussagen von Flüchtlingen und der Auswertung von Satellitenphotos eine umfassende Bestandsaufnahme des nordkoreanischen Gulag-Systems zu erarbeiten. Danach gibt es im Land mindestens sechs Straflager, die bis zu 30 Meilen lang und 15 Meilen breit sind. In diese Lager, die durch einen Erlass von Kim Jŏngil am 27. 9. 1995 eingerichtet wurden und deshalb auch «9/27-Lager» heißen, werden jährlich nach Schätzungen von Andrew Natsios, einem ehemaligen Mitarbeiter des World Food Programme in Nordkorea, etwa eine Million Menschen eingewiesen. In jedem von ihnen leben 20 000 bis 40 000 Gefangene in Dörfern zusammengefasst. Viele werden dort lebenslang festgehalten und sterben in der Regel an Hunger und Überarbeitung in Bergwerken, beim Holzfällen und in der Landwirtschaft.

Aufgrund der allgegenwärtigen Präsenz des Staates kann das Regime natürlich auch sicherstellen, dass die Nahrungsmittelhilfe der Staatengemeinschaft und die Hilfsmaßnahmen der Nichtregierungsorganisationen in erster Linie dem System selbst zugute kommen. Mehrere Hilfsorganisationen – wie *Médecins sans frontières* und *Oxfam* – haben ihre Arbeit in Nordkorea deshalb unter Protest gegen die unzureichende Kooperationsbereitschaft der Behörden und ihre Weigerung eingestellt, unabhängig überprüfen zu lassen, ob die Hilfsmaßnahmen tatsächlich an ihre eigentlichen Adressaten gelangen.

Außen- und Sicherheitspolitik

Im Spannungsfeld der Großmächte

Innen- und Außenpolitik gehören in Nordkorea noch enger zusammen, als dies gemeinhin ohnehin der Fall ist. P'yŏngyangs wichtigstes außen- und sicherheitspolitisches Ziel ist die Unabhängigkeit des Landes, das damit eng verknüpfte Gegenstück ist der totale Machtanspruch des Regimes nach innen. Er kann keine Einmischungen dulden. Die Sicherheit des Landes nach außen ist gleichbedeutend mit dem Überleben des Staates. Um dies zu garantieren, unterhält Nordkorea aufgeblähte und kostspielige Gewaltapparate: Streitkräfte in einer Stärke von rd. einer Million Soldaten für die Sicherheit nach außen (und zur Absicherung der Herrschaftsstruktur im Falle einer ernsthaften Herausforderung von innen), Polizei und Straflager zur Unterdrückung jeglichen Abweichlertums. Die mangelnde Legitimität des Regimes im Land selbst verlangt zugleich die außenpolitische Anerkennung und Aufwertung, z. B. durch den Triumph über den Konkurrenten Südkorea und durch die Gleichstellung mit der Supermacht Amerika.

Die dazu erforderlichen Ressourcen, die im Land aufgrund der verfehlten Wirtschaftspolitik nicht mehr erwirtschaftet werden können, müssen von außen beschafft werden – nicht zuletzt auch mit Hilfe der Außen- und Sicherheitspolitik. Dabei bedient sich das Regime nach außen wie nach innen derselben Mittel: Gewaltandrohung, Terror, Erpressung und die Eliminierung von Gegnern, wo immer das ohne Risiko möglich ist.

Die Rahmenbedingungen der nordkoreanischen Außenpolitik waren und bleiben dabei zum einen bestimmt von der Teilung des Landes, dem Bürgerkrieg und der Machtkonkurrenz zwischen den zwei koreanischen Staaten, zum anderen von der Konstellation der Großmächte in Nordostasien. Nordkorea verfolgte von Anfang an zwei große strategische Ziele: die Sicherheit des nordkoreanischen Staates und damit des Regimes und die Unabhängigkeit und eigenständige Entwicklung Koreas. Diese beiden Ziele waren freilich nicht ohne Weiteres auf einen gemeinsamen Nenner zu bringen: Sicherheit implizierte zunächst Abhängigkeit von Verbündeten.

Der Versuch von Kim Ilsŏng, die politische Herausforderung Südkoreas durch eine Invasion zu zerschlagen und damit die gewaltsame Vereinigung der Halbinsel zu erzwingen und seinen Machtanspruch durchzusetzen, fand zwar zunächst die Billigung Moskaus und Pekings, scheiterte aber mit dem Eingreifen der USA im Koreakrieg. Die koreanische Halbinsel war damit in den Mittelpunkt des Ost-West-Konfliktes gerückt; dies bedeutete, dass jeder neue Krieg dort zur Auseinandersetzung zwischen den Blöcken eskalieren konnte. Daran war weder Washington noch Moskau gelegen. Andererseits konnten sich die beiden Supermächte auch nicht über die Köpfe ihrer Verbündeten hinweg auf einen Diktatfrieden für die koreanische Halbinsel verständigen. So wurde der Koreakonflikt – wie auch die deutsche Frage – eingefroren und zu den weltpolitischen Akten gelegt.

Kim Ilsŏng war freilich nicht ohne Weiteres bereit, dies zu akzeptieren. Zunächst allerdings blieb ihm nichts anderes übrig, als sich eng an seine beiden wichtigsten Verbündeten, die Sowjetunion und die Volksrepublik China, anzulehnen, die allein die Sicherheit des nordkoreanischen Staates vor der Übermacht des USA garantieren konnten. Im Koreakrieg war es das Eingreifen der Sowjetunion und der Volksrepublik China gewesen, das allein das Regime gerettet hatte: Die Sowjetunion lieferte das Kriegsmaterial und half mit 26 000 Soldaten der nordkoreanischen Luftabwehr und Luftwaffe, und die chinesische Volksbefreiungsarmee griff mit rund 850 000 «Freiwilligen» in die Kämpfe ein, als die amerikanischen Verbände unter der Flagge der Vereinten Nationen und dem Oberbefehl des US-Generals Douglas McArthur auf ihrem Siegeszug nach Norden trotz diplomatischer Warnungen der chinesischen Grenze zu nahe kamen.

Als dann aber nach dem Tode Stalins Mitte der 1950er Jahre die Gegensätze zwischen der Sowjetunion und der VR China aufbrachen, konnte Kim Ilsŏng daran gehen, seine Handlungsfreiheit zurückzugewinnen: Er begann, Moskau und Peking gegeneinander auszuspielen. Dies verschaffte ihm nicht nur materielle und militärische Hilfe von beiden, sondern auch die Chance, beide Verbündeten auf Abstand zu halten. So konnte Nordkorea eine dauerhafte Truppenpräsenz Moskaus oder Pekings abwenden und auch die Mitgliedschaft im *Rat für gegenseitige Wirtschaftshilfe* (Comecon) ablehnen.

Dennoch blieb das Land zunächst auf die Garantien der 1961 vereinbarten Sicherheitsverträge und die Rüstungslieferungen der Sowjetunion und Chinas angewiesen. Um politische Eigenständigkeit und Handlungsfreiheit zu gewinnen, rüstete P'yŏngyang auf: Eine gewaltige konventionelle Rüstungsmaschinerie sollte die Sicherheit des Staates und des Regimes garantieren.

Heute unterhält das kleine Nordkorea die fünftgrößten konventionellen Streitkräfte der Welt. Spätestens seit der Kubakrise von 1962, die aus der Sicht von Kim Ilsŏng die Unzuverlässigkeit sowjetischer Sicherheitsgarantien demonstrierte, begann sich P'yŏngyang für Atomwaffen zur Abschreckung der USA und damit als ultimative Überlebensgarantie des Regimes zu interessieren. Nach der Umstellung der amerikanischen Militärstrategie auf der koreanischen Halbinsel Anfang der 1990er Jahre, die im Krisenfall Präventivschläge der USA und des Südens gegen nordkoreanische Truppenkonzentrationen und eine Eroberung des Nordens (und damit den Sturz des Regimes und die gewaltsame Vereinigung) vorsah, forcierte P'yŏngyang seine Atomwaffenprogramme und parallele Rüstungsprogramme zur Entwicklung weitreichender Trägersysteme.

Auch die ideologische, wirtschaftliche und politische Systemkonkurrenz mit dem Süden, die den Bürgerkrieg nach dem Waffenstillstand 1953 und dem Einfrieren des Koreaproblems ablöste, war letztlich für Nordkorea eine Überlebensfrage. P'yŏngyang war daher bei der Wahl seiner Methoden nicht gerade zimperlich.

Nordkoreanischer Staatsterrorismus

Schon unmittelbar nach dem Waffenstillstand 1953 hatte Nordkorea damit begonnen, Agenten in den Süden einzuschleusen, ab 1960 war das Ziel die gewaltsame Destabilisierung des Südens. Diese Taktik erreichte ihren Höhepunkt 1968 mit über 600 Infiltrationsversuchen; darunter war der Angriff einer nordkoreanischen Kommandoeinheit mit 31 Soldaten auf den Wohnsitz des südkoreanischen Präsidenten, der erst 500 m vor dem Gebäude gestoppt werden konnte und bei dem 28 Angreifer und 37 Südkoreaner ums Leben kamen.

Nach 1969 nahm die Zahl der Mordanschläge auf die südkoreanische Führung zu. Ein erster Bombenanschlag scheiterte 1970, einem weiteren Anschlag 1974 fiel die Frau des Staatspräsidenten zum Opfer; Park Chŏnghi selbst blieb unverletzt.

Am 9. Oktober 1983 töteten drei nordkoreanische Agenten in der Hauptstadt von Burma/Myanmar, Rangun, 18 Minister und hohe Staatsbeamte mit einem Bombenanschlag, der eigentlich dem südkoreanischen Staatspräsidenten Chŏn gegolten hatte. Chŏn, der in Myanmar einen Staatsbesuch absolvierte, kam mit dem Leben davon, weil die Sprengladung vorzeitig detonierte.

Am 29. November 1987 explodierte an Bord einer südkoreanischen Linienmaschine eine Bombe, die zwei nordkoreanische Agenten gelegt hatten; 135 Passagiere und Besatzungsmitglieder kamen um. Einer der beiden Täter, eine junge Frau, wurde gefasst und gestand, das Attentat im Kontext einer Mission durchgeführt zu haben, die Kim Jŏngil persönlich leitete und die Südkorea im Vorfeld der Olympischen Spiele in Seoul 1988 diskreditieren sollte.

Den Wettbewerb der Systeme verlor der Norden dennoch – zunächst wirtschaftlich, dann, mit der einsetzenden Demokratisierung des Südens, auch ideologisch und politisch. In der Außenpolitik hatte sich die Systemkonkurrenz in der Vergangenheit als Wettlauf um die diplomatische Gunst anderer Staaten niedergeschlagen. 1992 musste Nordkorea zähneknirschend seinen Alleinvertretungsanspruch aufgeben und die gemeinsame Aufnahme der beiden Staaten in die Vereinten Nationen akzeptieren. Seither konnte P'yŏngyang zwar neue diplomatische Bande knüpfen und unterhält heute diplomatische Beziehungen mit rund 150 Staaten, es musste aber zugleich akzeptieren, dass selbst seine engsten und ältesten Verbündeten inzwischen weit intensivere Beziehungen zum Süden unterhalten: Nordkorea hat weder wirtschaftlich noch politisch viel zu bieten.

Zugleich bleibt das Land auch in den internationalen Organisationen weitgehend isoliert. Dies gilt insbesondere für die internationalen Wirtschaftsorganisationen wie Weltbank, Internationaler Währungsfonds, Asiatische Entwicklungsbank und WTO. Amerika blockiert die Mitgliedschaft Nordkoreas in diesen Institutionen, weil P'yŏngyang in der Vergangenheit immer wieder staatsterroristische Aktivitäten entfaltet und den Bruch des Völkerrechtes zu einer hohen Kunst entwickelt hat. Erschwerend kommt hinzu, dass die für die Mitgliedschaft erforderlichen Bedingungen (wie die Offenlegung seiner Wirtschaftsdaten) nicht erfüllt werden. Damit blieb Nordkorea bislang von wichtigen Möglichkeiten abgeschnitten, Reformmaßnahmen von außen zu unterstützen.

Zu Zeiten des Kalten Krieges stand Nordostasien im Bann des Ost-West-Konfliktes zwischen Amerika und der Sowjetunion, die Front im Kalten Krieg verlief unter anderem am 38. Breitengrad. Inzwischen hat sich dieser Gegensatz aufgelöst; heute bestimmt das komplexe Zusammenwirken und die Rivalität der großen Mächte USA, China und Japan sowie – in zweiter Reihe – Russland und Europa die Entwicklungen in der Region. Die koreanische Teilung und die prekäre Stabilität des Nordens machen die Halbinsel dabei zu einem wichtigen Brennpunkt des Tauziehens, aber auch der Zusammenarbeit zwischen den Mächten. Trotz oder gerade wegen seiner zunehmenden Isolierung und Unberechenbarkeit bestimmt Nordkorea dabei wesentlich die Dynamik: Es agiert, die anderen Staaten reagieren.

Das ändert freilich nichts an seiner schwachen strategischen Position. Das Regime kämpft mit dem Rücken zur Wand um sein Überleben; dabei ist nicht auszuschließen, dass es wissentlich oder unwissentlich eine «Samson-Strategie» verfolgen könnte: Wie Samson seinen eigenen Tod in Kauf nahm, als er den Tempel zum Einsturz brachte, könnte auch Nordkoreas Regime im Zuge seines Überlebenskampfes die ganze Region mit in den Abgrund reißen.

China und Nordkorea

International steht Nordkorea heute praktisch alleine. Lediglich die Volksrepublik China unterstützt P'yŏngyang noch – wenngleich mit erkennbar zunehmenden Vorbehalten. Noch beteuert die offizielle Sprachregelung auf beiden Seiten immer wieder, die beiden Staaten seien sich nahe «wie Lippen und Zähne», ihr Bündnis sei (im Koreakrieg) «mit Blut besiegelt» worden. Formeller Ausdruck dieser Allianz ist der Freundschafts- und Beistandspakt aus dem Jahr 1961, der China verpflichtet, Nordkorea im Falle eines Angriffs von außen zu Hilfe zu kommen.[1]

China hält seit einigen Jahren den Nachbarn mit überlebenswichtigen Energie- und Nahrungsmittellieferungen zu Sonderkonditionen (Nordkoreas Schulden gegenüber der Volksrepublik dürften sich inzwischen auf mehr als 500 Mio.$ belaufen) über Wasser und kann deshalb auch wirtschaftlichen Druck ausüben, etwa indem es – aus «technischen Gründen» – seine Erdöllieferungen zeitweilig unterbricht.

Freilich fürchtet auch China die instabile Lage in Nordkorea: Sollte es zu einer Zuspitzung der Krise auf der Halbinsel etwa in Gestalt eines Krieges oder eines Zusammenbruchs des Nordens kommen, so müsste mit einer Flüchtlingswelle gewaltigen Ausmaßes gerechnet werden, die die angrenzenden chinesischen Gebiete destabilisieren könnte. Die Volksrepublik drängt deshalb seit Jahren das Regime in P'yŏngyang, dem chinesischen Vorbild zu folgen und durch tief greifende, marktorientierte Wirtschaftsreformen die Herrschaftsposition der kommunistischen Partei bzw. ihrer Führung langfristig zu sichern. Dieser Ratschlag verkannte allerdings die erheblichen Unterschiede zwischen dem China des Jahres 1978 (dem Beginn der Reformpolitik) und Nordkorea in den 1990er Jah-

---

[1] Ein ähnlicher Vertrag mit der Sowjetunion, der ebenfalls 1961 abgeschlossen wurde, lief 1996 aus; der Nachfolge-Vertrag zwischen Nordkorea und Russland sieht im Gegensatz zu seinem Vorläufer und zum Vertrag zwischen Nordkorea und China keine militärische Beistandspflicht Russlands für Nordkorea mehr vor.

ren. Als sich die wirtschaftliche Krise des Nordens nicht besserte, sondern sich im Gegenteil weiter zuspitzte und auch die Beziehung zu den USA erneut auf einen gefährlichen Konfrontationskurs geriet, schaltete sich China erstmals offiziell als Vermittler ein, indem es im Jahr 2003 die beiden Koreas, die USA, Japan und Russland zu Sechs-Parteien-Gesprächen nach Peking einlud.

Amerika und Nordkorea

Amerika ist der große Gegenspieler Nordkoreas. Die Erfahrungen des Koreakrieges haben in P'yŏngyang ohne Zweifel tief sitzende Bedrohungsgefühle entstehen lassen, die nicht völlig grundlos sind: Die USA haben Nordkoreas Regime stets nur notgedrungen akzeptiert und würden sicherlich jede Möglichkeit nützen, es zu stürzen, falls dies ohne negative Auswirkungen auf amerikanische Interessen möglich wäre. Seit der Norden Kernwaffen und weit reichende Raketensysteme entwickelt, müssen sich die USA zudem um die Verbreitung von Massenvernichtungstechnologien in anderen Regionen Sorgen machen. Insbesondere mit Pakistan hat P'yŏngyang in der Vergangenheit bei dessen Atomwaffen- und Raketenprogrammen eng zusammen gearbeitet; zudem wurden Raketen an etliche nah- und mittelöstliche Staaten wie Iran, Syrien und Libyen geliefert.

Diese Aktivitäten sind aus Sicht der USA ein weiterer guter Grund dafür, das System in Nordkorea zu zähmen oder zu beseitigen. Bei einer Vereinigung der beiden koreanischen Staaten müsste Amerika allerdings damit rechnen, dass Südkorea seine bisher enge Zusammenarbeit mit Washington lockern oder gar aufgeben könnte und damit die – auch regionalpolitisch wichtigen – US-Militärstützpunkte in Korea wegfielen. Dies könnte insbesondere für die amerikanische Politik der Eindämmung Chinas unerwünschte Auswirkungen haben. Insofern nützt die Teilung Koreas durchaus auch übergeordneten strategischen Interessen der USA. Vor allem aber wäre ein Präventivkrieg gegen Nordkorea nicht nur völkerrechtswidrig, sondern weder mit Südkorea noch mit Japan, geschweige denn mit China zu machen. Aber selbst, wenn Washington sich über die Einwände hinwegsetzen sollte, wären die Risiken eines solchen Krieges kaum kalkulierbar. Zwar würden Amerika und seine Verbündeten einen solchen Krieg gewinnen, aber – nach Schätzungen amerikanischer Militärs – für den Preis von mindestens einer Million Toten, darunter 80 000 bis 100 000 amerikanische Soldaten. Die Sachschäden dürften etwa 1000 Mrd. $ betragen.

So blieb Washington bislang letztlich nur die Wahl, Nordkorea und seine Drohungen entweder zu ignorieren oder zu versuchen, es auf diplomatischem Wege zu zähmen. Ein erster Schritt war das Genfer Rahmenabkommen vom Oktober 1994. Es sah den Verzicht Nordkoreas auf sein Kernwaffenprogramm vor; die USA verpflichteten sich als Gegenleistung, Nordkorea Ersatzenergien in Form von Schweröllieferungen und zwei Kernkraftwerken mit amerikanischer Reaktortechnologie zu verschaffen, die Wirtschaftssanktionen abzubauen und diplomatische Beziehungen aufzunehmen. Das energiewirtschaftliche Hilfsprogramm sollte durch eine internationale Organisation, die Korean Pensinsula Energy Development Organisation (KEDO) abgewickelt werden.

Das Genfer Rahmenabkommen von 1994

Seit dem Mai 1992 häuften sich Informationen über ein geheimes nordkoreanisches Atomwaffenprogramm. Der Gouverneursrat der Internationalen Atomenergiebehörde in Wien, der für die Überwachung des Atomwaffen-Sperrvertrags zuständig ist, verlangte von Nordkorea daher in einer Resolution am 25.2.1993 die Zustimmung zu Sonderinspektionen in zwei verdächtigen Nuklearanlagen, um so feststellen zu können, ob das Land aus seinen Kernkraftwerken atomwaffenfähiges Plutonium entnommen habe. Daraufhin kündigte Nordkorea seine Mitgliedschaft. Um P'yŏngyang zur Rückkehr in den Vertrag und zum vollständigen Abbau seines Atomwaffenprogramms zu bewegen, nahmen die USA im Juni 1993 hochrangige direkte Verhandlungen auf. Aber erst nach einer Vermittlungsmission des ehemaligen US-Präsidenten Jimmy Carter im Juni 1994 in P'yŏngyang gelang ein diplomatischer Durchbruch, der am 21.Oktober desselben Jahres in das Genfer Rahmenabkommen mündete.

Dieses – rechtlich nicht bindende – Abkommen sah vor, dass Nordkorea seine bisherigen Atomanlagen zunächst stilllegen und danach schrittweise abbauen sowie seine Mitgliedschaft im Atomwaffen-Sperrvertrag in vollem Umfang und mit allen daraus entstehenden Verpflichtungen aufrechterhalten würde; im Gegenzug sollte das Land Zug um Zug Schweröllieferungen und zwei Leichtwasser-Reaktoren erhalten, die als wenig proliferationsanfällig gal-

KEDO

Die *Korean Pensinsula Energy Development Organisation* wurde im Kontext der Umsetzung des Genfer Rahmenabkommens zwischen den USA und Nordkorea von Washington organisiert und am 9. März 1995 formell ins Leben gerufen. Neben den USA sind Südkorea, Japan und die EU die wichtigsten anderen Mitglieder; Nordkorea ist nicht Mitglied. Den Vorsitz hat als Exekutivdirektor ein amerikanischer Diplomat, die drei anderen Direktoren stellen Südkorea, Japan und die EU.

KEDO übernahm drei wesentliche Aufgaben: die Belieferung Nordkoreas mit zwei Leichtwasser-Reaktoren amerikanischer Technologie; die Abwicklung von Schweröllieferungen bis zur Indienststellung der Reaktoren; und die Zwischenlagerung der nordkoreanischen Kernbrennstäbe, aus denen waffenfähiges Plutonium gewonnen werden konnte. Den Löwenanteil der Finanzierung der KEDO bzw. ihrer kostspieligsten Aufgabe, des Leichtwasser-Reaktorprojektes, übernahm Südkorea mit einem Anteil von 70 % oder 3,2 Mrd. $ des geschätzten Gesamtvolumens von 4,5 Mrd. $; dafür erhielt ein südkoreanisches Unternehmen den Zuschlag für Bau und Lieferung der zwei Reaktoren. Japan zahlte 1 Mrd. $ (22 %), die Finanzierung der restlichen 8 % teilten sich die USA und die EU (jeweils 180 Mio. $). Die Abwicklung des Projektes verzögerte sich durch nordkoreanische Forderungen, technische Komplikationen und die Suspendierung der südkoreanischen Mitarbeit an dem Projekt für sechs Monate, nachdem ein nordkoreanisches Spionage-U-Boot in Südkorea gestrandet war. Probleme ergaben sich für die KEDO immer wieder auch bei der Finanzierung der Schwerölliefrungen. Dies lag zum einen an Widerständen im von den Republikanern dominierten amerikanischen Kongress gegen die Korea-Politik der Clinton-Administration, zum anderen an den Auswirkungen der Asienkrise auf Südkorea und Japan.

ten. Zugleich sollten die wirtschaftlichen und diplomatischen Beziehungen zwischen den beiden Staaten intensiviert und aufgewertet werden. Zudem wurden eine Reihe von vertrauensbildenden Maßnahmen wie Zusagen der USA, Nordkorea nicht mit Atomwaffen anzugreifen oder zu bedrohen, oder Nordkoreas, das innerkoreanische Entnuklearisierungsabkommen umzusetzen und einen Dialog mit dem Süden aufzunehmen, vereinbart. Um die Lieferung von Leichtwasser-Reaktoren an Nordkorea zu organisieren und zu finanzieren, schufen die Vereinigten Staaten ein internationales Konsortium, die KEDO. Die Umsetzung der Vereinbarungen von Genf sollte nach einem im Abkommen festgelegten Zeitplan erfolgen und bis zum Jahr 2006 abgeschlossen sein.

Doch weder die USA noch Nordkorea hielten sich an das Abkommen: Die Regierung in Washington baute darauf, dass das Regime in Nordkorea bald zusammenbrechen würde und der Vertrag nicht erfüllt werden müsste. Nordkorea trug seinerseits zu Verzögerungen beim Bau der zugesagten Kernkraftwerke bei. Vor allem aber begann P'yŏngyang heimlich ein zweites Kernwaffenprogramm aufzulegen, diesmal nicht auf der Grundlage von Plutonium (das aus abgebrannten Reaktor-Brennstäben gewonnen wird), sondern von angereichertem Uran (das in eigens dazu bestimmten Anlagen hergestellt wird) als Waffenmaterial.

Dies war ein glatter Verstoß nicht nur gegen das (geheime) Zusatzprotokoll zum Genfer Rahmenabkommen, sondern auch und vor allem gegen das bilaterale Abkommen über eine Entnuklearisierung der koreanischen Halbinsel mit Südkorea und Nordkoreas Verpflichtungen aus dem Atomwaffen-Sperrvertrag. Im Jahr 2002 eskalierte die Krise, als das zweite Kernwaffenprogramm von den USA an die Öffentlichkeit gebracht wurde. P'yŏngyang erklärte das Genfer Abkommen darauf für hinfällig, kündigte seine Mitgliedschaft im Atomwaffen-Sperrvertrag und reaktivierte sein erstes Kernwaffenprogramm. Die USA standen damit erneut vor dem Dilemma, sich erpressen zu lassen und die Waffenprogramme gegen Hilfeleistungen abzukaufen oder zu riskieren, dass Nordkorea sich zur Atommacht entwickeln und damit nicht nur die ganze Region bedrohen könnte, sondern auch die weltweiten Bemühungen um eine Eindämmung der Verbreitung von Atomwaffen zunichte machen würde.

Die Beziehungen zu Japan, Russland und Europa

Nordkoreas Beziehungen zu Japan werden durch vier wesentliche Faktoren bestimmt: Japans koloniale Vergangenheit und die damit verbundene Frage der Entschädigungszahlungen; die etwa 100 000 Köpfe zählende nordkoreanische Minderheit in Japan; spezifische humanitäre Fragen; und schließlich die enge außen- und sicherheitspolitische Bindung Tokios an Amerika, die die japanische Nordkorea-Politik stark beeinflusste. Während die Beziehungen zu Südkorea 1965 normalisiert werden konnten, kam es bis heute zu keinem Friedensvertrag mit Nordkorea. Zwar gab es schon zu Zeiten des Kalten Krieges mehrere Phasen der Entspannung. So wurde etwa 1959 über das Rote Kreuz die Repatriierung von Koreanern vereinbart, die in Japan lebten; bis 1984 wanderten insgesamt rd. 90 000 japanische Koreaner und etwa 1800 Japanerinnen, die in Japan lebende Nordkoreaner geheiratet hatten, nach Nordkorea aus. Und in den 1970er Jahren kam es zum Abschluss mehrerer privater Handels- und Fischereiabkommen, die die Wirtschaftsbeziehungen zwischen Japan und Nordkorea intensivieren halfen.

Aber erst nach dem Ende des Kalten Krieges begann Tokio offizielle Verhandlungen mit P'yŏngyang über eine Normalisierung der Beziehungen und signalisierte in diesem Zusammenhang auch seine Bereitschaft zu umfangreichen Reparationsleistungen. Die Verhandlungen blieben bislang immer wieder stecken – auch das dramatische Gipfeltreffen des japanischen Ministerpräsidenten Koizumi mit Kim Jŏngil in P'yŏngyang im Herbst 2002 konnte daran nichts ändern. Das lag zum einen an den nordkoreanischen Atomwaffen- und Raketenprogrammen, die Japan unmittelbar bedrohten. Dies zeigte z. B. der Test einer Taepodong-1 Rakete im August 1998, deren Flugbahn über japanisches Gebiet verlief, ehe das Projektil im Pazifik versank. Japan forderte darauf zusammen mit den USA die Einstellung und den Abbau dieser Rüstungsprogramme und forcierte zugleich die (bis dahin eher halbherzigen) Bemühungen, in Zusammenarbeit mit Amerika ein nationales Raketen-Abwehrsystem aufzubauen. Zum anderen sorgte die Weigerung Nordkoreas, das Schicksal von 13 Japanerinnen aufzuklären, die von nordkoreanischen Agenten aus Japan gekidnappt und verschleppt worden waren, in der japanischen Öffentlichkeit für große Empörung und erschwerte so der Regierung die Normalisierungsverhandlungen.

Die nordkoreanische Minderheit in Japan ist politisch straff organisiert: Die «Choson soren» (koreanisch: *Chochŏngryun*) wird von P'yŏngyang kontrolliert und dient in vielfältiger Weise dazu, die Interessen des Regimes zu befördern. Dazu zählen insbesondere finanzielle Leistungen an Verwandte in Nordkorea sowie direkt an den nordkoreanischen Staat, die unter anderem aus den Erlösen der Pachinko-Spielhöllen stammen. Über die Glücksspiel-Industrie bestehen zudem Verbindungen der Nordkoreaner in Japan zu den Yakuza und zur extremen Rechten im Land.

Die Überweisungen nach Nordkorea bilden eine sehr wichtige, allerdings stark rückläufige Devisen-Einnahmequelle für das Regime in P'yŏngyang. Sie erreichten um 1990 ihren bisherigen Höhepunkt mit einem Volumen, das auf etwa 475 Mio. $ geschätzt wird, gingen allerdings in den letzten Jahren zurück, weil die Unterstützung der japanischen Koreaner für Nordkorea deutlich abbröckelt. Ende der 1990er Jahre beliefen sie sich auf ca. 47 Mio. $, also nur noch ein Zehntel dessen, was 1990 abgeführt worden war. Japan hat inzwischen Vorbereitungen getroffen, um die Überweisungen gegebenenfalls einschränken zu können, und seit einiger Zeit wird auch schärfer gegen den Missbrauch der vielfältigen Verbindungen japanischer Koreaner nach Nordkorea vorgegangen.

Nordkoreas Beziehungen zu Russland und zur Europäischen Union spielen derzeit nur noch eine untergeordnete Rolle. Seit 1990 hat die Sowjetunion, bis dahin über 30 Jahre der wichtigste Waffenlieferant und Unterstützer des Landes, Nordkorea faktisch zugunsten des Südens fallen lassen. Heute bietet Russland seine Waffen gar Seoul zum Kauf an! Damit kann sich der Norden nur noch auf China stützen. Zwar versucht Russland seit einigen Jahren, seine alten wirtschaftlichen und politischen Beziehungen zu pflegen und aufzufrischen und sich als Vermittler zwischen P'yŏngyang und Washington zu präsentieren. Faktisch aber kann Moskau nur wenig bieten, was für Nordkorea wirklich von Interesse wäre. Die EU und ihre Mitgliedsstaaten, die im Jahr 2001 diplomatische Beziehungen zu Nordkorea aufnahmen, sind ein wichtiger Lieferant von Nahrungsmittelhilfe und potenziell auch eine interessante Quelle für Wirtschaftshilfe und Unterstützung ohne allzu unbequeme politische Auflagen. Zwar gibt es inzwischen auch einen Dialog über Menschenrechte, in der diplomatischen Praxis jedoch fällt dieser reichlich gespenstisch aus: Nordkorea weist alle Vorhaltungen als a) Verleumdungen zurück und verbittet sich b) in jedem Falle jegliche «Einmischung in die inneren Angelegenheiten» des Landes.

Ironischerweise wird so angesichts des immer zweifelhafteren Rückhaltes Nordkoreas bei der Volksrepublik China Südkorea mehr und mehr zur wichtigsten Stütze des maroden Systems im Norden. Denn nur Südkorea ist politisch grundsätzlich willens, den Nachbarn zu unterstützen, nur südkoreanische Unternehmen sind ernsthaft daran interessiert, in Nordkorea zu investieren. Und dieses ist – eine weitere Ironie – trotz oder gerade wegen seiner Ideologie der *chuch'e*, der Selbstgenügsamkeit, auf äußere Unterstützung aufgrund seiner verzweifelten Wirtschaftssituation heute mehr denn je angewiesen. Südkoreas Hilfe, die Investitionen seiner Unternehmen im Norden und die wachsende Zahl der direkten Kontakte zwischen den Menschen stellen deshalb den für Gegenwart und Zukunft bedeutsamsten Hoffnungsschimmer für eine indoktrinierte, verarmte und geschundene nordkoreanische Bevölkerung dar.

Perspektiven

Dongho-Brücke über den Hangang,
im Hintergrund das nordöstliche Seoul

Bestimmungsfaktoren

Es ist schon paradox: Derzeit gibt es in Nordostasien keinen Staat, dem an einer Vereinigung der beiden Koreas gelegen wäre. Nordkoreas Regime hat dieses Ziel längst aufgegeben und kämpft nur noch um das eigene Überleben. Südkorea scheut die enormen Kosten und Belastungen einer Vereinigung mit dem Norden und ist deshalb bestrebt, diese möglichst zu verschieben und in jedem Falle so langsam, behutsam und kontrolliert wie möglich ablaufen zu lassen. China, Japan und selbst die USA haben gute Gründe, den jetzigen Zustand vorzuziehen. Die Vereinigung der beiden Staaten erscheint auf Dauer dennoch kaum zu verhindern, weil wohl nur sie allein den unaufhaltsamen Verfall der nordkoreanischen Wirtschaft und Gesellschaft aufhalten und umkehren könnte. Die einzig realistische und zugleich wirksame Reform für das bankrotte System des Nordens kann nämlich (wie in der DDR) letztlich nur darin bestehen, die Wirtschafts- und Gesellschaftsordnung des Südens zu übernehmen und sich von den erfolgreichen Großunternehmen auffangen zu lassen.

Wann und unter welchen Vorzeichen diese Vereinigung stattfinden wird, lässt sich heute freilich nicht vorhersehen. Dabei wird (wie im Falle Deutschlands) die Wiedervereinigung der koreanischen Halbinsel auch weitreichende Auswirkungen auf die regionale Stabilität und Sicherheit in ganz Ostasien haben. China, die USA und Japan werden deshalb bei der Vereinigung ein Wörtchen mitreden wollen und mitreden können.

Wenn wir über die Zukunft der koreanischen Halbinsel sinnvoll nachdenken und spekulieren wollen, dann empfiehlt sich dabei zunächst, diejenigen Kräfte und Gravitationsfelder zu identifizieren, die diese Zukunft entscheidend prägen werden. So erhalten wir eine Vorstellung von dem mittel- und langfristigen Entwicklungspfad, innerhalb dessen sich dann die tatsächlichen Entwicklungen mit ihren erratischen Ausschlägen in den kurzfristigen politischen und ökonomischen Aktivitäten entfalten werden. In Südkorea sind dies Faktoren wie der gesellschaftliche Wertewandel, die zunehmende Integration der Wirtschaft in regionale und globale Wirtschaftszu-

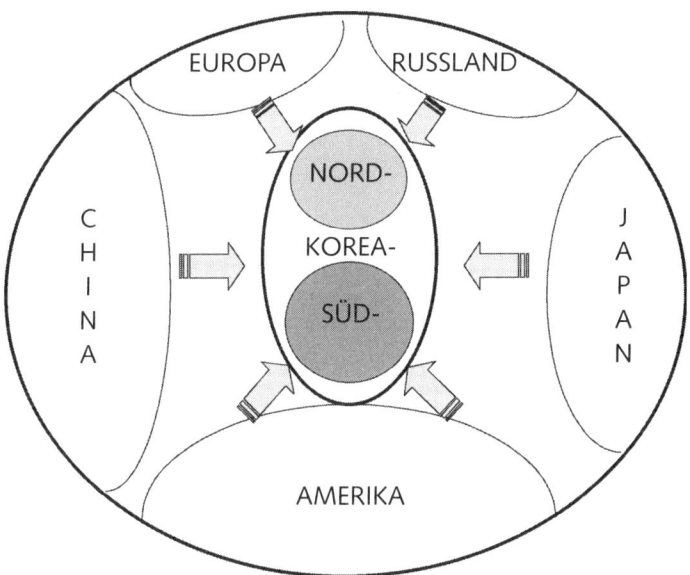

sammenhänge und die Ergebnisse der Reformbemühungen des politisch-ökonomischen Systems. Die Entwicklung in Nordkorea wird bestimmt durch die ungelöste Problematik der Überlebensfähigkeit eines maroden Wirtschaftssystems und eines übermächtigen, aber überforderten und zerfallenden Staates. Die Beziehungen zwischen den beiden Staaten werden entscheidend geprägt durch das Gewicht des koreanischen Nationalismus und den Überlebenskampf des nordkoreanischen Herrschaftssystems. Im internationalen Umfeld sind es vor allem China und die USA, aber auch Japan, die die Entwicklungen auf der Halbinsel beeinflussen können. Entscheidend dürfte dabei sein, inwieweit diese drei Mächte in dieser Frage miteinander oder gegeneinander, also kooperativ oder als Rivalen um Macht und Einfluss, einwirken wollen.

Zu Beginn unserer Erkundungsreise hatten wir das Dilemma zwischen der Notwendigkeit der Öffnung und grundlegenden Modernisierung der Wirtschaft, Gesellschaft und Kultur auf der einen und dem tiefen Bedürfnis nach Eigenständigkeit und Selbstbehauptung andererseits als roten Faden der modernen Geschichte Koreas identifiziert. Im späten 19. Jahrhundert scheiterten die Bemühungen, Öffnung und Selbstbehauptung miteinander in Einklang zu bringen: Die Öffnung des Landes wurde von den damaligen Großmächten erzwungen. Korea wurde so zum Spielball der Mächte, schließlich von Japan unterworfen und kolonisiert bzw. «zwangsmodernisiert».

Dieses Dilemma stellt sich in anderer Weise auch heute noch. Für den Süden besagt es konkret: Wie lässt sich die Globalisierung der südkoreanischen Wirtschaft, Gesellschaft und Kultur vorantreiben, ohne dabei die spezifische, historisch gewachsene koreanische Identität aufzugeben und die Chance zu verlieren, die zukünftigen Geschicke Koreas selbst bestimmen zu können? Für Nordkorea lautet die Frage: Wie lässt sich das Land zunächst aus seiner Sackgasse einer katastrophalen «Fehlmodernisierung» heraus- und in die Welt der Globalisierung hineinholen, ohne die Bevölkerung einfach nur einmal mehr zu Opfern der anstehenden fundamentalen, aber unabweislich notwendigen Veränderungen zu machen? Aber auch für die Großmächte Nordostasiens (zu denen aufgrund seiner massiven wirtschaftlichen, politischen und militärischen Präsenz in der Region auf absehbare Zeit auch Amerika zählt) geht es darum, wie sie mit der koreanischen Halbinsel umzugehen gedenken. Und auch dabei wird es um Fragen der Vereinbarkeit von Öffnung und Selbstbestimmung gehen: Werden die Mächte den Anspruch der Koreaner, ihr Schicksal selbst zu bestimmen, akzeptieren? Oder werden sie versuchen, Korea *ihre* Vorstellungen von einer Öffnung und Eingliederung in die globalen Zusammenhänge aufzuzwingen? Werden sich die Mächte dabei untereinander verständigen oder um Einfluss rivalisieren? Wird versucht werden, Korea einem exklusiven Einflussbereich zuzuschlagen, der – etwa in Form eines «harten», nach außen abgeschotteten Wirtschaftsblocks – anderen verschlossen bleibt?

Südkorea: Auf der Suche nach dem politisch-ökonomischen Modell der Zukunft

Südkorea befindet sich am Anfang des neuen Jahrtausends in einer gesellschaftlichen Umbruchphase. Das politisch-ökonomische Modell der letzten fünf Jahrzehnte, das alles in allem erfolgreich war und dem Land Demokratie und Wohlstand beschert hat, ist an seine Problemlösungsgrenzen gestoßen. Zu komplex sind zwischenzeitlich die Verknüpfungen der südkoreanischen mit der globalen Ökonomie, zu anspruchsvoll die Forderungen der Bürger nach politischem Mitsprache- und Mitwirkungsrecht, als dass das Modell zentraler Entscheidungsstrukturen noch funktionieren würde. So muss der Staat seine Bürger und ihre Erwartungen immer wieder enttäuschen. Gerät die Wirtschaft heute in eine Rezession, ist es eben nicht mehr ausreichend, die Staatsnachfrage zu erhöhen, um wieder die altgewohnten Wachstumsraten von 8 %–10 % pro zu erreichen.

Mit der Regierung No Muhyŏn hat Südkorea eine neue Ära eingeleitet. Erstmals wurde ein Politiker zum Präsidenten gewählt, der sein Handwerk nicht in der Ägide von Präsident Park erlernt hatte. Die alten Rezepte werden zunehmend obsolet, die neuen aber sind noch nicht ausreichend definiert. Es müssen tragfähige Alternativen für das politische System der Zukunft gefunden werden, um das Modell der «Korea Inc.» mit all seinen negativen Auswüchsen hinter sich zu lassen. Nicht umsonst hat die Regierung No Muhyŏn «Transparenz» als eines ihrer wichtigsten politischen Ziele genannt. Um wirklich eine überzeugende und langfristig tragfähige Antwort auf die Frage nach einem neuen politisch-ökonomischen Modell der Zukunft zu geben, darf Südkorea allerdings nicht in die alte Verhaltensweise des Kopierens zurückfallen. Zu spezifisch sind die Voraussetzungen, um einfach das amerikanische oder deutsche System zu übernehmen. Das Land ist jetzt erwachsen und muss eigene Antworten auf seine Probleme entwickeln. Das ist mühsamer und benötigt mehr Zeit, wird aber die tragfähigeren Lösungen hervorbringen.

Südkorea ist eine junge Demokratie und dementsprechend aktiv nehmen die Bürger an der politischen Willensbildung teil. Dabei werden naturgemäß die unterschiedlichsten Positionen vertreten. Die Qualität eines politischen Systems zeichnet sich dadurch aus, einen tragfähigen Kompromiss zu erzielen, der allgemein Akzeptanz findet. Die Integrationskraft wird eine entscheidende Komponente sein, um eine Polarisierung der südkoreanischen Gesellschaft zu vermeiden und das alte Übel des Fraktionismus zu überwinden. Dies ist auch die Voraussetzung dafür, in wichtigen nationalen Fragen wie der Wiedervereinigung auf internationalem Parkett ein stärkeres Gewicht zu entwickeln, um die koreanische Position durchzusetzen.

Auf wirtschaftlichem Gebiet markiert die Asienkrise 1997/98 die Zeitenwende. Das Modell der «guided economy», bei dem die Regierung eine aktive Rolle übernahm und immer wieder auch direkt in das Geschehen eingriff, hat sich überlebt. Die Globalisierung und internationale Verflechtung der koreanischen Wirtschaft hat mittlerweile einen Stand erreicht, bei dem das Inlandsgeschäft für die *Chaebol* zum Teil weniger als die Hälfte zum Gesamtumsatz beiträgt. Nach der Asienkrise hat deshalb ein Lernprozess eingesetzt, der die Aktivitäten des Staates zunehmend auf die Gestaltung der Rahmenbedingungen und die Definition der Spielregeln beschränkt, nach denen die Unternehmen agieren sollen. Auf der Seite der Unternehmen tut man sich bisweilen noch schwer, sich der Verantwortung zu stellen. Das neue ökonomische Modell kann aber nur funktionieren, wenn nicht allein die Unternehmen, sondern auch die Arbeitnehmervertreter mehr Verantwortung übernehmen. Die in den letzten Jahren vereinbarten Lohnabschlüsse, die weit über der Inflationsrate lagen, zeigen, dass das Verständnis der Tarifpartner für gesamtwirtschaftlich vertretbare Kompromisse noch unterschiedlich ausgeprägt ist.

Gerade vor dem Hintergrund, dass mit der chinesischen Wirtschaft ein äußerst wettbewerbsfähiger Konkurrent entsteht, erscheint eine an längerfristigen Kriterien orientierte Tarifpolitik notwendig. Eine besondere Rolle kommt hierbei den Gewerkschaften zu, die die Zeit der Fundamentalopposition zur Regierung Park noch nicht hinter sich gelassen zu haben scheinen. Ihr Radikalismus ist ebenso gefürchtet wie die Streiks, die in jüngerer Zeit den Standort Korea etwas in Verruf gebracht haben. Das neue ökonomische Modell wird deshalb auch den Gewerkschaften eine andere Rolle zuweisen: Die errungene Mitsprache bei Unternehmensentscheidungen bringt automatisch auch eine wachsende Mitverantwortung für die wirtschaftliche Gesamtentwicklung mit sich. Diese Herausforderung anzunehmen, mit ihrer Politik die zukünftige Richtung der gesellschaftlichen Entwicklung in Korea mitzubestimmen und ein vernünftiges Erwartungsmanagement bei ihren Mitgliedern einzuführen, werden die Zukunftsthemen der Gewerkschaften sein.

Ohnehin wird die hohe Wettbewerbsfähigkeit von China bei Industrieprodukten dazu führen, dass sich der Strukturwandel und damit auch der Wandel der Arbeitsprozesse der südkoreanischen Wirtschaft beschleunigen wird. Derzeit beträgt der technologische Vorsprung von Korea gegenüber China noch zwei bis drei Jahre, ist aber der Tendenz nach rückläufig. Die entscheidende Herausforderung für die Wirtschaft ist deshalb, die Innovationsgeschwindigkeit zu erhöhen und sich zum Forschungs- und Technologiezentrum Nordostasiens weiterzuentwickeln. Das Beispiel der Weltmarktführerschaft in einigen Bereichen der Informationstechnologie zeigt, dass die Transformation zur Wissensgesellschaft auf Basis der hervorragend ausgebildeten Arbeitnehmerschaft und der hohen Investitionen in Bildung durchaus gelingen könnte.

Der gesellschaftliche Wertewandel stellt Südkorea vor eine Herausforderung. Das westliche Modell mit seinen hedonistischen Tendenzen, die eigene Bedürfnisbefriedigung gegenüber der zukünftiger Generationen unverhältnismäßig stark zu betonen, findet auch hier einen fruchtbaren Nährboden. Alte konfuzianische Tugenden erodieren, und das Land ist auf dem besten Wege, den Kern des Konfuzianismus, die Familie, in ihren Grundfesten zu erschüttern. Ein-Kind-Familien als Standard, hohe Scheidungsraten und das Entstehen von Patch-Work-Familien machen die Anpassung der bestehenden kulturellen Normen an die Realitäten und ihre Weiterentwicklung notwendig.

Wenn nicht das Zeitfenster bis 2015 genutzt wird, in dem die Babyboom-Jahrgänge ihre Reproduktionsphase erreichen, wird Südkorea mit einer durchschnittlichen Geburtenrate von rd. 1,3 Kinder pro Frau mit den gleichen Problemen konfrontiert sein wie heute bereits Deutschland und Japan: Überalterung der Bevölkerung, stagnierende Wirtschaft, rückläufige Gesamtbevölkerung und geringe Zukunftsorientierung. Auch ein wiedervereinigtes Korea vermag das Problem nicht lösen, da Nordkorea eine ähnlich niedrige Geburtenrate verzeichnet. Deshalb scheint der einzige Ausweg aus der Misere der Import von Arbeitskräften aus Südostasien und China zu sein. Schon heute beschäftigt das Land rd. eine halbe Million Ausländer, einen Großteil davon illegal, und die Tendenz ist weiter steigend. Das nationalistische Südkorea auf dem Weg in die multi-kulturelle Gesellschaft? Derzeit ist der Gedanke noch schwer vorstellbar, aber immerhin: 2003 legalisierte die Regierung erstmals einen Teil der illegal nach Korea eingereisten Ausländer …

Nordkorea: Am Ende einer Sackgasse

Nordkorea steckt, wie wir gesehen haben, tief in einer Sackgasse. Schuld daran trägt wesentlich eine politische Herrschaftsordnung, die die Gesellschaft parasitär aussaugt und zugleich den Rest der

Welt bedroht und erpresst, um ihr eigenes Fortbestehen zu sichern. Diese Herrschaftsordnung ist offenkundig nicht mehr in der Lage, der Wirtschaft des Landes und damit auch den nordkoreanischen Menschen tragfähige Zukunftsperspektiven zu eröffnen: Das Ausmaß an Öffnung von Wirtschaft und Gesellschaft und an Abbau politischer Einschränkungen, das erforderlich wäre, um die Wirtschaft nachhaltig zu sanieren, dürfte mit dem Überleben des Regimes nicht vereinbar sein.

Nordkoreas Wirtschaftsmalaise – Reformen nach chinesischem Modell?

Immer wieder wird Nordkorea – nicht zuletzt von der chinesischen Führung – nahe gelegt, Reformen nach chinesischem Vorbild durchzuführen. China erreichte durch die schrittweise Einführung und Ausweitung von Marktmechanismen und privaten Eigentumsrechten seit 1978 beachtliche, ja spektakuläre Wachstums- und Entwicklungserfolge, ohne dabei jedoch den Primat der kommunistischen Partei und damit die bestehende Herrschaftsordnung anzutasten.

Dieser Ratschlag verkennt freilich, dass sich Nordkorea in vielerlei Hinsicht in einer grundlegend anderen Situation befindet als China zu Beginn seiner wirtschaftlichen Reformen:

- Chinas Reformpolitik begann nach einem Machtwechsel an der Spitze der Partei: Erst die Entmachtung der «Viererbande», die die Nachfolge von Mao Zedong anzutreten versuchte, ermöglichte die Einleitung wirtschaftlicher Reformen. Diese Reformpolitik verfolgte von Anfang an ihre Ziele durch eine schrittweise, aber konsequente Öffnung der chinesischen Wirtschaft und Gesellschaft. Demgegenüber fürchtet Nordkoreas Regime – wohl zu Recht – die politisch destabilisierenden Auswirkungen einer solchen Öffnung nach außen.

- China war und bleibt primär eine ländliche Gesellschaft und eine landwirtschaftlich geprägte Volkswirtschaft, Nordkorea dagegen ist eine städtische Industriegesellschaft. Über 70 % der Bevölkerung Chinas arbeiteten zum Zeitpunkt des Beginns der Reformen in der Landwirtschaft, in Nordkorea dagegen nur noch 37 %. Durch Reformen der Landwirtschaft ermöglichte China, eine rasche Steigerung der Produktion und damit einen wirtschaftlichen Wachstumsschub, der zunächst die Bauern begünstigte und damit breite Wirkung erreichte. Die Lage Nordkoreas ist im Gegensatz dazu viel ungünstiger und eher mit derjenigen Rumäniens 1989 zu vergleichen.

- China konnte auf die unternehmerischen Fähigkeiten, das Investitionskapital und die Verbindungen der Auslandschinesen in ganz Ostasien zurückgreifen. P'yŏngyang hat dagegen als ethnisch verbundenen Wirtschaftspartner nur die koreanische Minderheit in Japan, die sich aber von Nordkorea bereits – nach vielen negativen Erfahrungen – enttäuscht und ernüchtert abwendet.
- Schließlich konnte China seine Reformpolitik unter den günstigen internationalen Rahmenbedingungen der strategischen Zusammenarbeit mit den USA einleiten und vorantreiben. Auch das regionale Umfeld insgesamt stellte sich in einem günstigen Licht dar. Demgegenüber sieht sich Nordkorea in einem Überlebenskampf mit den USA und Südkorea, den es vor allem mit militärischen Mitteln zu bestehen hofft.

Einschneidende Veränderungen könnten von diesem System deshalb bestenfalls unbeabsichtigt eingeleitet werden: Es ist vorstellbar, dass die Machthaber in P'yŏngyang Wirtschaftsreformen beginnen, deren Eigendynamik dann ihrer Kontrolle entgleitet (ja, es hat sogar den Anschein, dass sich in Teilbereichen der Wirtschaft eine derartige Eigendynamik bereits abzeichnet). Wahrscheinlicher ist allerdings, dass die Reformen von oben unzulänglich ausfallen und die Probleme eher noch verschlimmern. Die Öffnung Nordkoreas würde dann durch eine krisenhafte Zuspitzung der Situation erzwungen – gegen alle Bemühungen des Systems, das Land gegen jeden Einfluss von außen durch voreingestellte Transistorradios und Fernsehgeräte, die ausschließlich die einheimischen Programme empfangen können, abzuschotten. Im Ergebnis würde diese erzwungene Öffnung wohl unvermeidlich zu einer Vereinigung der beiden Koreas führen, weil allein die massive Hilfestellung des Südens und die damit verbundene, flächendeckende Ausdehnung südkoreanischer Wirtschaftsstrukturen von der Währung über das Bankenwesen bis zur Sozialversicherung zu einer Stabilisierung der Lage führen könnten.

Auch die Bombe und das umfangreiche Raketenprogramm werden das Regime kaum vor dem Untergang bewahren können. Zwar konnte sich Nordkorea durch den Verkauf von Raketen und der dazugehörigen Technologie nicht unbeträchtliche zusätzliche Deviseneinnahmen verschaffen, und auch seine Drohung, Atomwaffen

Kapitalistische Negativbeispiele

Nordkorea wird zunehmend durchlässig für Informationen von außen, und die Kontrolle über seine Untertanen entgleitet damit dem Staat. Im Herbst 2003 geschah etwas bis dahin kaum Vorstellbares: ein Bankraub. Drei bewaffnete Gangster überfielen eine Bank und zwangen die Mitarbeiter, ihnen Bargeld im Wert von rd. 40000 $ zu übergeben. Die Reaktion des Regimes war hysterisch – Kim Jŏngil höchstpersönlich befahl, die Gangster unbedingt zu fassen, und eine umfassende landesweite Polizeiaktion wurde eingeleitet sowie die Grenzregionen verschärft kontrolliert. Ganz offenkundig machten auch Negativbeispiele der kapitalistischen Welt in Nordkoreas bizarrem Reich des Realsozialismus zunehmend Schule!

zu entwickeln, hat dem Regime in der Vergangenheit immer wieder materielle bzw. finanzielle Hilfeleistungen der USA, Südkoreas, Japans und anderer Staaten verschafft. Aber diese Erpressungsstrategie wird zusehends riskant: Unter der Administration von George W. Bush wehrte sich Amerika gegen diese Erpressungsversuche, indem es auf internationale Sanktionen gegen Nordkoreas Rüstungsgebaren drängte. Auch Japan schloss sich dieser Strategie an, und sogar China signalisierte P'yŏngyang sein Missfallen, indem es die Ölversorgung zeitweilig unterbrach.

Vor allem aber lassen sich mit Atomwaffen die eigentlichen Ursachen für die existenzielle Gefährdung des Staates nicht bekämpfen, weil diese im Herrschaftssystem selbst liegen. Die Forderung Nordkoreas gegenüber den USA nach formellen «Sicherheitsgarantien» wirkt etwas eigenartig, weil sich Nordkorea selbst an rechtlich bindende Vereinbarungen noch nie gebunden gefühlt und diese nach Gutdünken gebrochen hat. Warum sollte P'yŏngyang da solchen amerikanischen Garantien trauen? Und wie sollte umgekehrt Amerika P'yŏngyang tatsächlich trauen? Nordkorea hat ein fundamentales Glaubwürdigkeits- und Vertrauensproblem. Sein Atomwaffenprogramm als letzte Trumpfkarte der *chuch'e* kann also weder das Überleben des Regimes sichern noch eine wirklich dauerhafte Vertragsgrundlage für eine Zusammenarbeit zwischen Nordkorea und Amerika mit dem Ziel schaffen, dieses Überleben durch äußere Hilfestellungen langfristig zu gewährleisten.

Das Regime steht mit dem Rücken zur Wand. Aber es könnte

noch eine andere Trumpfkarte spielen – die der freiwilligen Selbstaufgabe. Es ist nicht auszuschließen, dass Nordkoreas Regime irgendwann die Aussichtslosigkeit seiner Lage einsieht und die Flucht nach vorne antritt. Wenn die Vereinigung als Absorption des Nordens durch den Süden auf Dauer ohnehin unausweichlich ist, so könnte man in P'yŏngyang folgern, dann sollte man selbst diesen Prozess einleiten, um das Beste herauszuschlagen, was unter diesen Bedingungen zu erreichen ist. Auf dieser Basis könnte Kim Jŏngil dann dem Süden ein verlockendes Angebot unterbreiten, das eine friedliche, schrittweise Vereinigung der beiden Koreas vorsehen würde.

Mit einer solchen Initiative könnte Kim Jŏngil vor allem Amerika in eine schwierige Lage bringen. Denn bislang sind die USA – als der wichtigste Gegenspieler Nordkoreas – der politisch dominierende Akteur im Drama der koreanischen Teilung, mit bedeutender geostrategischer Position im westlichen Pazifikraum. Eine glaubwürdige Vereinigungsinitiative Nordkoreas gegenüber dem Süden könnte die USA politisch in die Defensive drängen und den beiden Koreas erlauben, ihre Zukunft wesentlich selbst zu bestimmen.

Wird Kim Jŏngil klug und weitsichtig genug sein, diese Karte zu spielen? Es wäre wohl die beste Möglichkeit, seine persönliche Zukunft, die seiner Familie und seiner Getreuen unter angenehmen materiellen Voraussetzungen zu sichern und sein Image in den Geschichtsbüchern der Zukunft aufzubessern. Denkbar wäre sogar, dass das spektakuläre Gipfeltreffen in P'yŏngyang im Jahr 2000 zwischen Kim Jŏngil und Kim Daejung von Nordkorea auch vor dem Hintergrund derartiger Überlegungen eingefädelt wurde. Die Öffnung der beiden Koreas füreinander wurde seither, wie wir gesehen haben, trotz aller politischen Rückschläge fortgeführt und Schritt um Schritt ausgeweitet; damit entstehen an der Basis allmählich günstigere Voraussetzungen für eine Vereinigung.

Eine solche Flucht nach vorne wäre allerdings ein fast vollständiger Bruch Kim Jŏngils mit dem politischen Vermächtnis seines Vaters. Kim Ilsŏng hätte zwar gewiss die Vereinigung der beiden koreanischen Staaten gut geheißen, aber sicherlich nicht unter den Vorzeichen der endgültigen Niederlage seiner Dynastie im Kampf um die Macht in Korea. Wird der Sohn rechtzeitig aus dem Schatten seines Vaters heraustreten oder wird er in diesem Schatten verkümmern?

Als Faustregel kann gelten: Je ausgeprägter die Bereitschaft und die Fähigkeit der beiden Koreas, ihre Geschicke gemeinsam in die Hand zu nehmen, desto geringer der Einfluss der nordostasiatischen Mächte. Wollen die Koreaner selbst die Vereinigung, können sie die Großmächte nicht verhindern, aber doch vielleicht kanalisieren und gestalten. Wollen die Koreaner aber die Vereinigung nicht wirklich, so erhöht dies die Chancen der Großmächte, die politischen Kräfte in Korea für ihre eigenen Ziele zu instrumentalisieren. Dabei liegen die Präferenzen aller Mächte eindeutig beim Status Quo eines geteilten Korea.

Dieser Status ist prekär, weil einer der beiden koreanischen Staaten auf brüchigen Fundamenten ruht. Nordkoreas wirtschaftliche, politische und ideologisch-legitimatorische Systemkrise bedroht die Stabilität nicht nur des Nordens, sondern der gesamten Region Nordostasien, während die Perspektive einer Vereinigung eine «relative Stabilität» verspricht. Eine friedliche, kontrollierte Vereinigung dürfte deshalb aus der Sicht aller externen Mächte letztlich noch wichtiger sein als der Status Quo der Teilung – vor allem dann, wenn sichergestellt wäre, dass diese ihre eigene Position, ihre Interessen und ihren Einfluss in Nordostasien nicht beeinträchtigen würde.

Ein vereintes Korea wäre zwar kein den USA oder China auch nur annähernd vergleichbarer Machtfaktor in Nordostasien, aber seine außen-, außenwirtschafts- und sicherheitspolitische Orientierung hätte doch erhebliche Bedeutung für die Machtrelationen in der ganzen Region. Der koreanischen Halbinsel wird daher auch in Zukunft eine erhebliche geostrategische Bedeutung zukommen.

Dies bedeutet aber, dass Veränderungen auf der Halbinsel auch eine katalytische Funktion für Kooperation und Konflikt zwischen den externen Mächten haben. Diese Wirkung könnte freilich ebenso die Zusammenarbeit wie auch die Rivalität intensivieren. Ein Beispiel waren die beiden Nuklearkrisen 1994/95 und 2002/03 um Nordkorea, die eine engere Zusammenarbeit zwischen den Verbündeten USA und Japan, aber auch eine gewisse Annäherung zwischen den USA und China und eine aktivere Rolle Russlands und der Europäischen Union bewirkten.

Die Entwicklungen auf der koreanischen Halbinsel könnten zu

einer Zusammenarbeit zwischen den externen Mächten und den beiden koreanischen Staaten, d. h. zu multilateralen Verhandlungsprozessen und vertraglichen Vereinbarungen führen, wie das im Zusammenhang mit der deutschen Vereinigung etwa mit den «Zwei-Plus-Vier»-Verhandlungen, den entsprechenden Vertragswerken zur deutschen Einheit und der Fortentwicklung der KSZE zur OSZE bzw. der NATO mit dem NATO-Kooperationsrat geschah. Ansätze davon sind – etwa mit den Vier-Parteien-Gesprächen zwischen den beiden Koreas, China und Amerika sowie später den Sechs-Parteien-Gesprächen (in die auch Japan und Russland einbezogen wurden) oder der KEDO – zu erkennen. Im Idealfall könnte es so gelingen, die koreanische Vereinigung in eine umfassende und institutionalisierte regionale Zusammenarbeit einzubetten. In diesem Zusammenhang wären etwa Fragen nach dem zukünftigen Status des vereinten Korea (Neutral? Atomwaffenfrei?) und nach der Präsenz nichtkoreanischer Truppen auf der Halbinsel, aber beispielsweise auch nach Sicherheitsgarantien und finanziellen Hilfsmaßnahmen zu regeln.

Vorstellbar wären in diesem Zusammenhang aber auch verschärfte Rivalitäten insbesondere zwischen Amerika und China. Japan könnte dadurch, aber auch durch offene Fragen hinsichtlich des zukünftigen Status eines vereinten Koreas zunehmend in eine schwierige Lage geraten: Möglicherweise müsste es sich zwischen den USA und China eindeutig entscheiden und würde damit in eine Konfrontation mit der anderen Seite gezogen werden. Zudem könnten ungeklärte Fragen über den zukünftigen nuklearen Status Koreas Bestrebungen in Japan weiteren Auftrieb geben, das Land mit einem eigenen nuklearen Abschreckungspotenzial auszustatten. Dies wiederum könnte China alarmieren und entsprechende Gegenmaßnahmen nach sich ziehen. In einem solchen Szenario wäre das dominante Merkmal die Machtkonkurrenz der USA und Chinas in Ostasien. Die koreanische Halbinsel würde dann wie Japan in den Sog einer amerikanischen Eindämmungspolitik gegenüber China und der chinesischen Gegenstrategien geraten.

Wahrscheinlicher erscheint, dass die USA und China erkennen, welche Risiken, aber auch welche Chancen für eine nachhaltige Stabilisierung des chinesisch-amerikanischen Verhältnisses Veränderungen auf der koreanischen Halbinsel bergen. Die Risiken sind freilich vielfältig und gewichtig. Sie reichen von den potenziell

schwer wiegenden wirtschaftlichen Auswirkungen einer plötz-
lichen Implosion des nordkoreanischen Staates auf Südkorea, Japan
und die Weltwirtschaft bis hin zu einem Atomkrieg auf der Halbinsel und zu atomaren Angriffen nordkoreanischer Raketen oder
Agenten auf Ziele in Japan und im Westen. So wird Korea auf dem
Weg zur Vereinigung sicherlich auch in Zukunft immer wieder im
Brennpunkt der Weltpolitik stehen.

Anhang

World Trade Center, Seoul

Korea auf einen Blick

	Nordkorea	Südkorea
Offizielle Bezeichnung:	Demokratische Volksrepublik Korea	Republik Korea
Fläche:	120540 km²	98480 km²
Klima:	Gemäßigt; Niederschläge vor allem im Sommer	Gemäßigt, Niederschläge stärker im Sommer als im Winter
Höchste Erhebung:	Berg Paektu, 2744 m ü.d.M.	Berg Halla, 1950 m ü.d.M.
Bevölkerung:	22,466 Mio. (Schätzung für Mitte 2003)	48,289 Mio. (Schätzung für Mitte 2003)
Bevölkerungswachstum:	1,07% (Schätzung für 2003)	0,66% (Schätzung für Mitte 2003)
Hauptstadt:	P'yŏngyang	Seoul
Staatsform:	Sozialistische Erbdiktatur	Präsidialdemokratie
Gründungsdatum:	9.9.1948	17.7.1948
Außenhandel (Mrd. US$)	2,16 (Schätzung für 2001)	311,0 (Schätzung für 2002)
Lebenserwartung:	60,8 Jahre	75,4 Jahre
Telefonleitungen:	1,1 Mio. (1997)	24 Mio. (2000)

Nord- und Südkorea in Zahlen

	Südkorea				Nordkorea			
	1980	1990	2000	2001	1980	1990	2000	2001
Bevölkerung in Mio.	38,1	42,9	47,0	47,3	17,6	20,2	22,2	22,3
Landwirtschaftlich Bevölkerung in Mio. (Anteil)	10,8 (28%)	6,7 (16%)	4,0 (9%)	3,9 (8%)	6,7 (38%)	7,6 (38%)	8,2 (37%)	8,2 (37%)
Landwirtschaftlich genutzte Fläche (in 1.000 Hektar)	1.982	1.669	1.318	1.334	1.822	1.734	1.572	1.577
Reisproduktion (in 1.000 t)	3.550	5.606	5.291	5.515	1.245	1.457	1.424	1.680
Getreideproduktion (in 1.000 t)	154	120	64	57	2.035	1.949	1.440	1.588
Fischfang pro Jahr (in 1.000 t)	2.410	3.275	2.514	2.665	1.700	1.455	698	746
Eisenerz (in 1.000 t)	545	650	336	195	8.300	8.430	3.793	4.208
Kohleförderung (in 1.000 t)	18.624	17.217	4.150	3.817	30.270	33.150	22.500	23.100
Chemischer Dünger (in 1.000 t)	–	1.648	1.546	1.399	–	1.195	539	546
Fahrzeugproduktion (in 1.000 E.)	123	1.322	3.115	2.946	15	13	7	6
Rohstahlproduktion (in 1.000 t)	–	23.125	43.107	43.852	–	3.364	1.086	1.062
Außenhandel (in Mrd. US$)	40	135	333	292	3	4	˙ 2	2
– davon bilateraler Handel Nord-/ Südkorea (in Mrd. US$)	–	0,001	0,425	0,403	–	0,001	0,425	0,403
Außenhandelsbilanz (in Mrd. US$)	– 5	– 5	+ 12	+ 9	– 0,3	– 0,7	– 0,8	– 1
Bruttosozialprodukt (in Mrd. US$, konstante Preise)	–	252	459	421	–	23	17	16
Bruttosozialprodukt pro Kopf (in US $)	–	5.886	9.770	8.900	–	1.142	757	706
Primärenergieverbrauch (in Mio.t Erdöläquivalent)	43	93	193	198	21	24	16	16
Stromerzeugung (in Mrd. kWh)	37	107	266	285	21	28	19	20
Rohölimport (in Mio. Fass)	183	308	894	859	15	18	3	4

Quelle: Korea National Statistical Office, South and North Korea Society through Major Statistics, Special Release 2003

Wachstumsrate des Bruttosozialprodukts der beiden koreanischen Staaten

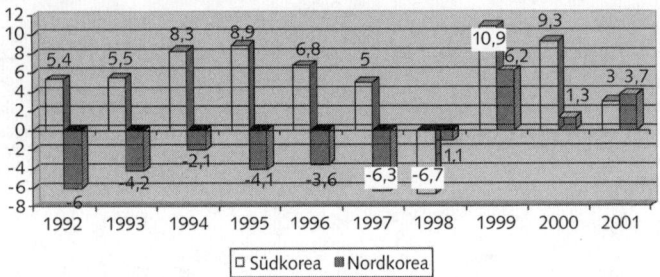

□ Südkorea ■ Nordkorea

Wirtschaftsstruktur Südkorea 2001

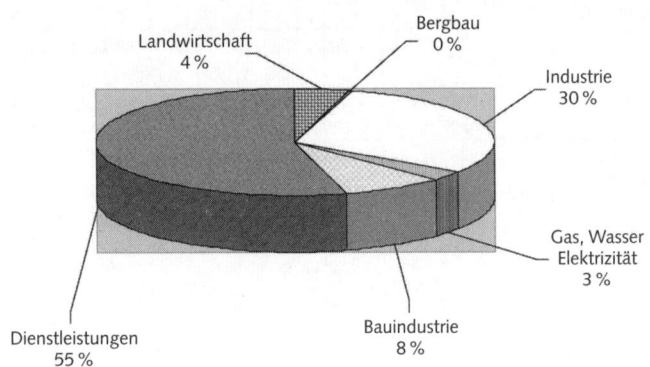

Landwirtschaft 4 %
Bergbau 0 %
Industrie 30 %
Gas, Wasser Elektrizität 3 %
Bauindustrie 8 %
Dienstleistungen 55 %

Wirtschaftsstruktur Nordkorea 2001

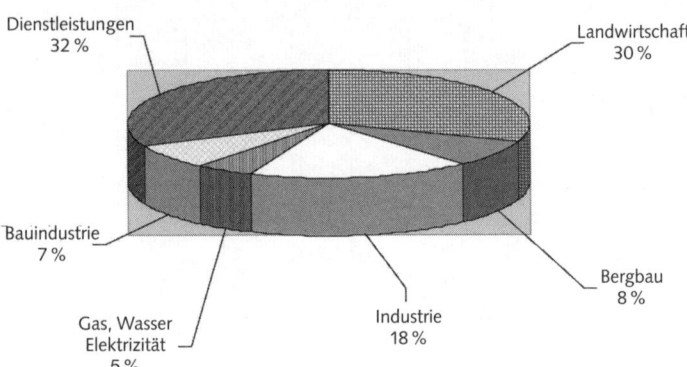

Dienstleistungen 32 %
Landwirtschaft 30 %
Bauindustrie 7 %
Bergbau 8 %
Gas, Wasser Elektrizität 5 %
Industrie 18 %

Chronologie

	China	Korea	Japan
5000 v. Chr.	Neolithikum	Neolitische Periode	Jomon-Periode
1500 v. Chr.	Shang-Dynastie		
1000 v. Chr.	Westliche Zhou	Bronzezeit	
500 v. Chr.	Östliche Zhou		
	Qin	Eisenzeit	
0	Westliche Han	Proto-Drei Königreiche 0–300 n. Chr.	Yayoi-Periode
	Östliche Han	Drei Königreiche 300–668 n. Chr.	
	Sechs Dynastien	Silla Koguryŏ Paekche (Kaya)	Kofun-Periode
500 n. Chr.	Sui-Dynastie		Asuka
	T'ang-Dynastie	Silla 668–935 n. Chr.	Nara
	Fünf Dynastien		Heian
1000 n. Chr.	Song-Dynastie	Koryŏ-Dynastie 918–1392 n. Chr.	Kamakura
	Yuan-Dynastie		
1500 n. Chr.	Ming-Dynastie	Yi-Dynastie 1392–1910 n. Chr.	Muromachi
			Momoyama
	Qing-Dynastie		Edo
1900 n. Chr.			Meiji

Nach: Jane Portal, Korea Art and Archology, London 2000 S. 194

Hangŭl: Die koreanische Schrift

Für die Romanisierung des koreanischen Alphabetes wurde bisher noch kein ideales System der Transkription gefunden. In unserem Buch verwenden wir das Transkriptionssystem von McCune/Reischauer, da es der Aussprache am nächsten kommt. Das koreanische Ministerium für Kultur und Tourismus hat im Jahr 2000 ein neues System der Romanisierung des Hangŭl Alphabets eingeführt, das bis zum Jahr 2005 umgesetzt werden soll.

Hangŭl	Aussprache	Transkription McCune/ Reischauer	Transkription Korea 2000	Hangŭl	Aussprache	Transkription McCune/ Reischauer	Transkription Korea 2000
			Vokale				
ㅣ	i	i	i	ㅗ	o	o	o
ㅏ	a	a	a	ㅚ	ö	oe	oe
ㅐ	ä	ae	ae	ㅘ	wa	wa	wa
ㅑ	ja	ya	ya	ㅙ	wä	wae	wae
ㅒ	jä	yae	yae	—	ü (im Rachen gesprochen)	ŭ	eu
ㅓ	offenes O	ŏ	eo	ㅢ	e, üi (im Rachen gesprochen)	ŭi	ui
ㅔ	e	e	e	ㅜ	u	u	u
ㅕ	jo	yŏ	yeo	ㅟ	ü	ui	wi
ㅖ	je	ye	ye	ㅝ	wo	wŏ	wo
				ㅞ	we	we	we
				ㅛ	jo	yo	yo
				ㅠ	ju	yu	yu
			Konsonanten				
ㄱ	k,g	k,g	g,k	ㅊ	tz	ch'	ch
ㄴ	n	n	n	ㅋ	j(aspiriert)	k'	k
ㄷ	t,d	t,d	d,t	ㅌ	t(aspiriert)	t'	t
ㄹ	l,r	l,r	r,l	ㅍ	p(aspiriert)	p'	p
ㅁ	m	m	m	ㅎ	h	h	h
ㅂ	p,b	p,b	p,b	ㄲ	gg	kk	kk
ㅅ	s, vor i: sch	s	s	ㄸ	dd	tt	tt
ㅇ	ng, als Anlaut: stumm	ng	ng	ㅃ	bb	pp	pp
ㅈ	tsch	ch,j	j	ㅆ	ss	ss	ss
				ㅉ	tsch	tch	jj

Reiseführer

Generell ist das Angebot an aktuellen Reiseführern zu Korea sowohl im deutsch- als auch englischsprachigen Bereich beschränkt. Es wird auf die entsprechenden Internetangebote verwiesen, die in der Regel aktueller und ähnlich ausführlich sind wie die als Buch erhältlichen Reiseführer. In Deutsch erhältlich:

HB Bildatlas Südkorea, HB Verlag, 1998, 114 Seiten
Gute Einführung für die Reise nach Korea. Aufbau nach einzelnen Regionen, wobei ganz unterschiedliche Seiten dieses Landes beleuchtet werden. Zum einen wird die Hauptstadt Seoul vorgestellt, zum anderen auch sehr reizvoll Land und Leute beschrieben. Eindrucksvolle Bilder

Deutsch-Koreanische Industrie- und Handelskammer: Korea-Führer für Geschäftsleute, 4. Auflage 2003, 204 Seiten
Nicht nur für Geschäftsleute ein hilfreicher Begleiter, der neben einem allgemeinen Überblick praktische Hinweise für die Einreise, den Aufenthalt vor Ort und Hinweise zum richtigen Verhalten in Korea gibt. Der Führer wird regelmäßig überarbeitet und ist stets aktuell.

In Englisch erhältlich:

Tom Le Bas, et al.: InsideKorea, Langenscheidt. 8. Auflage 2001, 297 Seiten
Kompakter und gut organisierter Reiseführer, der alle wesentlichen Touristenattraktionen beschreibt. Adressen, Karten, sowie Hintergrundinformationen über Land und Leute geben dem Reisenden gute Hilfestellung, sich in Korea zurechtzufinden.

Robert Storey, Alex English: Lonely Planet Korea (Korea, 5th Ed), Lonely Planet, 2001, 460 Seiten
Gute Einführung für Touristen, mit vielen Hinweisen zur Kultur, nicht immer auf dem allerletzten Stand (z.B. Restaurants), aber alle Regionen Koreas werden beschrieben und am Ende gibt es auch einen Abschnitt über Nordkorea.

Robert Willoughby: North Korea: The Bradt Travel Guide
Dieser Reiseführer – einer der ersten über Nordkorea – beschreibt das noch wenig erforschte Reiseland von der Geschichte über Kultur bis hin zu den alltäglichen Problemen. Die Anreisemöglichkeiten über Beijing und mit der

Hyundai-Fähre aus Südkorea werden erwähnt, nicht jedoch die Möglichkeit (seit 2003) der direkten Flugverbindung von Seoul oder der Fahrt auf dem Landweg durch die demilitarisierte Zone nach P'öngyang.

Weiterführende Literatur

Beghin, John C., Park, Sung Joon: Food Security and Agricultural Protection, Working Paper 01-WP284, Ames Iowa 2001.

Cha, Victor D.: Alignment Despite Antagonism. The United States-Korea-Japan Security Triangle, Stanford, Cal. 1999.

Chun, Shin-Yong: Kultur des koreanischen Schamanismus, München 2001.

Croissant, Aurel: Politischer Systemwechsel in Südkorea (1985–1997), Mitteilungen des Instituts für Asienkunde No. 297, Hamburg 1998.

Croissant, Aurel: Südkorea: Von der Militärdiktatur zur Demokratie, in: Derichs, Claudia/Heberer, Thomas (Hrsg.), Einführung in die politischen Systeme Ostasiens, S. 225–270, Opladen 2003.

Cumings, Bruce: Korea's Place in the Sun, A Modern History, New York/London 1997.

Cumings, Bruce: The Question of American Responsibility for the Suppression of the Chejudo Uprising, Working Paper, University of Chicago 1998.

Derichs, Claudia/Heberer, Thomas (Hrsg.): Einführung in die politischen Systeme Ostasiens, Opladen 2003.

Deuchler, Martina: The Confucian Transformation of Korea, Cambridge und London 1992.

Ducke, Isa: Moral Leverage as a Means in International Relations: the Case of Japan and South Korea, in: Japanstudien, Jahrbuch des Deutschen Instituts für Japanstudien Bd. 10/1998, München 1998.

Eberstadt, Nicholas: The End of North Korea, Washington 1999.

Frank, Rüdiger: Nordkorea: Zwischen Stagnation und Veränderungsdruck, in: Derichs, Claudia/Heberer, Thomas (Hrsg.), Einführung in die politischen Systeme Ostasiens, S. 271–326, Opladen 2003.

Gundert, W.: Die Religionen der Koreaner, Stuttgart 1935.

Han Sung-joo: The Koreas' New Century, in: Survival, 42:4 (Winter 2000/2001, S. 85–95), London 2001.

Harnisch, Sebastian: Außenpolitisches Lernen. Die US-Außenpolitik auf der koreanischen Halbinsel, Opladen 2000.

Harnisch, Sebastian: Die Korean Peninsula Energy Development Organization (KEDO): Genese, Struktur und Perspektiven für 1999, in: Köllner, Patrick (Hrsg.), 1999, S. 205–245, Hamburg 1999.

Harnisch, Sebastian/Maull, Hanns W.: Kernwaffen in Nordkorea. Regionales Krisenmanagement und Stabilität durch das Genfer Rahmenabkommen, Bonn 2000.

Harrison, Selig S.: Korean Endgame, Princeton 2002.

Hilpert, Hanns Günther: Nordkorea vor dem ökonomischen Zusammenbruch?, Berlin 2003.

Hughes, Christopher W.: Japan's Economic Power and Security. Japan and North Korea, London und New York 1999.

Kil, Soong Hoom/Moon, Chung-in (Hrsg.): Understanding Korean Politics. An Introduction, New York 2001.

Kim, Ah-Young: End North Korea's Drug Trade, Pacific Forum CSIS, PacNet 26, June 16, 2003.

Kim, Samuel S. (Hrsg.): Korea's Globalization, Cambridge 2000.

Kim, Samuel S./Lee, Tai Hwan (Hrsg.): North Korea and Northeast Asia: New Patterns of Conflict and Co-operation, Ohne Ortsangabe (Verlag Rowman& Littlefield) 2002.

Kindermann, Gottfried-Karl: Der Aufstieg Koreas in der Weltpolitik, München 1994.

Köllner, Patrick (Hrsg.): Korea 1999ff., Politik, Wirtschaft, Gesellschaft, Hamburg 1999ff.

Köllner, Patrick/Frank, Rüdiger: Politik und Wirtschaft in Südkorea, Mitteilungen des Instituts für Asienkunde No.304, Hamburg 1999.

Korean National Commision for UNESCO (Ed.): The Korean Economy: Reflections on the New Millennium, Seoul 2001.

Lee, Jung Young: Korean Shamanistic Rituals, Den Haag 1981.

Mazarr, Michael J.: North Korea and the Bomb. A Case Study in Nonproliferation, New York 1995.

Noland, Marcus: Avoiding the Apocalypse. The Future of the Two Koreas, Washington, DC 2000.

Oberndorfer, Don: The Two Koreas, London 1998.

Portal, Jane: Korea Art and Archaeology, New York 2000.

Reese, David: The Prospects for North Korea's Survival (Adelphi Paper No.323), Oxford 1998.

Rhee, Zusun/Chang, Eunmi (Hrsg.): Korean Business and Management, Seoul 2002.

Saccone, Richard: The Business of Korean Culture, New Jersey 1997.

Samore, Gary: The Korean Nuclear Crisis, in: Survival, 45:1 (Spring 2003), S. 7–24, 2003.

Savada, Andrea Matles (Hrsg.): North Korea. A Country Study, Washington, DC 1994.

Savada, Andrea Matles/Shaw, William (Hrsg.): South Korea. A Country Study, Washington, DC 1992.

Shin, Hyun-Ki: Korea auf dem Weg zur friedlichen Wiedervereinigung und die vier Großmächte, München 1999.

Song, Byung-Nak: The Rise of the Korean Economy, Oxford 1997.

Verschiedene Autoren: Korea's Golden Poems, Seoul 2002.

Korea im Internet

Internetadresse	Inhalt	Bemerkung
Südkorea:		
www.koreaheute.de	Aktuelles aus Politik, Wirtschaft, Kultur	Link zu Radio Korea, Nachrichten in Deutsch
www.koreatour.de	Informationen für Touristen	Deutsche Homepage der Korea National Tourist Organisation
www.explorekorea.de	Informationen für Touristen	Diashow zu Korea
www.rki.kbs.co.kr/g_index.asp	Aktuelles aus Politik, Wirtschaft, Kultur, Tourismus	Homepage Radio Korea International
www.german.tour2korea.com/coming/about/location.asp	Informationen für Touristen	
www.eda.admin.ch/eda/g/tool/contŏtravad/koren.html	Reisehinweise für Nord- und Südkorea	Eidgenössisches Departement für auswärtige Angelegenheiten
www.knto.or.kr	Information für Touristen (engl.)	Englische Homepage der Korea National Tourist Organisation
www.korea.net	Aktuelles aus Politik, Wirtschaft, Wissenschaft, Kultur (engl.)	Homepage des Korea Information Service, eines Informationsdienstes der südkoreanischen Behörden
www.koreaherald.co.kr	Aktuelle Nachrichten (engl.)	Englischsprachige Zeitung, erscheint in Seoul
www.english.chosun.com	Aktuelle Nachrichten (engl.)	Chosun Ilbo ist eine der führenden Tageszeitungen in Korea
www.nso.go.kr/eindex.html	Statistiken zu Nord- und Südkorea (engl.)	National Statistical Office, Südkorea
www.bok.or.kr	Homepage der Bank of Korea, der Zentralbank Südkoreas (engl.)	
www.seoulnews.net	Aktuelle Informationen über Korea (engl.)	
www.seoulnow.net/	Aktuelle Informationen	

index.jsp	aus der der Hauptstadt (engl.)	
www.skas.org	Links zu Nord- und Südkorea (engl.)	Homepage der Society of Korean American Scholars
www.goethe.de/os/seo/ deindex.htm	Homepage des Goetheinstituts in Seoul	
www.artseoul.net/ artnews/index.html	Aktuelle Informationen zur Kunstszene (engl.)	
www.kgcci.com	Homepage der Deutschen Industrie- und Handelskammer	
www.gembassz.or.kr	Homepage der deutschen Botschaft in Südkorea, u. a. mit aktuellen Reisewarnungen des Auswärtigen Amtes	
www.eucck.org	Homepage der European Union Chamber of Commerce in Korea (engl.)	

Nordkorea

www.kcna.co.jp	Korea New Service (engl.)	Offizielle Nachrichtenagentur Nordkoreas
www.duke.edu/~myhan/ s-nk.html	Website mit Links zu weiteren Informationen über Nordkorea (engl.)	Virtual Library
cns.miis.edu/research/ korea/	Politische Informationen und Analysen zu Nordkorea (engl.)	Monterey Institute of International Studies
www.state.gov/r/pa/ei/ bgn/2792.htm	Hintergrund informationen zu Nordkorea (engl.)	US Department of State
www.lonelyplanet.com/ mapshells/north_east_ asia/ north_korea/north_ korea.htm	Touristische Informationen zu Nordkorea (engl.)	
www.loc.gov/rr/inter national/asian/northkorea/ northkorea.html	Portal mit vielen Links zu Politik, Wirtschaft, Kultur Nordkoreas (engl.)	Library of Congress

Landkarte Korea

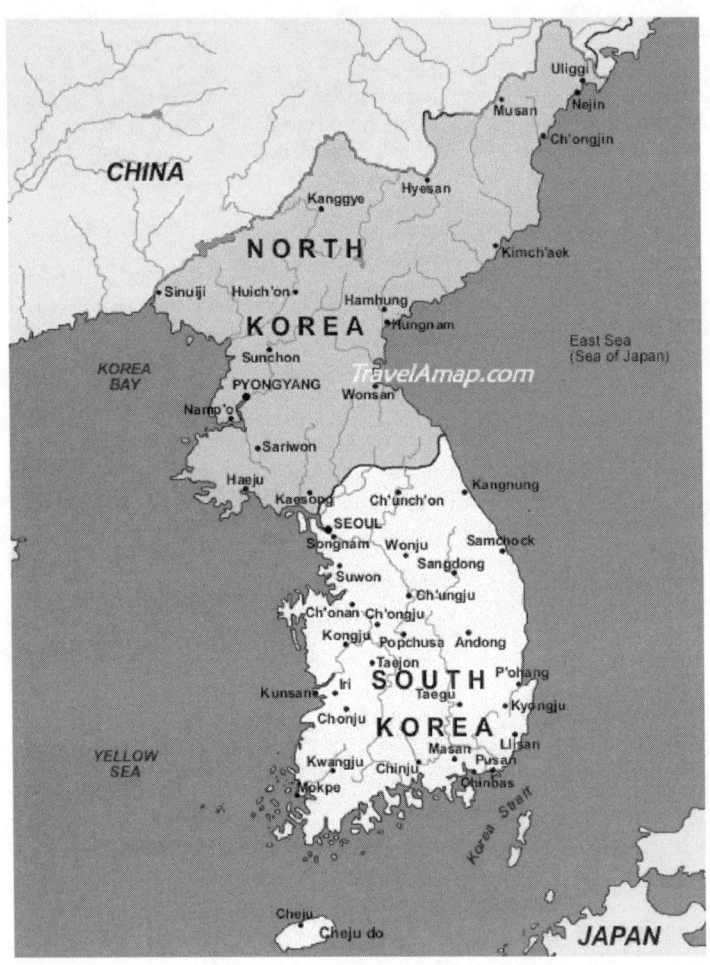